NEUROSE E NÃO NEUROSE

Blucher

NEUROSE E NÃO NEUROSE

Marion Minerbo

2ª edição

Revisão técnica
Isabel Botter
Luciana Botter

Neurose e não neurose
© 2019 Marion Minerbo
Editora Edgard Blücher Ltda.

1ª edição – Casa do Psicólogo, 2009
2ª edição – Blucher, 2019

1ª reimpressão – 2020

Imagem da capa: gravura de Marion Minerbo e foto de Michele Minerbo

SÉRIE PSICANÁLISE CONTEMPORÂNEA
Coordenador da série Flávio Ferraz
Publisher Edgard Blücher
Editor Eduardo Blücher
Coordenação editorial Bonie Santos
Produção editorial Isabel Silva, Luana Negraes e Mariana Correia Santos
Preparação de texto Ana Maria Fiorini
Diagramação Negrito Produção Editorial
Revisão de texto Antonio Castro
Capa Leandro Cunha

Blucher

Rua Pedroso Alvarenga, 1245, 4º andar
04531-934 – São Paulo – SP – Brasil
Tel.: 55 11 3078-5366
contato@blucher.com.br
www.blucher.com.br

Segundo o Novo Acordo Ortográfico, conforme
5. ed. do *Vocabulário Ortográfico da Língua
Portuguesa*, Academia Brasileira de Letras,
março de 2009.

É proibida a reprodução total ou parcial por
quaisquer meios sem autorização escrita da
editora.

Todos os direitos reservados pela Editora Edgard
Blücher Ltda.

Dados Internacionais de Catalogação
na Publicação (CIP)
Angélica Ilacqua CRB-8/7057

Minerbo, Marion

Neurose e não neurose / Marion Minerbo. –
2. ed. – São Paulo : Blucher, 2019.
320 p. (Série Psicanálise Contemporânea / Flávio
Ferraz, coord.)

Bibliografia
ISBN 978-85-212-1464-9 (impresso)
ISBN 978-85-212-1465-6 (e-book)

1. Neuroses 2. Psicanálise 3. Psicopatologia
4. Teoria psicanalítica I. Ferraz, Flávio. II. Título.
III. Série.

19-0600   CDD 616.852

Índice para catálogo sistemático:
1. Neurose e não neurose: Teoria psicopatologia
psicanalítica

Para Sergio e Claudio. Puro conforto.

Agradecimentos

Aos leitores que, ao longo dos últimos dez anos, me incentivaram a propor esta nova edição de *Neurose e não neurose*. É uma alegria e um privilégio fazer parte do percurso de tantos jovens analistas.

A Lu Botter e Bel Botter, pela amizade, e por compartilharem comigo a paixão pela melhor forma de expressão de uma ideia.

Conteúdo

Introdução   11

PARTE I
Neurose e não neurose   19

1. Psicopatologia psicanalítica: notas críticas   21

2. A escuta analítica   35

3. Neurose e não neurose: estrutura psíquica   61

4. Neurose e não neurose: psicogênese   131

5. Neurose e não neurose: da clínica à teoria   193

PARTE II
Não neurose: prospecções   215

6. Barulho. Silêncio. Trabalhando com os ecos da pulsão de morte   217

7. Figuras e destinos do sofrimento não neurótico   239

10   CONTEÚDO

8. Compulsão a comprar   263

PARTE III
A não neurose e o contemporâneo   285

9. Miséria simbólica e sofrimento não neurótico   287

Figuras   302

Referências   307

Introdução

A primeira edição de *Neurose e não neurose*, que saiu em 2009 pela Casa do Psicólogo, ficou esgotada por muito tempo. Dez anos depois tenho o prazer de publicar o livro pela Blucher, porém com várias modificações.

Na Parte II eliminei os três capítulos ligados à psicopatologia do ódio, por considerar que não me representam mais. Em compensação, incluí um capítulo novo ("Barulho. Silêncio. Trabalhando com os ecos da pulsão de morte"[1]). Nele, apresento duas figuras do sofrimento não neurótico, bem como as respectivas estratégias terapêuticas. Alterei os títulos dos outros dois capítulos desta parte (Capítulos 7 e 8) para versões mais diretas e autoexplicativas.

Na Parte III fundi os dois últimos capítulos em um único texto ("Miséria simbólica e sofrimento não neurótico"[2]). À medida que

---

1 Publicado originalmente em 2016 na *Revista Brasileira de Psicanálise*, v. 50, n. 4. Agradeço à editora Marina Massi pela autorização para publicação neste livro.

2 Publicado originalmente em 2013 na *Revista IDE*, v. 35, n. 55, com o título "Ser e sofrer, hoje". Agradeço ao editor João Augusto Frayze-Pereira pela autorização para publicação neste livro.

foram amadurecendo, senti necessidade de organizar e desenvolver melhor minhas ideias sobre as formas de sofrimento ligadas ao contemporâneo.

A Parte I ficou intacta. Continuo achando útil poder reconhecer na clínica duas grandes formas de sofrimento psíquico, a organização neurótica e a não neurótica, relacionando-as às suas determinações inconscientes. O leitor encontrará aqui uma visão de conjunto desses territórios da psicopatologia psicanalítica.

Espero, com essa nova edição, continuar contribuindo para a formação do psicanalista, entendida como processo por meio do qual a teoria vai sendo metabolizada e apropriada, numa relação visceral e indissociável do fazer clínico. Teoria e clínica se iluminam reciprocamente: sem clínica, a teoria é letra morta; sem teoria, a clínica é uma aventura arriscada.

Janeiro de 2019

* * *

Tenho observado o empenho dedicado ao estudo de autores (Freud e comentadores, Klein e sua escola, Bion, Winnicott, Green e tantos outros) pelos psicanalistas em formação. Supõe-se que sejam eles capazes de, por conta própria, ordenar e integrar todo esse conhecimento. Embora desejável, será raro isso acontecer, uma vez que, ao lado de uma apreensão que resulta fragmentada – como se cada autor se movesse em um universo próprio, sem relação com os demais –, torna-se quase impossível relacionar essa vasta e dispersa massa de informações com uma visão de conjunto das várias formas de sofrimento psíquico com que deparamos no dia a dia.

Igualmente visível nesse contexto é a dissociação entre clínica e teoria. Há uma dificuldade em pensar a clínica fazendo trabalhar as referências teóricas de que se dispõe. E há também a dissociação inversa, entre teoria e clínica: é difícil reconhecer, na singularidade da clínica, a relação com o particular e o universal da teoria. O pensamento metapsicológico acaba desaparecendo da condução das análises. Acredito que essa dupla dissociação se deva à ausência da noção de psicopatologia, que faria a mediação necessária entre clínica e metapsicologia.

Freud organizou o campo da psicopatologia psicanalítica de maneiras diferentes ao longo de sua obra. No início, falava em normalidade versus neurose. Depois, em neurose versus perversão. Por fim, em neurose versus psicose. Ele se referia, obviamente, às grandes estruturas psíquicas. Klein, mudando completamente o foco, deixou de lado a ideia de estrutura para falar em modos de funcionamento psíquico. Foi um ganho indiscutível para a abordagem da clínica, especialmente porque a palavra "estrutura" traz ecos da psiquiatria, sugerindo a existência de entidades nosológicas monolíticas e empíricas. Nossa clínica revela, ao contrário, que o psiquismo é formado por "camadas geológicas" heterogêneas, que funcionam diferentemente e que, a cada momento, se alternam.

O que aconteceu foi que acabamos por jogar fora o bebê com a água do banho. Perdemos a noção de estrutura psíquica, que é muito útil, desde que relativizada. Encontramos na clínica regularidades que podem e devem ser remetidas às entidades nosológicas já estudadas. A psicopatologia serve para ajudar o analista a organizar e dar inteligibilidade aos elementos da clínica. Um navegante em alto-mar precisa de instrumentos que lhe indiquem se está indo para o norte ou para o sul, embora a arte de navegar seja mais complexa do que isso. Analogamente, a psicopatologia descreve formas de subjetividade e de sofrimento psíquico, relacionando-as com a metapsicologia – o que contribui na condução do processo analítico, pois permite ao clínico fazer a mediação entre o singular e o universal.

Mas não é só isso. A psicopatologia também dá nome aos "novos bois" – a exemplo da organização *borderline* da personalidade, ou as patologias do vazio (ver Capítulo 6) – quando descreve novas formas de subjetividade, que podem então ser reconhecidas na clínica.

O fato de mantermos a noção de estrutura psíquica não elimina a ideia de singularidade: é evidente que as formas de subjetividade e de sofrimento psíquico são infinitas. Todo mundo tem dois olhos, um nariz e uma boca; mas se quisermos retratar Sigmund Freud, será preciso descrever seus olhos – a cor e, principalmente, a expressão –, seu nariz, sua boca e a impressão que se tem do conjunto. A teoria psicopatológica, mantidas as essenciais diferenças, de igual modo refina nossa escuta. Seu uso grosseiro, claro, em efeito oposto, pode embotá-la. É o caso da psicanálise aplicada, situação em que o analista "aplica" a teoria diretamente à clínica, tornando-se surdo ao paciente. De modo geral, porém, o correto manejo da teoria sensibiliza nossa escuta e produz uma inteligibilidade que vai além do conteúdo manifesto.

Recuperar a noção de psicopatologia, instrumento indispensável para que o clínico não perca de vista o pensamento metapsicológico – sem o qual o processo analítico fica à deriva –, foi o propósito que me levou a propor um curso de Psicopatologia Psicanalítica na Sociedade Brasileira de Psicanálise de São Paulo (SBPSP).

O interesse despertado pelo tema, o número de inscritos e os convites para repeti-lo (na SBPSP e em outros grupos psicanalíticos) sugerem que os analistas em formação reconheceram a importância da psicopatologia para sua clínica. Assim nasceu o núcleo principal de *Neurose e não neurose,* ao qual posteriormente incorporei elementos de psicopatologia psicanalítica relativos à cultura. Procuro, nele, ser clara e didática, oferecendo muitas ilustrações clínicas (com a participação de personagens de filmes) para ajudar o leitor a apreender os conceitos.

* * *

Este livro se divide em três partes. Na primeira (Capítulos 1 a 5), proponho elementos clínicos e metapsicológicos para diferenciar essas duas grandes formas de subjetividade. Na segunda (Capítulos 6 a 8), descrevo figuras do sofrimento não neurótico e suas vicissitudes na clínica. Na terceira (Capítulo 9), abordo a relação entre a pós-modernidade e o sofrimento não neurótico.

Antes da apresentação de cada capítulo, uma consideração de ordem ética. O livro foi inteiramente escrito a partir da clínica. Há vários casos que remetem a personagens de filmes, a que o leitor poderá assistir, enriquecendo a leitura do respectivo capítulo. E há fragmentos de minha clínica e de meus supervisionandos. Esses casos foram completamente ficcionalizados. Conservei deles apenas os dados estruturais necessários para ilustrar determinada ideia. As particularidades que permitiriam identificar os analisandos foram eliminadas ou totalmente alteradas. Servi-me, em uma licença mais do que poética, da proximidade entre Psicanálise e Literatura, apontada por Freud quando do relato de seus historiais clínicos.

O Capítulo 1 traz algumas notas críticas a respeito de uma psicopatologia psicanalítica. Que sentido pode ter o termo "psicopatologia" em Psicanálise? Quais são as implicações disso?

O Capítulo 2 ainda é uma introdução ao tema. O ponto de partida da atividade clínica é a escuta analítica, mediante a qual o conteúdo manifesto é transformado em latente – no sentido mais amplo possível. Como funciona essa escuta? Que elementos, no discurso do analisando, chamam nossa atenção? A escuta analítica não pode ser ensinada, mas pode ser mostrada. O capítulo é todo ilustrado com fragmentos clínicos.

Os Capítulos 3 e 4 são bem diferentes dos demais, tanto por sua extensão, como por serem uma adaptação livre de dois manuais de psicopatologia psicanalítica. O primeiro é o *Manuel de psychopathologie psychanalytique*, de Patrick Juignet, publicado pela Presses Universitaires de Grenoble, em 2001. O segundo é o *Manuel de psychologie et de psychopathologie clinique générale*, organizado por René Roussillon e publicado em 2007 pela Elsevier-Masson. Recorri também a dois dicionários de psicanálise: *Vocabulário de psicanálise*, de Laplanche e Pontalis (2001) e *Dicionário do pensamento kleiniano*, de Hinshelwood (1992). As ideias aí apresentadas integram o acervo de qualquer analista em formação. O que pode ser novo e útil é a organização que dei a esse material, fazendo-o trabalhar no sentido de diferenciar neurose de não neurose.

No Capítulo 3, isso é feito do ponto de vista da metapsicologia. Procurei sanar a aridez do discurso metapsicológico entremeando no texto ilustrações clínicas. O Capítulo 4 trata especificamente da psicogênese. Ambos constituem a espinha dorsal do livro. Há quem possa torcer o nariz à ideia de um manual de psicopatologia. E com certa razão: tem-se a impressão de que o psiquismo foi reduzido a um órgão concreto, e estudado em sua anatomia, fisiologia e embriologia. Penso que é o preço a se pagar por organizar de forma didática um corpo de conhecimento tão amplo.

Sua utilidade, contudo, poderá ser comprovada no Capítulo 5, em que a teoria nos ajuda a reconhecer, na clínica, as formas de subjetividade neurótica e não neurótica. Com a ajuda de duas personagens de um filme, descrevo as subjetividades *borderline* e neurótica; em seguida, enfoco, do ponto de vista metapsicológico, a estrutura psíquica e a dinâmica de cada uma das "analisandas".

Os três capítulos que compõem a segunda parte são dedicados à subjetividade não neurótica.

Com a ajuda de dois casos clínicos, discuto no Capítulo 6 a relação necessária entre processos de adoecimento psíquico e estratégias terapêuticas. O primeiro se caracteriza por um psiquismo tomado pelo barulho do embate ininterrupto com seu objeto interno/externo. O outro, pelo silêncio de um mundo interno desertificado.

No Capítulo 7, desenvolvo uma das notas críticas (Capítulo 1) – a de que a psicopatologia em Psicanálise não é uma entidade nosológica empírica, localizada "dentro da cabeça do analisando", e sim uma forma de ser relativamente repetitiva que *se gera, se internaliza, se atualiza e eventualmente se transforma no vínculo intersubjetivo* – daí o novo título: "Figuras e destinos do sofrimento não neurótico". Apresento dois "analisandos": um do tipo "deprimido" (o personagem de *Flores partidas,* de Jim Jarmusch), outro do tipo "atuador" (a personagem de O *império dos sentidos,* de Nagisa Oshima).

Outra afirmação feita nesta introdução – a de que a psicopatologia psicanalítica está em estreita relação com a cultura (ordem simbólica) – é desenvolvida no Capítulo 8, com o novo título de "Compulsão a comprar". Apresento uma analisanda *borderline* que *se mantém relativamente organizada por meio de um sintoma peculiar: uma compulsão a comprar roupas de grife.* A grife é uma significação instituída pela cultura e passa a fazer parte, como prótese, do psiquismo da analisanda. Por isso não pode ser dispensada. A imbricação visceral entre a problemática singular e a cultura fica evidente nesse caso.

Finalmente, no Capítulo 9, procuro mostrar as afinidades entre modernidade e sofrimento neurótico, e pós-modernidade e sofrimento não neurótico. Com relação a este último, coloquei em evidência as formas de subjetivação possíveis em meio à miséria simbólica que caracteriza o momento atual de nossa civilização.

Boa leitura!

PARTE I
Neurose e não neurose

1. Psicopatologia psicanalítica: notas críticas

O termo "psicopatologia" tem ressonâncias médicas; a psiquiatria identifica, descreve e busca causas para entidades nosológicas relativas ao psíquico. Quando se fala em psicopatologia psicanalítica, contudo, estamos em terreno completamente diferente. Tais diferenças precisam ser colocadas em evidência antes de nos aventurarmos no tema deste livro, neurose e não neurose – que, afinal, poderiam ser tomadas como "entidades nosológicas".

O psicanalista aborda a psicopatologia por dois caminhos diferentes: (1) como estrutura ou organização psíquica referida à metapsicologia. A referência a pulsões, angústia, conflitos e como o eu-instância organizou suas defesas são centrais para entender os sintomas e o sofrimento psíquico. A organização psicopatológica é descrita de três pontos de vista: econômico, dinâmico e tópico. E (2) como forma de subjetividade. Aqui, a referência é mais processual: o processo de subjetivação supõe, logo de saída, a presença do objeto enquanto outro-sujeito, cujo modo de presença pode facilitar ou dificultar o processo de tornar-se sujeito. A psicopatologia é pensada como forma de sofrer ligada a limitações, mais ou menos importantes, no uso do potencial e da criatividade psíquica, do acesso ao prazer, e da liberdade interna para fazer escolhas verdadeiras e significativas. São níveis de descrição diferentes, complementares, que podem ser usados conforme o contexto, conforme a necessidade.

* * *

Estudarei duas formas de subjetividade que se desenham claramente no campo da psicopatologia psicanalítica: a subjetividade neurótica e a não neurótica. Essa organização bastante ampla do campo da psicopatologia foi sugerida por Green (2002), em seu livro *Idées directrices pour une psychanalyse contemporaine*. Ali, afirma ele ter sido a partir das contribuições de Melanie Klein e seguidores que o campo das indicações terapêuticas se ampliou, passando a incluir a não neurose; pauta-se por um modo de funcionamento psicótico mais ou menos circunscrito – desencadeado por situações de angústia –, que pode ser encontrado nas mais variadas estruturas psíquicas, inclusive na psicose. Diferentemente de Klein, que abriu mão da noção de estrutura quando passou a falar em funcionamento psicótico da mente, Green, como muitos pós-freudianos, não a dispensa: articula produtivamente a ideia de estrutura (a metapsicologia) às contribuições kleinianas (as relações de objeto e as "posições"). Dessa articulação, surge sua proposta, adotada neste livro, de organizar o campo da psicopatologia em neurose e não neurose. (Se bem que criticarei mais adiante o "neuroticocentrismo" que a classificação permitiria supor – a neurose como norma, e as demais formas de subjetividade como desvio –, já que, ao se trabalhar com a noção de *formas de subjetividade*, o que se recusa é precisamente estabelecer uma hierarquia entre elas).

À primeira vista, trabalhar com a noção de não neurose parece pouco útil na clínica, por ser excessivamente genérica. Há, contudo, uma boa razão metapsicológica para isso. A não neurose abrange todas as configurações psíquicas em que predominam os distúrbios na constituição do narcisismo – tanto as perturbações no investimento libidinal do *self* (conjunto de representações ou imago de si mesmo) quanto das fronteiras e funções do ego. A neurose inclui as formas de subjetividade em que predominam dificuldades no campo do objeto do desejo. Essa terminologia será desenvolvida nos Capítulos 3 e 4, quando estudarei a constituição do aparelho psíquico em seus dois eixos: narcísico e objetal.

A não neurose abarca os quadros que têm sido denominados estados-limite, dos quais o *borderline* pode ser visto como paradigma. Fazem parte dessa forma de subjetividade todas as patologias relacionadas aos problemas na constituição do Eu, qualquer que seja a maneira pela qual aquela subjetividade tenha se organizado/desorganizado diante da angústia narcísica: compulsões e adições, distúrbios alimentares, patologias do vazio de feitio melancólico, patologias do ato coloridas por diversos tipos de violência, somatizações, perversões e uma gama de apresentações, chamadas por Freud de neuroses narcísicas e neuroses de caráter. Essa razão metapsicológica justifica, a meu ver, a organização proposta por Green, apesar de sua amplitude.

A subjetividade não neurótica inclui, naturalmente, a psicose propriamente dita. Este estudo excluirá a psicose por duas razões: por sua especificidade e por não ser tão frequente na clínica de não especialistas.

* * *

Falar em termos de *neurose e não neurose* pode sugerir que tomo a neurose como paradigma, inclusive da normalidade – os normoneuróticos. A não neurose seria a forma de subjetividade na qual não encontramos os elementos que caracterizam a neurose: algo falhou, algo não está presente.

Essa ideia não faz sentido para o psicanalista: cada cultura determina formas de subjetividade prevalentes e também as formas de sofrer que lhe são consubstanciais. Como veremos no Capítulo 9, acredito que a neurose é a forma de subjetividade paradigmática de uma civilização marcada por instituições fortes, como eram as do século XIX, aurora da Psicanálise. Já a não neurose é a forma de subjetividade produzida em/por uma cultura cujas instituições estão fragilizadas, como a nossa. É provável que a própria Psicanálise tenha tido seu papel no declínio progressivo da crença nas instituições e suas narrativas, e no surgimento de uma nova sensibilidade cultural, de novas formas de se representar o mundo e a si mesmo (chamada pós-modernidade).

Se, apesar dessa crítica, mantenho a oposição neurose/não neurose é por referência à história da Psicanálise. A neurose foi a primeira estrutura psíquica a ser analisada e compreendida metapsicologicamente. Quando começou ser estudada, a não neurose foi comparada ao que se conhecia. É apenas nesse sentido que a neurose pode ser tomada como paradigma.

* * *

A psicopatologia psicanalítica – a forma de sofrimento psíquico determinada por certa maneira de apreender o mundo – é consubstancial à cultura na qual/por meio da qual aquela subjetividade se constitui. Entenda-se "cultura" no sentido amplo: a cultura de uma dupla (cada dupla mãe-bebê tem sua cultura), de uma família, de um grupo, de uma civilização. O inconsciente materno, e depois as instituições, oferecem os símbolos mediante os quais a criança vai "ler" o mundo, atribuindo-lhes sentido. A criança internaliza essas significações e, em seguida, a própria função simbolizante, que cria novos símbolos. É o processo de subjetivação.

O sofrimento psíquico decorre de como cada um "lê" o mundo e a si mesmo e de como se organiza/desorganiza diante disso. Em um mundo pautado pela produtividade, um homem que perde o emprego pode ver a si mesmo (e ser visto) como um fracassado – o que será fonte de sofrimento narcísico. Se esse sofrimento for excessivo, pode mobilizar os mecanismos de defesa x, y ou z. Na tentativa de manter uma autorrepresentação de potência, ele pode se tornar violento. Estamos já em terreno psicopatológico.

* * *

Não é demais repetir que a psicopatologia psicanalítica não designa entidades nosológicas que podemos encontrar na nature-za, mas modalidades de sofrimento produzidas por certa forma de apreender o mundo – por certa matriz simbólica – e de rea-gir a essa apreensão. Lembremos que uma cultura é o conjunto de formas simbólicas e representações por meio do qual o sujeito apreende o mundo. *Isso nos ajuda a responder à velha questão: há novas patologias psíquicas, ou são as mesmas patologias com outras apresentações?*

O delírio costuma ser usado como exemplo de sintoma cuja estrutura não se altera; muda o conteúdo, sua patoplastia. De fato, do ponto de vista psicanalítico, o delírio é a resposta possível à violência do sem-sentido; é criação psíquica de um sentido para a experiência emocional *fora* das significações oferecidas pela cultura. Dessa perspectiva, o que não se altera no delírio é sua "natureza" de dissenso simbólico.

Há, porém, formas de ser e de sofrer cuja determinação cultural (penso tanto nas formas simbólicas quanto nas representações instituídas) é evidente, como veremos nos Capítulos 8 e 9. Da perspectiva das formas simbólicas, a neurose parece ser consubstancial a uma cultura em que o laço simbólico é excessivamente tenaz, impedindo a relativização das representações instituídas. A análise visa a afrouxar um pouco esse laço para que os significantes sejam ressignificados. A não neurose, ao contrário, parece ser consubstancial a uma cultura marcada pela insuficiência da função simbolizante em todos os níveis. A análise busca restituir ou mesmo construir esse laço, de modo a criar uma rede de representações capaz de conter a pulsão.

A Psicanálise, por fim, não "descobre novas patologias": reconhece novas formas de ser e de sofrer e lhes dá um nome, para que passem a fazer parte do campo da psicopatologia psicanalítica.

* * *

O sujeito adoece e se cura na intersubjetividade. Com mais rigor, é o campo intersubjetivo que adoece ou se cura.

Uma mãe relativamente frágil pode se fragilizar mais diante da violência das identificações projetivas defensivas do filho, tornando-se mais patogênica. Cria-se um círculo vicioso, em que a criança se vê obrigada a mobilizar defesas cada vez mais radicais. Na relação com a mãe, essa criança apresentará um comportamento francamente patológico, ao passo que em outra relação ela pode ser, literalmente, outra criança.

Quem está doente, do ponto de vista psicanalítico?

A criança? A mãe? O "sujeito doente" é a relação que se estabelece entre elas. Essa relação será internalizada pelo indivíduo, transformando-se em uma identificação. Agora, é a relação entre o sujeito e seus objetos internos que está doente. Partindo dessa matriz intrapsíquica, relações intersubjetivas patológicas serão estabelecidas com outros objetos. A criança será agressiva com a tia, com a vizinha, com a professora, com outras crianças, porque é sempre do "mesmo objeto" que se trata. A relação com o mundo se torna patológica.

A relação patológica com o mundo se atualizará no campo transferencial. A transferência supõe que o intrapsíquico, que se repete em diferentes contextos, irá se repetir também com o analista. Ali, o círculo vicioso patológico intersubjetivo, para o qual o analista inicialmente contribuirá, como o objeto primário o fez, terá, em um segundo momento, a possibilidade de ser interrompido. Só então novas matrizes relacionais poderão ser criadas no campo transferencial-contratransferencial e internalizadas.

Sujeito e objeto, cada um com seu repertório psíquico, codeterminam o campo intersubjetivo que, por sua vez, determinará o modo de ser de cada um. Diferentes campos intersubjetivos tendem a fazer surgir aspectos distintos de cada um dos sujeitos envolvidos, embora haja traços de caráter que se repetem em qualquer contexto. Radicalizando: somos pessoas diferentes com interlocutores diferentes porque cada objeto *solicita ativamente*, a partir de seu próprio inconsciente, alguns dos modos de ser de nosso repertório psíquico, e não outros. E, dialeticamente, o sujeito participa na criação do objeto com o qual se relaciona.

Vê-se como, de um ponto de vista rigorosamente psicanalítico, não faz muito sentido dizer que João, um *borderline*, "é mais doente" do que José, um neurótico. O neurótico pode sofrer muito mais do que o *borderline*, a ponto de inviabilizar sua vida. Já este último pode conseguir amar e trabalhar, se seu objeto contribuir para poupá-lo de angústias que o fariam descompensar. Veremos, no Capítulo 8, uma analisanda *borderline* relativamente organizada graças à sociedade de consumo.

Percebe-se a que ponto o prognóstico depende do encontro com o objeto externo (Capítulo 7) e de como este resiste, ou não, a cocriar/participar de um vínculo patogênico.

* * *

Falar em psicopatologia é falar em sintomas. E o que seria um sintoma, do ponto de vista psicanalítico? No campo da neurose, Freud ofereceu uma definição metapsicológica: é a formação do inconsciente produzida pelo retorno do recalcado. No campo da não neurose, não cabe falar em retorno do recalcado, pois as defesas utilizadas para fazer face à angústia são outras. Quando eficientes, eliminam ou diminuem a angústia, mas cobram por isso. Seu uso excessivo produz "mutilações" no aparelho psíquico que se manifestam na vida: limita, restringe e empobrece a existência, marcada por sua repetição. Esse estreitamento do campo vital pode ser fonte de sofrimento.

Nesse aspecto, poderíamos usar o termo "sintoma" em um sentido amplo, e sempre de uma perspectiva metapsicológica, referindo-o às restrições, às limitações e às repetições que a manutenção das defesas – qualquer defesa, neurótica ou não – impõe ao sujeito psíquico.

A inibição neurótica da vida pulsional é um sintoma, uma vez que limita o campo vital e decorre do uso maciço do recalque. Do lado da não neurose, a adição a drogas ou o engalfinhamento cotidiano com um objeto tão odiado quanto necessário também podem ser considerados sintomáticos se a existência se reduziu ao consumo de drogas ou à guerra conjugal.

* * *

Os sintomas apresentam tanto uma dimensão negativa quanto uma positiva. A *dimensão negativa* diz respeito a *impossibilidades psíquicas* – funções psíquicas ou experiências emocionais que não estão ao alcance daquele psiquismo, isto é, que são inconcebíveis. Costuma-se falar da dimensão negativa do sintoma como *déficit*. É como se aquele psiquismo não tivesse um determinado *software* instalado: simplesmente não há matriz simbólica para aquela experiência. Há pessoas que não conhecem o sentimento de preocupação com o objeto. Outras não concebem a complexidade do objeto. Outras, ainda, não concebem a alteridade.

A existência de um terceiro objeto, "o outro do outro", pode não ter qualquer tipo de registro psíquico para certas formas de subjetividade.

O sintoma tem uma *dimensão positiva*, pois o sujeito psíquico *cria* uma forma de vida a partir do *software* disponível, ou a partir das defesas utilizadas. Na clínica, partimos necessariamente daquilo que se apresenta em sua positividade. Se o sujeito concebe o objeto como onipotente – forte, capaz de tudo, sem falhas nem necessidades –, não há por que se preocupar com ele: o objeto pode ser maltratado sem dó. Ou, então, se o sujeito concebe o objeto como exclusivamente bom ou exclusivamente mau, sua complexidade está fora de questão: veremos o vínculo oscilar brutalmente do amor ao ódio, e vice-versa.

Outros exemplos ajudam a perceber a dimensão positiva do sintoma. Se alguém "lê" o objeto como espoliador, pode se afastar para se proteger, o que resulta em uma forma de existência do tipo "bicho do mato". Ou, ao contrário, o sujeito estará em guerra constante contra a ameaça que ele representa, resultando em uma forma de existência "briguenta". Se alguém "lê" o mundo como um deserto emocional, desvitalizado, sem esperanças, pode encontrar na droga uma saída para sua depressão. Se a proximidade com o objeto é engolfante, mas a distância produz desamparo, veremos o sujeito construir sua existência em uma posição impossível: "Ruim com ele, pior sem ele".

A dimensão positiva do sintoma resulta da maneira singular pela qual o sujeito *"lê" o mundo e reage a essa leitura*. É o que se apresenta na clínica, é o que podemos ver, é aquilo sobre o que o analisando fala. Sem ela, não podemos entrar em seu mundo subjetivo, vê-lo através de seus olhos; não poderemos conversar com ele "de dentro" e ter alguma chance de sermos ouvidos. Por exemplo, não adiantaria nada dizer ao "bicho do mato" que ele deve sair de casa e ter mais contato com as pessoas. Precisamos entender que, se é essa sua leitura do objeto, só lhe cabe viver escondido e protegido. Se ele não puder ver o objeto de outra forma, não poderá abandonar sua posição defensiva.

Quando o psicanalista considera apenas a dimensão negativa do sintoma, quando vê o sintoma apenas em termos de "disfunção", corre o risco de perder a posição ética de neutralidade, adotando uma postura pedagógica ou ortopédica: "Você não consegue perceber que as pessoas não estão te explorando", ou: "Não sou assim como você vê". O analisando, com toda razão, se sentirá criticado.

* * *

Elemento valioso para que o analista possa fazer um diagnóstico psicopatológico é o ponto de vista *genético* da metapsicologia. É importante saber como se dá, em tese, a constituição do aparelho psíquico, e como se deu hipoteticamente em determinado caso (as construções em análise). Há, contudo, fundamentadas críticas ao ponto de vista genético.

Uma das perspectivas, que podemos chamar de *desenvolvimentista*, supõe que a constituição do aparelho psíquico depende de condições ambientais favoráveis, e que falhas conjunturais produzem "paradas no desenvolvimento". O psiquismo é visto como uma planta mirrada, que não se desenvolveu de acordo com seu potencial natural porque naquele solo faltaram elementos vitais. Dessa perspectiva, o desenvolvimento psíquico insuficiente ou incompleto torna-se uma questão *quantitativa*: pouca água, psiquismo primitivo. Corresponderia à dimensão negativa do sintoma – um *déficit* –, como vimos.

Entretanto, a perspectiva desenvolvimentista não dá conta da complexidade dos processos envolvidos na psicogênese. O panorama se amplia muito quando pensamos em termos de *processo de subjetivação*. Passamos do modelo da planta mirrada para o da plantação de uvas destinadas à produção de vinho. A diversidade de vinhos não se explica por uma questão quantitativa – mais ou menos água –, mas por uma questão *qualitativa*: o tipo de água e de solo, as oscilações de temperatura e incidência de sol e ventos que contribuíram para gestar aquela uva. A mesma uva plantada em lugares diferentes produz vinhos diferentes. A mesma uva, no mesmo solo, resulta em vinhos diferentes de ano para ano. Percebe-se que há muito mais em jogo do que "falhas ambientais": há características ambientais, cada uma produzindo vinhos com "subjetividades" diferentes. As características ambientais correspondem aos vários objetos em meio aos quais nos subjetivamos, isto é, à maneira pela qual transformamos, internalizamos e nos identificamos com esses objetos. É o que chamei, anteriormente, de dimensão positiva do sintoma.

Quando se fala em falhas ambientais precoces, é preciso caracterizá-las. A função alfa exercida pelo objeto primário falhou em transformar que tipo de angústia? Que representações esse objeto tinha de si mesmo, da criança e do mundo? O que o sujeito, em sua constituição precoce, efetivamente viu e ouviu? O que ele percebeu nas entrelinhas do discurso parental? O que ele captou sem entender? O que excedeu sua capacidade de processamento? E, claro, como ele transformou, a partir de si próprio, tudo o que percebeu? Uma mãe pode ser ótima com bebês, mas ter dificuldade com crianças de 2 a 3 anos. Pode aceitar muito bem a crescente autonomização da criança, mas não sua sexualidade. Esse caldo cultural fornece a matéria com base na qual se darão as *identificações* e, com elas, a *singularidade* de cada sujeito psíquico.

Percebe-se a diferença entre a perspectiva desenvolvimentista do aparelho psíquico e a da constituição da subjetividade por meio das identificações no seio da cultura. As duas são importantes e se inter-relacionam. Prefiro, no entanto, descrever a *posição subjetiva ocupada por um analisando em um certo momento* a falar em termos de *déficit* ou de parada no desenvolvimento, pela boa razão de que diz mais de seu modo singular de ser e de sofrer. O "retrato psíquico" é mais nítido.

* * *

A teoria psicopatológica tem duas faces: uma voltada para a clínica, isto é, para a apreensão do universo subjetivo do analisando; outra, voltada para a metapsicologia, o que nos permite compreender como seu psiquismo cria aquele universo subjetivo singular em que ele se move. Este livro sobre psicopatologia psicanalítica pretende apresentar a clínica e a metapsicologia de duas grandes formas de subjetividade: a neurótica e a não neurótica.

Freud precisou inventar um alfabeto e uma gramática (a metapsicologia) para poder falar de um objeto de estudo até então inexistente: a psique. Termos como "inconsciente", "recalque", "pulsão", "identificação" e "ego" nomeiam elementos constitutivos do aparelho psíquico e seu funcionamento. Outros autores também criaram conceitos metapsicológicos. Klein (1946) falou em identificação projetiva e objetos internos. Kohut (1972) cunhou o termo *self*-objeto. Bion (1961) falou em função alfa. E assim por diante. Veremos tudo isso em detalhes no Capítulo 3.

Os conceitos metapsicológicos não são observáveis na clínica, mas são imprescindíveis para compreender a ordem de sua determinação. Sem psicopatologia – e esse é um problema que tenho identificado em vários grupos de formação em psicanálise –, tende-se a uma escuta rasa. O pensamento metapsicológico vai se rarefazendo, até se tornar meramente psicológico.

2. A escuta analítica

Freud, 1894

Para introduzir o tema da escuta analítica, usarei uma vinheta clínica de Freud publicada em 1894 (1894/1969d), época em que a Psicanálise estava nascendo.

> *Uma jovem esposa, que tivera apenas um filho em cinco anos de casamento, queixou-se a mim de que sentia um impulso obsessivo de atirar-se pela janela [...] e do temor de apunhalar seu filho que a acometia quando via uma faca afiada. Admitiu que raramente ocorria o intercurso conjugal, sempre sujeito a precauções contra a concepção, mas afirmou que não sentia falta disso por não ser de natureza sensual. Nesse ponto, aventurei-me a dizer-lhe que à vista de um homem ela tinha ideias eróticas, e que, portanto, perdera toda a confiança em si própria, considerando-se uma pessoa depravada,*

> *capaz de qualquer coisa. A tradução da ideia obsessiva em termos sexuais foi um êxito. Em lágrimas, ela imediatamente confessou a pobreza de seu casamento [...] e também ideias angustiantes de caráter sexual tal como a sensação, frequentíssima, de que alguma coisa a forçava por sob sua saia. (p. 69-70)*

* * *

Imaginemos, com base no relato, a cena que se passa na sala de análise. Uma mulher procura um médico e conta seus sintomas. "[...] medo de se atirar pela janela, temor de apunhalar o filho". O médico capta sua experiência subjetiva: "Tenho medo de estar ficando louca!". Além disso, ele observa seu jeito, seu comportamento, seu tom de voz, o clima criado pela conversa.

Freud nos diz que a tradução da ideia obsessiva em termos sexuais foi um êxito. Hoje em dia desconfiamos de êxitos desse tipo, mas é verdade que algo da ordem do terapêutico se passou naquela sala de análise. A paciente entrou em contato com uma verdade dolorosa: a pobreza de seu casamento. Se não à tradução da ideia obsessiva em termos sexuais, a que se deveu o êxito?

Aqui entra a licença poética. Vamos supor que, entre as várias coisas contadas pela analisanda, uma chamava a atenção: o casal tivera um único filho em cinco anos de casamento, algo nada comum no fim do século XIX. Continuemos imaginando que, mesmo sem ter registrado isso por escrito, Freud tenha observado: "Apenas um filho?". Esse assinalamento – e não a tradução da ideia obsessiva em termos sexuais – já poderia ser uma interpretação, ou melhor, o início do processo interpretativo.

Como sabemos? Pelo que aconteceu a seguir. A analisanda deve ter se surpreendido com o que ouviu: em lugar de continuar falando dos sintomas, mudou de rota. Passou a falar de seu casamento. Surgiu uma genuína associação livre. O pré-consciente foi mobilizado. Disse que raramente ocorria o intercurso conjugal em razão dos cuidados com a contracepção. Felizmente, não sentia falta, pois não era de natureza sensual. Com tais associações, a conversa se dirigiu para um tema já bem próximo daquilo que é da ordem do inconsciente. Ela deixara a bola na boca da caçapa. Por isso Freud pôde dizer o que disse sem levantar resistências férreas. O processo se conclui quando a analisanda toma contato com o sofrimento causado pela pobreza de sua vida erótica.

O mais importante nesse processo foi o passo, não registrado por Freud, que permitiu a mobilização do pré-consciente: a pergunta quanto ao número de filhos, feita em um tom de quem sabe que "aí tem coisa". E isso nos leva diretamente ao tema da escuta psicanalítica.

* * *

Uma escuta peculiar

A escuta psicanalítica é uma escuta peculiar. O método psicanalítico (Herrmann, 1991) tem, como primeiro movimento, uma escuta descentrada, fora da rotina da conversa cotidiana. Quando comunicada ao paciente, seu efeito é o de evidenciar representações da identidade até então inacessíveis a ele, ampliando o repertório das formas de sentir, pensar e agir.

Voltando a nosso exemplo, embora a analisanda traga um assunto como o principal – o impulso de apunhalar o filho –, o analista presta atenção aos elementos secundários, marginais, dissonantes. É o inverso do que faríamos em uma conversa comum. Poderíamos até estranhar que aquele casal tenha tido apenas um filho (será que eles transam?), mas guardamos esse pensamento para nós. Na conversa comum, nos concentramos no tema proposto, mantendo-nos no nível da consciência e do processo secundário. Na conversa analítica, Freud se detém em detalhes marginais ou dissonantes da conversa. Por quê? Porque esses detalhes sinalizam a presença potencial do processo primário, isto é, de outro sentido e de outra simultânea lógica. Ao colocar em evidência esses elementos secundários, Freud mobiliza o pré-consciente, mobiliza as associações livres que conduzem à lógica do inconsciente. Anteriormente fixada tão só no temor de apunhalar o filho, a loucura ganha assim um novo sentido: o desejo de uma vida erótica mais satisfatória.

Obviamente, quando Freud pergunta pelo número de filhos, não se trata de uma escuta ingênua, mas informada por uma teoria, ainda que mínima. Afinal, ele já sabe que a vida sexual é potencialmente conflituosa, e que o par conflito/defesa é o fator patogênico nas neuroses. A teoria tem seu lugar como pano de fundo da escuta.

Quando falamos em "elementos marginais ou dissonantes no discurso do analisando", a que, exatamente, estamos nos referindo?

- Historicamente, esses elementos têm que ver com o funcionamento do processo primário. Certas palavras ou expressões podem ser vistas como representações deslocadas ou condensadas do recalcado em função do conflito psíquico. Seriam representações simbólicas dos "conteúdos" inconscientes.

- Os elementos marginais ou dissonantes do discurso, porém, podem ser de outra natureza e se manifestar por meio de elementos não verbais: estilo, estrutura da fala, sua função, clima emocional criado, o que ele mobiliza no corpo do analista. Esses elementos remetem a situações traumáticas, a falhas do objeto primário, a identificações patológicas, ao não constituído.

Esses elementos não estão "dados", embora se encontrem no discurso do paciente. Eles precisam ser recortados pela escuta analítica, que é uma escuta criativa. A atenção flutua livremente, até se deter em algo que parece significativo.

Pode-se comparar a escuta analítica com a atividade do fotógrafo. A realidade do mundo está ali, tudo está visível; mas ele, com sua visão criativa, ao olhar para a superfície de um muro, ali desvenda uma composição cromática especial. Com sua câmera, faz um recorte da realidade. Transforma o que passaria despercebido em algo novo, significativo, ampliando nossa capacidade de olhar para o mundo.

A escuta do analista também recorta o discurso do analisando, mas não aleatoriamente. É um recorte que procura colocar em evidência algo da ordem do infantil. O processo acaba por ressignificar a história emocional, como o fotógrafo ressignifica, com sua foto, o velho muro que pensávamos conhecer.

A escuta do infantil

E por que escutar/recortar o que é da ordem do infantil? Porque os conflitos precoces que resultaram em recalque, os traumas que resultaram em cisões, o que simplesmente não chegou a se constituir ou as inscrições patológicas – as modalidades da existência do infantil (Bleichmar, 1997) – determinam certa forma de ser e de sofrer. É preciso escutar "a criança no adulto", procurando identificar os modos pelos quais ela se organizou ou desorganizou em suas relações intersubjetivas.

Um exemplo:

Comerciante, um analisando tem problemas para se organizar com dinheiro. Nunca tem dinheiro na carteira, paga as contas com atraso e acaba usando o pai como banco, o que é fonte de atritos. Este, um administrador de empresas, tenta em vão ajudar o filho a se organizar e fazer suas contas. Apesar de ter seus próprios rendimentos, o analisando paga a análise com um cheque do pai. À escuta comum, é uma pessoa desorganizada. Mas a escuta analítica vai identificar a modalidade de relação com seus objetos internos que o leva a agir assim.

Ao se aproximar o dia de pagar a análise – na primeira sessão do mês seguinte –, sua angústia aumenta. Com receio de não ter o dinheiro no começo do mês, pede um cheque ao pai. Proponho que passe a pagar no dia 10, com seu próprio cheque. Embora ele tenha ficado aliviado, o arranjo não funcionou. Levou um tempo até entendermos o motivo.

Ele não deposita os cheques que recebe. Fica com eles na carteira um bom tempo, e depois os entrega ao pai. Quando precisa, pede dinheiro para pagar suas contas. Repete essa situação mês após mês, apesar das brigas que isso gera. Em certa sessão entendemos que, apesar do medo de pedir ao pai, isso ainda é preferível a se relacionar com o banco.

De fato, ele confirma, o banco seria o último lugar para o qual entregaria seu dinheiro. Não se pode confiar no banco. Primeiro, porque não é possível saber quando poderá dispor do dinheiro: a compensação dos cheques demanda muitos dias. Descobrimos que "muitos dias" significa "quando lhe dá na telha". Depositar os cheques é vivido como se colocar na dependência de um objeto primário arbitrário e imprevisível, que vai deixá-lo na mão quando mais precisa. Entende-se que fuja do banco como o diabo da cruz. Sua desorganização tem a ver com isso.

Além disso, o banco some com seu dinheiro. Pergunto-lhe como isso acontece. Ele explica que o banco usa o saldo positivo para cobrir a dívida do cheque especial e também fica com outro tanto pelos juros de vários meses de saldo negativo. E tem mais; cobra umas taxas que a gente nem sabe a que se referem. Por isso, tem pavor de consultar o saldo pela internet, pois irá confirmar que o banco ficou com tudo. O banco é um objeto voraz e espoliador, do qual é melhor manter distância.

O maior problema, contudo, é o cheque especial. O banco dá uma de "bonzinho" e lhe oferece cheque especial. Ele "acredita" na bondade do banco e gasta por conta. Depois, descobre que o banco quer receber tudo com juros. Como a dívida vai aumentando, acaba ficando "nas mãos dele".

Esse material me levou a associar com uma sessão em que contava que "caía feito um patinho" na sedução de uma garota: um dia ela o chamava de "meu gato" e no outro passava sem cumprimentar, indo "ficar" com outro. Falava de seu esforço, inútil até então, para "não cair nessa". Ficava completamente "rendido" pela expressão "meu gato".

O banco e a garota são representações de um objeto primário inconstante e imprevisível, sedutor e perverso, que faz dele – da "criança nele" – o que bem entende. Vislumbramos uma mãe que, de repente, fica com vontade de abraçar, beijar e brincar com a criança; vontade que logo passa, ela muda de humor e se volta para outra coisa. A criança fica à mercê do humor da mãe. É como o analisando, que acreditou no cheque especial e agora tem de se haver com a dívida.

A desorganização com o dinheiro – conteúdo manifesto – é fruto da relação com esse objeto interno temível que, no momento, está sendo encarnado pelo banco. O analisando faz certa leitura das características reais do banco a partir de seus objetos internos. Por isso, não adiantou nada alterar a data do pagamento, como não adiantaria sugerir qualquer medida concreta, enquanto essas fantasias não fossem interpretadas.

* * *

O analista precisa encontrar o foco para sua escuta, assim como precisamos ajustar o foco quando olhamos por um binóculo. Quando queremos enxergar algo que está a dez metros de distância, o foco é um; quando tentamos enxergar algo que está longe, o foco é outro. Giramos devagar o ajustador de foco, até que a imagem fique nítida – até que surja certo objeto que não seria visível com outro foco. Tudo isso considerando o olho de quem focaliza: para enxergar o mesmo objeto dez metros distante, um míope encontrará um foco diferente de um hipermétrope. A comparação talvez não seja muito boa, até porque na sessão a "realidade" é criada/achada pela interpretação – mas essa é outra conversa. Apesar disso, a imagem serve para introduzir a ideia de que, *para enxergar a criança no analisando, diferentes focos de escuta podem ser necessários*. É o que pretendo ilustrar a seguir.

* * *

O valor simbólico das representações

Um empresário tem muitos negócios nos Estados Unidos e está sempre viajando para lá. Nunca leva nada de errado na bagagem – mesmo assim, tem a fantasia de que será parado na alfândega. Isso não faz sentido, se considerarmos que o analisando é mais do que honesto. Mas faz sentido se imaginarmos a criança no adulto. Ainda vive nele a criança edipiana, que cometeu alguma transgressão em sua vida de fantasia e teme ser descoberta e punida por seu superego. O analisando consegue viajar: fosse um neurótico mais grave, poderia ter sua vida profissional impedida por esse sintoma. O analista escuta e recorta o "medo de ser parado na alfândega" porque é um elemento estranho, dissonante. Pressente que esse medo é deslocado. A fantasia de ser descoberto fazendo algo errado deve fazer sentido em outro contexto. É preciso que o analisando associe. O analista poderia perguntar: "O que será que eles sabem sobre você?" –, e o analisando talvez se lembrasse de uma situação em que alguém adivinhara algo inconfessável.

Esse fragmento mostra que o analisando desenvolveu um superego extremamente severo – por isso mesmo é um neurótico. Se o fez, porém, foi por boas razões. Entra aqui a necessidade de imaginar a criança edipiana e seus conflitos. Seu pai viajava muito, nunca parava em casa. Filho único, boa parte do tempo ele ficava sozinho com a mãe, talvez angustiado por não ter quem fiscalizasse suas fantasias.

* * *

O mesmo analisando está procurando um lugar para comprar uma casa de praia. Ele e sua família costumam passar as férias com os pais. É muito confortável, por isso hesita em "arranjar sarna para se coçar". Mas gostaria de ter uma casa que fosse dele. Foi passar um fim de semana na reserva da Jureia e adorou um terreno com uma casinha de caiçara. Uma vista maravilhosa, vegetação luxuriante. O problema é que a construção de novas casas está proibida. O governo quer manter essa reserva ambiental intacta. Construir ali é arriscar a ter a obra embargada. Seu amigo lhe contou que começara a plantar as estacas de uma casa e teve de parar. Os caiçaras da região denunciaram e baixou a fiscalização. O analisando, porém, tem um plano. Antes de mais nada, vai tratar de se relacionar muito bem com os nativos. E vai fazer a obra disfarçadamente. Primeiro, derruba uma parede e ergue outra no mesmo lugar. Faz depois a mesma coisa com outra parede. Assim, sem dar na vista, poderá ter sua casa naquele lugar paradisíaco. Obviamente, tudo não passa de fantasia. Ele jamais faria isso.

Em que ponto a atenção flutuante se detém? No fato de que ter sua própria casa é "sarna para se coçar". Na vegetação luxuriante. Na sedução dos caiçaras. Nos planos secretos de passar a perna no governo. Todos esses recortes são igualmente possíveis. Cada recorte originará interpretações ligeiramente diferentes, que mobilizarão associações diferentes. Vamos supor que, por motivos internos a essa análise, eu tenha decidido recortar os "planos secretos". Por que a escuta se deteria justamente aí? Porque associo com aquela sessão em que ele me contou de seu medo de ser parado na alfândega dos Estados Unidos. A criança nele deseja possuir o território proibido e fica fantasiando maneiras de conseguir isso. O que se poderia dizer a ele, a partir disso? Por exemplo, que ele parece acreditar que é diferente do amigo, e que vai conseguir. Ou, melhor ainda, que os fiscais da alfândega dos Estados Unidos descobriram seu plano secreto.

* * *

Outro exemplo:

"Estou mal, muito deprimida. Há cinco anos vim de Santos para estudar Economia. No ano passado, terminei. Agora, não sei o que quero da vida. Não sei se quero ficar aqui e continuar no banco onde estagiei. Eles até querem me contratar. O problema é que ficar aqui em São Paulo sozinha não faz muito sentido, pois já estudei o que precisava. Ou se quero voltar para lá. Eu sinto falta da minha família, mas já saí de lá há tanto tempo que não me vejo voltando para a casa dos meus pais. Lá é gostoso, todo domingo meu pai faz churrasco. Mas o meu quarto já não é mais o meu quarto, eles mudaram tudo. Agora eu só choro."

O que escutar aqui? Vemos alguém que está sem lugar: aqui não faz mais sentido, lá também não. A criança nela está num impasse entre um movimento de autonomia, interrompido, e um movimento de regressão, também impossível.

* * *

A mesma analisanda sonhou que estava em uma piscina, na qual algumas crianças brincavam com um caixãozinho branco que flutuava. Horrorizada, quis tirar o caixão da água para enterrar. A escuta se detém no caixãozinho. Quem será que jaz ali? Não é possível saber, podemos imaginar uma parte infantil dela, que está morta, todavia insepulta. É um sonho de entrada em análise: a analisanda quer dar um destino adequado ao caixão. Meses depois, conta que fora a uma exposição de arte. Duas crianças olhavam os quadros. O pai perguntava à menor, que devia ter uns 4 anos, o que estava vendo ali. Ela via alguma coisa que estava apenas na fantasia dela e respondia com toda confiança. O mais velho, de 7, já não tinha imaginação. Dizia algo bem banal, bem enquadrado. A analisanda comenta que é uma pena que depois dos 5 anos as crianças percam sua inocência, sua confiança no mundo e, principalmente, a vida de fantasia. Elas se tornam banais.

O que escutar aqui? Primeiro, que ela se vê tendo perdido algo muito precioso em torno dos 5 anos, algo de verdadeiro (que Winnicott chamaria de verdadeiro *self*) que foi substituído por uma hiperadaptação. Por que 5 anos? Não sabemos, mas sabemos que ela nunca se conformou em crescer e em perder algo tão precioso. Há um luto que não foi feito. Ela continua, melancolicamente, lamentando não ter mais o que tinha antes dos 5 anos, idealizando esse período da vida. Reencontramos aqui o sonho do caixãozinho insepulto. Resultado: nem pode tocar para a frente e crescer, nem pode voltar a ter 5 anos, e permanecer inocente, seja lá o que isso signifique.

* * *

Outro analisando também apresenta um luto não realizado, porém o material clínico sugere que a perda ocorreu mais precocemente.

É um rapaz bastante perturbado, aspecto infantilizado, que aos 30 anos mora com o pai, de quem tem muito ódio. O pai lhe arranjou um emprego em sua própria empresa, onde ele faz serviços leves, de office-boy. Começou três faculdades e parou; tentou vários trabalhos, mas não aguentou. Conta que, durante sua infância, ia com os pais a uma casa de praia, que ele adorava. Brincava o dia todo, sempre tinha sorvete e batata frita, além da piscina e do mar. Era um paraíso. Lembra-se de que era uma criança muito difícil, sentia ódio de tudo e de todos. Todo domingo à tarde ele se enchia de fúria e batia no pai. Ninguém entendia que bicho o mordia; o pai ficava com raiva e batia de volta.

O analista entende que aquele menino não queria sair da casa de praia; não queria que a segunda-feira chegasse. O que escutar aqui? Esse paciente nunca se conformou em perder o "paraíso", o seio idealizado. Diante da ameaça de perdê-lo, reagia com ódio. A criança no adulto continua reagindo com dor/ódio diante das segundas-feiras da vida.

* * *

Esta vinheta se refere a uma analisanda que conquistou a autonomia com relação ao objeto primário. Ela volta das férias e me descreve sua viagem.

A estrada à beira-mar permitia descortinar, em certos trechos, pequenas baías com barquinhos de pesca ali ancorados no fim do dia. Adorava aquela visão, poderia ficar horas olhando. A fala é longa, me entretém, mas não sei o que nela recortar. Então, entro na

*cena que ela descreve e converso sobre o ir e vir dos barquinhos, que
logo cedo vão lá longe pescar, tendo no fim do dia um lugar acolhedor para voltar. Ela participa, acrescentando novos detalhes à história. Devaneamos juntas.*

De repente, escuto: o barquinho vai para longe, depois volta
para a baía acolhedora. O barquinho é ela que saiu de férias; a baía
acolhedora, a análise, representando o objeto primário acolhedor.
A criança nela tem confiança de que pode ir, porque tem para onde
voltar. Há um objeto interno bom que a recebe depois de seus movimentos de autonomia.

* * *

Elementos não verbais do discurso

O afeto

*Um analisando me diz que não se conformaria em ter uma vida
sem graça, feita só de trabalho e trabalho. Quer encontrar um trabalho que não o escravize, que lhe deixe tempo para namorar, para um
esporte, um barzinho com os amigos, um filme de arte. Ele se expressa com muita veemência, em um tom de raiva, contestação, desafio
– ao mesmo tempo se sentindo injustiçado por minha suposta interpretação: "Quero um trabalho que me dê prazer. Sei que você vai
interpretar que ralou muito no começo da carreira, que todo mundo
rala, que eu quero ser diferente de todo mundo, quero ser uma exceção. Vai dizer que não me submeto às leis do mercado. Não é nada
disso. Eu me disponho a ralar, mas quero ter direito a algum prazer".*

O elemento que chama a atenção é o tom de sua fala, a raiva, o desafio, o sentimento de injustiça. A que objeto interno ele estaria se dirigindo? Acabo, enfim, entendendo que ele brigava com uma figura interna que lhe dizia algo como: "Só eu sou grande, e por isso só eu tenho direitos; você não passa de uma criança, vê se se enxerga, recolha-se a sua insignificância, você ainda tem que comer muito arroz com feijão para ser como eu e ter direito de se divertir". O tom de voz do analisando permite reconhecer uma figura interna, que tiraniza e humilha o sujeito.

* * *

A forma do discurso

Uma analisanda tem uma forma de comunicação peculiar. Costuma falar o tempo todo, a fala é leve e agradável, o tema é seu cotidiano. É impossível – e inútil – tentar relatar uma sessão, pois a cada vez ela compõe um painel cheio de elementos, em que nada particularmente se sobressai. Cada tema vai se ramificando, a fala vai se desenvolvendo de maneira extremamente prolixa, sem que seja possível identificar um assunto.

Eu ficava perplexa. Procurar algum sentido simbólico no conteúdo de sua fala se mostrou inútil. Os recortes que eu efetuava não produziam associações, no sentido de fazer a analisanda "mudar de rota". Ela apenas confirmava minhas observações com um "É mesmo", que não levava a nada. Procurei mudar de foco e escutar seu discurso como um "fazer", e não como um "dizer". O que ela fazia, ao relatar suas histórias?

Aos poucos, passei a ter a impressão de que ela fazia verdadeiras crônicas sobre a fauna humana, suas grandezas, esquisitices, fraquezas. Parecia literatura. Em certa sessão, ela falou de sua empregada que, quando limpava a estante de livros (a analisanda adora ler), abria e folheava alguns. Começaram a conversar sobre livros. A analisanda, encantada com aquela demonstração de interesse, selecionou alguns exemplares para emprestar à empregada, que prestou muita atenção, sem nada dizer. A analisanda ficou muito satisfeita, certa de que iria abrir novas portas para aquela moça simples. Dois dias depois, a empregada, que não levara os livros selecionados, estava novamente a folhear outro da estante. E então a analisanda percebeu que ela olhava as figuras.

Longuíssimo, cheio de detalhes, o relato daria um conto de bom tamanho. Não tenho ideia do que escutar. De repente, a analisanda começa a ter um ataque de riso no divã. Não consegue terminar a história de tanto rir. Não vejo qual é a graça, mas, como analista, cabe-me apostar que seu riso (como, aliás, qualquer sintoma) faz sentido.

Ajusto o foco da escuta e percebo que ela estava "escrevendo uma crônica", cabendo-me o papel de leitora. Como boa cronista, ela deixava ao leitor parte do trabalho: para enxergar a graça da história, tenho de colocar algo meu ali. Percebo também que ela está rindo de si mesma, de sua ingenuidade ao tomar seu desejo por realidade, atribuindo à moça sua própria paixão pela leitura. O possível "conto" é sobre a dificuldade do ser humano em fazer contato com a alteridade. A analisanda não conseguia ver que nas ilustrações se concentrava a atração despertada pelos livros naquela faxineira semianalfabeta.

Com minha compreensão completo, assim, a crônica. Há júbilo em sua voz quando ela constata que valorizei sua história; quando se vê com fineza por mim "recontada", notando que fui capaz de ver sentido em seu relato. Meu comentário valoriza sua história e, portanto, a valoriza. Percebo que há uma necessidade brutal de reconhecimento ("Estou vendo o que você está fazendo") e de valorização ("O que você está fazendo tem valor"). Ou seja, se a fala dela precisa ser escutada como um fazer, a interpretação também incorpora essa dimensão: mostro à paciente que vejo sentido em suas histórias e que as acho interessantes.

Ela descreve seu namorado como um sujeito grosseiro e insensível. Em sua família, ninguém tem paciência de ouvi-la. Ela diz: "Acham que sou burra". De fato, ela se disfarça de "burra" e se esconde atrás de uma aparência infantil, com um tipo de discurso aparentemente fútil, pontilhado por risos que parecem estereotipados e imotivados.

Reconhece-se aqui a "menina nela", que se infantiliza para não afrontar figuras edípicas extremamente narcísicas e prepotentes. O sintoma é o tipo de discurso.

* * *

A contratransferência

O medo

Um estudante de psicologia inicia sua análise e, pouco depois da "lua de mel analítica", inicia-se um padrão transferencial. O analisando falava, a jovem analista interpretava e ele "supervisionava": corrigia as interpretações, criticava sua falta de profundidade, sentia falta de interpretações transferenciais, indignava-se com a ausência de interpretações sobre sua inveja e voracidade. Perguntava se a analista não ia interpretar seu atraso; se a analista fizesse menção ao conteúdo manifesto – por exemplo, a sua namorada –, replicava que ela representava um aspecto dele. Diante daquilo, a analista – que apenas iniciava sua formação – começou a se sentir controlada, insegura, insuficiente e, por fim, "burra". Passou a ter medo de seu paciente. Nada lhe ocorria: quando dizia algo, eram coisas rasas e banais. Agora, o paciente a criticava com razão.

A analista sentia que seu paciente tinha um modelo do que era um "bom analista" e, se ela não se encaixasse, não serviria. Aqui, o elemento importante é a contratransferência, que passou a ser o foco da supervisão. Pudemos conversar sobre como as questões narcísicas do analisando estavam sendo comunicadas via identificação projetiva. Também parecia que a "criança nele" precisava cuidar de seu objeto materno, vivido de forma angustiante como insuficiente. O importante era a analista sair do lugar em que havia sido colocada, do qual respondia de forma complementar.

* * *

O branco

Há analisandos cuja fala não produz qualquer afeto contratransferencial no analista, que não consegue "sentir" o analisado dentro de si, nem formar imagens, nem produzir associações.

A analisanda está namorando um rapaz que usa drogas, o que a leva a também fazer uso delas. Acha que o rapaz não serve para ela, mas não sabe se termina ou não. A verdade é que não consegue terminar. O pai do rapaz morreu de overdose. O pai da analisanda é alcoolista. A moça trabalha na empresa da família. Há brigas com as irmãs pelo uso das roupas e do carro, que pertencem a todas. Os fins de semana são em família, no sítio. A analista identifica um padrão de simbiose familiar, que é interpretado. As interpretações parecem ser corretas, porém vazias. Pelo menos, não parecem tocar a analisanda. Isso gera um mal-estar difuso na contratransferência.

A analista me procura para supervisão. Relata o caso, mas não consigo formar uma ideia sobre essa paciente; não me é possível imaginar "a criança nela"; não consigo entrar no universo subjetivo dessa moça. Tudo o que escuto são fatos e fatos – um psiquismo bidimensional. Pergunto pela mãe da paciente, que até então não aparecera no relato. Diz a colega que a analisanda fala de sua mãe, é uma mãe que está ali, mas "não há nada de especial". A moça não conta muito com ela, senão para conversas sobre as roupas, o carro etc.

De repente, "vejo" uma mãe de arame, oca; uma mãe operacional, que faz as coisas necessárias, sem que sua subjetividade esteja presente, como a analista experimenta suas próprias interpretações: são corretas, do ponto de vista do conteúdo, mas não tocam a paciente afetivamente. A mãe está, mas é como se não estivesse. Essa *rêverie* me ajuda a entrar em contato com a "criança nela", identificada com essa figura em negativo. É possível agora entender a ausência de forma psíquica, de imaginação e de figuração que o relato produz, tanto na analista quanto na supervisora. É preciso tentar criar alguma espessura psíquica nessa moça, "recheá-la" com experiências que sejam subjetivadas pela própria analista, pelo menos no começo. Isso pode ser feito, por exemplo, simplesmente recontando os mesmos fatos trazidos pela analisanda, mas com espessura emocional.

O desinvestimento

Uma analista me procura para que eu a ajude a escutar um paciente com quem tem dificuldades. Usa, entretanto, várias supervisões para falar de outros pacientes. Finalmente, voltamos àquele primeiro paciente. Não sabe nem como começar a falar sobre ele. Ele fala de um jeito que a deixa com sono, ou então pensando em suas coisas – divagando, em vez de prestar atenção. Depois, não consegue anotar as sessões. Não entende nada do caso, apesar de estar com ele há quatro anos. Quando tenta exemplificar o tipo de fala de seu analisando, é notório seu desinteresse. Em que pese ser um paciente "chato" para ela, preocupa-se em demasia com ele. É um jovem que, aos 30 anos, está completamente perdido. É muito sozinho, apesar de ter pai e mãe. A mãe é descrita como distante e fria; o pai, como outro perdido.

Em minha escuta, o elemento mais importante é o grau de desinvestimento no paciente – desinvestimento, no entanto, defensivo. Tanta é sua angústia diante desse paciente que só consegue estar com ele pensando em outras coisas. O paciente é vivido como "chato" justamente porque ela não entende nada e não consegue ajudá-lo.

Essa contratransferência nos dá notícias do estado mental de seu objeto primário. É possível imaginar uma mãe que, de tão angustiada por não ter ideia de como cuidar de seu primeiro bebê, acaba deixando tudo por conta da babá e passando o dia fora de casa. É preciso ajudar a analista a estar viva com seu paciente, a reinvesti-lo toda vez que surgir a tendência a deixá-lo de lado – e, sobretudo, ajudá-la a suportar a angústia contratransferencial, que é a própria angústia do paciente nela projetada.

* * *

O universo subjetivo do analisando

O analista se coloca "por trás dos olhos do analisando", procurando conhecer o mundo do ponto de vista dele, como é a realidade para ele, como ele a vive – qual é sua realidade psíquica. Se o analista não "entra" no mundo subjetivo do analisando, não há diálogo analítico: ele levanta resistências excessivas ou não faz contato.

A construção da realidade

O analisando vem à análise desesperado porque foi abandonado pela mulher. Contra todas as evidências, acredita que ela o ama e vai voltar. Todo dia vai encontrá-la à saída do trabalho, para convencê-la de que ela ainda o ama. Passam-se semanas assim, entre a luta para recuperá-la e o desespero por perdê-la. As sessões são totalmente preenchidas por esse tema. O analisando pede sessões extras o tempo todo. Está, realmente, muito fragilizado.

A analista sente que tem de cuidar de um bebê completamente dependente. O analisando conta que, no decorrer desse tempo, a ex--mulher continua usando seu cartão de crédito; e tem comprado muitas coisas. Ele recebe as faturas e paga com prazer. Fica feliz com isso.

Aqui há um elemento dissonante, que por isso mesmo chama a atenção da analista: aparentemente, não faz sentido ter sido abandonado, estar sofrendo tanto e ficar feliz porque ela usa seu dinheiro. Esse elemento nos introduz em sua realidade psíquica. "Você fica feliz?", pergunta a analista. "Sim, porque se ela continua usando meu cartão é porque precisa de mim e, mais cedo ou mais tarde, vai voltar para casa. Ela é uma moça simples e eu sou um empresário rico. Ela tem de voltar!" Percebe-se que a criança nele precisa negar, a todo custo, a autonomia do objeto. É o objeto que precisa dele, e não o oposto. Além disso, há uma recusa absoluta à situação triangular. A exclusão é intolerável para seu narcisismo. Assim, ele só pode interpretar a realidade a partir de sua onipotência: ela usa seu cartão porque ainda o ama.

* * *

O mundo do paranoico

Uma mulher é encaminhada por seu clínico. Em meio a uma fala acelerada, de difícil compreensão, conta que está sendo cooptada por uma organização secreta. Não entende bem nem por que nem para quê. Talvez seja porque ela é extremamente inteligente. O grupo lhe deu a dica de que tem de transar com alguém – quem? – para conseguir trabalho e sustentar sua família, já que o marido está desempregado. Vai fazer isso, não porque deseja, mas porque precisa. Pergunto como eles fazem contato com ela. Ela responde que é pelo computador. Eles mandam as instruções pelos spams que aparecem em sua caixa de correio. O delírio paranoico eclodiu há alguns meses. A escuta analítica, contudo, mostra que a analisanda é paranoica desde muito cedo. Quando tinha cerca de 5 anos, em uma colônia de férias, as crianças foram acordadas de noite para um jogo "extremamente perigoso". "Os monitores não protegiam as crianças, eram irresponsáveis." Ficou apavorada, mas nunca contou nada a ninguém. Os pais a mandavam para essa colônia de férias todos os anos. Assim que chegava, ia procurar esconderijos; na noite do jogo, se escondia e lá ficava até o jogo terminar. Quando era adolescente, "salvou uma amiga e a si mesma da morte". Estavam as duas num mercado árabe, e ela já havia notado que a amiga era chegada a roubar coisas durante a viagem. Por exemplo, tinha roubado a toalha de um hotel. Mas, ali, "todo mundo sabe que um árabe mata ou corta as mãos dos ladrões". Ela percebeu que a amiga ia roubar um doce, percebeu que o árabe estava de olho nela, que ele havia feito um sinal para o comerciante em frente, e concluiu que elas seriam atacadas e mortas na primeira esquina Antecipando-se ao desastre, e sem dizer nada para não chamar a atenção, arrancou a amiga de lá e arrastou-a consigo.

Histórias desse tipo eram frequentes. Em todas, reconhecemos uma mesma lógica emocional (paranoica): ela precisa ser muito esperta, antecipando o perigo – percebendo-o nas entrelinhas e interpretando os sinais mais sutis do cotidiano – para salvar sua vida. Em seu mundo, não se pode relaxar: é preciso estar alerta, esperando o próximo ataque. Quando entendo isso, descrevo-lhe o mundo em que vive e pergunto: "Não é cansativo viver nesse suspense?". Ela responde: "Ué, a vida não é assim mesmo?".

A análise avança e descubro que os avós paternos e maternos fugiram da guerra, na qual presenciaram todo tipo de atrocidades e quase foram mortos. Só se salvaram por terem sido capazes de antecipar o perigo. Algo dessa matriz psíquica lhe foi transmitido desde muito cedo. Essa forma de ser, que para quem não é paranoico é uma doença da interpretação, para ela é a garantia de sua sobrevivência.

58　A ESCUTA ANALÍTICA

* * *

As transformações das representações

Aqui, a escuta analítica focaliza determinada representação paradigmática e sua ressignificação ao longo do processo.

O cavalo e a espingarda

Uma jovem analisanda chega bastante deprimida para a análise. Aos poucos, surge uma inibição importante de sua vida pulsional. Com relação às pulsões sexuais, sua vida está desprovida de fontes de prazer. Descreve seu cotidiano como sem graça, uma sucessão de obrigações tediosas. Tem um namorado de quem gosta muito, mas não consegue realmente curtir o namoro. Tem um trabalho, mas precisou renunciar à parte criativa, que lhe dava prazer, para se ocupar do lado mais administrativo.

No começo da análise, trouxe uma lembrança de infância. Montara em um cavalo muito fogoso que disparou. Ela perdeu o controle e sofreu um acidente grave. Ficou com medo e desistiu de montar. O cavalo fogoso é uma representação das pulsões eróticas, sem controle e perigosas. Diante disso, ela renuncia, as pulsões são silenciadas.

No campo transferencial, elas são redespertadas. Há um discretíssimo amor de transferência, que se manifesta por falas que criam situações de "namoro": ela relata viagens que curtiu, descreve comidas de que gosta, fala de filmes que a marcaram. O trabalho se dá no fio da navalha: a analista não pode recusar "o namoro", temendo seduzi-la; nem explicitá-lo, estragando tudo – transformando-o defensivamente em uma interpretação. O prazer passa a ser compartilhado no campo transferencial, sem tanta angústia.

Algum tempo depois, a imagem do cavalo fogoso retorna. Ela conta um filme em que um garoto e um garanhão sobrevivem a um naufrágio em uma ilha. Em princípio, o garoto tem medo do cavalo. Aos poucos, acaba encontrando uma maneira de montá-lo e ambos passeiam juntos pela ilha.

Com relação às pulsões agressivas, também podemos perceber uma transformação. No começo da análise, há um canivete que ganhara do pai, o qual antes de entregá-lo cegara o gume da lâmina. Anos depois, um material completamente diferente, no que diz respeito à agressividade: no sítio, viu seus sobrinhos brincando com a espingarda de chumbo do irmão. Quando crianças, ela e o irmão só podiam atirar sem os chumbinhos, o pai tinha muito medo de que eles atirassem em alguém. Agora, comenta, o irmão deixa seus filhos usarem os chumbinhos; apenas fica por perto, para orientá-los.

* * *

Espero ter deixado claro, com esses exemplos, como temos de variar o foco da escuta para enxergar a criança no paciente. Há casos em que o infantil aparece quando focalizamos o valor simbólico das representações; outros, em que é preciso focalizar elementos não verbais da fala; em outros, ainda, a contratransferência. Naturalmente, uma coisa não exclui a outra. Em todos os casos, é preciso encontrar o foco para enxergar o universo subjetivo do paciente. Focalizei a ressignificação de representações para acompanhar a evolução do processo analítico. Muitas outras situações poderiam ser apresentadas, focalizando "coisas" diferentes, mas penso que essas bastam para mostrar que é sempre *a criança no paciente* que procuramos escutar.

3. Neurose e não neurose: estrutura psíquica

Introdução

Adiantei, na introdução, que os Capítulos 3 e 4 foram escritos com base em uma adaptação livre de dois manuais de psicopatologia psicanalítica – o de Juignet (2001) e o de Roussillon (2007) – com a ajuda de dois dicionários – o de Laplanche e Pontalis (2001) e o de Hinshelwood (1992). Esse material foi elaborado e organizado com o objetivo de expor, didaticamente, duas grandes estruturas psíquicas: a neurose e a não neurose.[1] No fim do livro, a Figura 3 procura dar uma visão de conjunto do que iremos trabalhar neste capítulo. Já a metapsicologia tem seu enfoque ilustrado sempre que possível com exemplos de minha clínica e da clínica de meus supervisionandos. Como também esclareci, tais relatos foram totalmente ficcionalizados. Deles conservei apenas os dados estruturais essenciais para enfatizar determinada ideia, eliminando ou alterando quaisquer particularidades que possibilitassem a identificação do analisando.

---

1 Ou a parte neurótica e não neurótica da personalidade.

Os dois manuais consultados têm o mérito de ordenar e sintetizar as principais contribuições de autores muito distintos, oferecendo ao leitor um panorama geral. Cabe a este ir atrás dos pontos e dos autores que mais lhe interessarem. Juignet e Roussillon são autores da era pós-escolas; têm excelente cultura geral psicanalítica e transitam muito bem por todos os autores, sem sectarismos. A base de seu pensamento é freudiana.

Este capítulo contém duas partes, cuja aridez procurei minimizar com vinhetas clínicas.

- "'Fisiologia' da mente", em que são abordados os *processos psíquicos* de base na neurose e na não neurose: paraexcitação, processos primário e secundário, funções egoicas, principais angústias e defesas.

- "'Anatomia' da mente", em que se estudam os elementos (traços mnésicos, *imago/objeto* interno, *self*, fantasia inconsciente, objeto do desejo) e as *instâncias* (id, ego e superego) constitutivas do aparelho psíquico na neurose e na não neurose.

* * *

O campo da psicopatologia psicanalítica foi organizado por Freud de maneiras diferentes ao longo de sua obra. No início, falava em normalidade *versus* neurose. Os neuróticos eram os que não tinham conseguido dissolver seu complexo de Édipo. Depois, em neurose *versus* perversão. A neurose era o negativo da perversão. Por fim, em neurose *versus* psicose.

A psicose resultava da ruptura com a realidade, ao passo que a neurose preservava esse vínculo. Ele se referia, obviamente, às grandes estruturas psíquicas. Klein deixou de lado a ideia de estrutura para falar em modos de funcionamento psíquico. Descreveu o funcionamento psicótico da mente, caracterizado por angústias e defesas primitivas. Esse tipo de funcionamento pode estar presente em qualquer tipo de estrutura psíquica, já que o psiquismo é formado por "camadas geológicas" bastante heterogêneas entre si, cujas características podem se manifestar em momentos distintos, dependendo das solicitações do objeto. A ideia de estrutura fica, assim, relativizada.

Green (2002) articula Freud e Klein quando diferencia duas grandes organizações psíquicas: neurose e não neurose. A expressão "não neurose" reúne todas as estruturas psíquicas que se organizaram/desorganizaram a partir de distúrbios – maiores ou menores – na constituição do narcisismo. Nesse sentido, Green é freudiano, pois mantém a noção de estrutura. Ele reconhece, contudo, em todos esses distúrbios na constituição do Eu, um tipo de funcionamento mental descrito por Klein: a presença de angústias primitivas e de defesas psicóticas. Parece-me que ele articula o melhor dos dois autores, no que diz respeito à psicopatologia. As patologias relacionadas ao sofrimento narcísico apresentam uma sintomatologia extremamente variada: adições, distúrbios alimentares, compulsões, patologias do vazio com feitio melancólico, patologias do ato coloridas por diversos tipos de violência, somatizações, perversões.

* * *

"Fisiologia" da mente: os processos psíquicos de base na neurose e na não neurose

Os processos psíquicos de base dizem respeito ao modo pelo qual o aparelho psíquico lida com as intensidades afetivas e elabora os estímulos que recebe. A elaboração dos estímulos depende da presença, ou não, do escudo protetor ou paraexcitação, da predominância do processo primário ou secundário e do grau de desenvolvimento das funções realitária, simbólica, imaginativa, da sublimação e dos mecanismos de defesa. Vejamos cada um desses elementos e como eles se comportam na neurose e na não neurose.

Paraexcitação ou escudo protetor

É a parte da estrutura psíquica que funciona como anteparo na recepção dos estímulos internos e externos (Freud, 1895/1969o) e modula a intensidade desses estímulos, protegendo o aparelho psíquico de uma invasão excessiva de excitação. Paraexcitação, portanto, é a estrutura psíquica que protege o aparelho psíquico do trauma: excesso de excitação que invade o aparelho psíquico, destruindo as ligações existentes, produzindo dor e desorganizando o Eu, e/ou impedindo que novas ligações sejam efetuadas. Essa estrutura se constitui, ou não, durante a infância precoce, por apoio sobre o paraexcitação da mãe.

Um paraexcitação bem constituído, como na neurose, permite efetuar a ligação da energia, mantendo-a disponível no interior do aparelho psíquico para realizar as funções egoicas necessárias. Caso contrário, a energia será *descarregada*, na forma de energia não ligada. É o caso da não neurose. O psiquismo da mãe não aguenta tensões; ele "espana" em situações de angústia e *descarrega* na criança, esperando que ela possa fazer a necessária continência e transformação, o que, evidentemente, excede sua capacidade psíquica de elaboração. Ou seja, em lugar de funcionar como paraexcitação, a própria mãe é fonte de afetos penosos e traumáticos. A criança irá se subjetivar segundo esse modelo de funcionamento psíquico, com prejuízo de seu paraexcitação.

Um analisando borderline *apresenta um material clínico recorrente, que permite reconstruir o funcionamento de seu objeto primário: em lugar de "filtrar" as excitações provenientes do mundo, sua mãe produzia, em razão de sua própria angústia e confusão, um ambiente caótico. Quando criança, esse analisando não podia se orientar nem se antecipar aos acontecimentos, sendo levado de roldão. A cada "ataque" da mãe, ele se desorganizava. A invasão de angústia produzia dor e ódio, levando-o a se tornar uma criança muito difícil, sempre ranheta e raivosa. Atualmente, é a esposa que ocupa o lugar do objeto primário. Ele não suporta quando ela está angustiada e despeja seu estado mental nele. Mesmo situações excitantes, como novos projetos em seu ambiente de trabalho, o invadem como se ele fosse completamente poroso e o deixam desorganizado.*

* * *

Referi-me, acima, a *ligações*: "[...] o excesso de energia pode destruir as ligações existentes" etc.

O que é ligação?

Freud usou o termo "ligação" de três maneiras diferentes (Laplanche e Pontalis, 2001): 1) as ligações "seguram" a energia psíquica dentro do aparelho, impedem seu escoamento, tornando--a disponível para trabalho psíquico; 2) as representações precisam estar *ligadas* entre si, de modo a formar uma rede pela qual o afeto possa circular; 3) o ego incipiente precisa ser *ligado* para obter algum contorno e consistência. A organização não neurótica tem dificuldade em fazer ligações nos três sentidos apresentados.

Falou-se em "invasão por um excesso de excitação". Naturalmente, o excesso é relativo. Nas organizações não neuróticas, as fronteiras egoicas são tão frágeis que qualquer estímulo é vivido como excessivo e desestruturante. São pessoas que estão sempre "em carne viva", ou seja, não contam com um paraexcitação suficiente. É a sequela do já referido "trauma precoce".

Falou-se também em "escoamento de energia não ligada". As organizações não neuróticas tendem a descarregar essa energia para o soma, produzindo somatizações, ou para fora, na forma de atuações. Mais tipicamente, a vivência de não sentido lança o sujeito em um estado confusional penoso. Por isso, um terceiro destino para essa energia não ligada é a busca de outro aparelho psíquico: o não neurótico procura um objeto para dentro do qual descarregar seus afetos penosos, esperando que eles lhe sejam devolvidos em forma "ligada", isto é, com algum sentido – entrando, assim, na corrente de sua vida psíquica.

Outro analisando não neurótico leva o computador para consertar, devendo voltar para buscá-lo pronto dali a três semanas. Uma norma da casa prescreve que aparelhos consertados e não retirados ao fim de três meses serão vendidos. Estando nas semanas seguintes sem dinheiro para pagar o conserto, começou a pensar, passando depois a ter certeza, que ia perdê-lo. Já não se lembrava que o prazo máximo estabelecido era de três meses. A angústia aumentou quando imaginou que o pai ia ficar furioso com ele. Foi entrando em desespero.

Do ponto de vista metapsicológico, podemos dizer que estava completamente invadido por energia não ligada. Naquele estado, sua capacidade de pensamento (de fazer ligações) entrou em colapso, pois estava à mercê de um objeto interno que lhe dizia algo como: "Você nunca faz nada certo, você não vale nada mesmo, nem deveria ter nascido". A analista põe em palavras a natureza da relação de objeto que lhe produz terror. Com sua interpretação, está acolhendo a angústia e reconhecendo que o pavor do paciente faz sentido diante desse tipo de objeto interno. Isso ajuda, mas não é suficiente para tirar o paciente do estado de desorganização psíquica em que se encontra. Empresta, então, seu próprio aparelho psíquico para ajudá-lo a pensar. Sugere-lhe um telefonema para a loja, avisando que iria se atrasar alguns dias para retirar o aparelho. Isso, que parece banal para um sujeito neurótico, não é nada banal para um não neurótico. O analisando vislumbra assim uma saída e se acalma.

* * *

Processo primário e secundário

O processo primário, em seu funcionamento normoneurótico, se caracteriza pela livre circulação de energia no interior de uma rede de representações bem constituída e bem ligada. A rede de representações é constantemente ampliada por mecanismos como condensação e deslocamento. A circulação de energia segue o princípio do prazer/desprazer, buscando a realização do desejo (Freud, 1900/1969a). A associação livre, o sonho e o devaneio são exemplos do bom funcionamento do processo primário.

O processo secundário é o regime de funcionamento que efetua a ligação da energia psíquica. O trabalho psíquico com a pulsão segue o princípio de realidade e usa a lógica consensual. Pelo fato de haver ligação, o adiamento da descarga se torna possível, graças à capacidade de pensar.

Ambos os processos se articulam: o processo primário fornece elementos, as representações, para o funcionamento do processo secundário.

Quando a rede de representações é muito "esburacada", como acontece nas organizações não neuróticas, a prioridade deixa de ser a busca do prazer e passa a ser o "remendo" da rede de representações. Antes do prazer, é preciso fazer sentido das experiências emocionais, criando representações que permitam secundarizá--las. Caso contrário, instala-se o regime da compulsão à repetição. O exemplo a seguir ilustra o tipo de processo primário do não neurótico.

Um analisando sente, repetidamente, raiva de seu colega de trabalho. Uma situação de hostilidade mútua acaba se criando, mas ele não sabe me dizer por que sente raiva. À medida que descreve a situação, percebo que ele interpreta o que o colega diz como afronta narcísica. Sente-se humilhado e diminuído. É preciso reconstituir sua experiência subjetiva de humilhação para que a raiva faça sentido para ele – para que o afeto não ligado se ligue a uma representação. Não há como processar psiquicamente uma raiva que não se sabe de onde vem; e que, por isso mesmo, invade o aparelho psíquico, exigindo descarga imediata. O passo seguinte seria mostrar como, em muitas situações, e não apenas naquela com o colega de trabalho, ele se sente diminuído e humilhado. Talvez ele mesmo se veja como valendo muito pouco e por isso interprete dessa maneira o que os outros fazem.

* * *

Do ponto de vista tópico, o processo primário no neurótico diz respeito ao modo de funcionamento do inconsciente, ao passo que o processo secundário caracteriza o sistema pré-consciente/ consciência. No dia a dia, predomina o processo secundário. Na análise, em razão da regressão, aciona-se o processo primário – o pensamento onírico, a associação livre, o sonho, a transferência. O sintoma neurótico também se constitui de acordo com o processo primário.

Uma artista que já tem nome no mercado adora participar de workshops *conduzidos por colegas seus. A situação é tão inusitada que eles se espantam: "O que você está fazendo aqui?". Mas ela adora esses* workshops, *sobretudo aqueles ministrados por artistas, homens que admira. O problema é que sente vergonha. E não consegue atinar com a origem dessa vergonha – um sintoma neurótico. Podemos escutar esse material como um deslocamento de modos infantis de satisfação sexual. É como se ela, embora bem grandinha, continuasse a chupar chupeta ou a exigir o colo do pai. Mais precisamente, ela parece estar realizando uma fantasia (histérica) de captação oral do pênis potente e admirado do pai. O conflito envolve o prazer proporcionado por essa modalidade de prazer edipiano e sua proibição pelo superego projetado nos amigos.*

* * *

Voltando ao processo primário, afirmei que, na neurose, o afeto circula de modo bastante livre por uma rede de representações que o "contém". Uma coisa representa outra, que representa outra, e assim por diante. O discurso vai de associação em associação. A elaboração psíquica do conflito vai se dando ao longo da cadeia de representações que se sucedem.

Na estrutura não neurótica, a intensidade afetiva não conta com essa "continência". A elaboração só se faz com a ajuda de um objeto, como vimos no exemplo do analisando que tem raiva de tudo e de todos.

Na *Interpretação dos sonhos* (1900/1969a), Freud entende que a energia que flui livremente reinveste formas de realização do desejo que dizem respeito ao infantil. Por isso se diz que o processo primário é um modo de funcionamento regressivo. Tal é, no exemplo da artista, a fantasia regressiva de captação oral do falo do pai.

A transferência é um fenômeno regressivo por excelência, tanto na neurose quanto na não neurose.

Na neurose:

Um analisando demitiu um funcionário que se comportava "como dono de sua empresa". Pagou todos seus direitos trabalhistas, mas ainda assim continua se sentindo culpado. O material evidencia uma transferência paterna em relação àquele funcionário. A demissão corresponde ao desejo infantil de matar o pai, que está recalcado. A culpa deslocada sinaliza o retorno do recalcado.

* * *

Na não neurose:

Um analisando borderline *sente que a analista lhe dá "tudo". Ao se achar totalmente compreendido, passou a ter habilidades profissionais que antes não tinha: graças a ela, tornou-se uma pessoa viável etc. O infantil se mostra na idealização extrema que faz da analista. É um exemplo de transferência materna arcaica.*

* * *

Funções egoicas

Inúmeras funções são realizadas pelo ego. Apresento as funções realitária, simbólica e imaginativa, a sublimação e os mecanismos de defesa, sempre com o objetivo de mostrar como as coisas se passam na neurose e na não neurose.

Função realitária

É responsável pelo estabelecimento do princípio de realidade. Quando está bem constituída, como no neurótico, o sujeito reconhece que a realidade não se dobra a seu desejo nem pode ser criada a partir de sua onipotência. O mundo tem resistência própria e não se confunde com seu desejo ou com sua fantasia.

Costuma-se dizer que o não neurótico tende a confundir realidade e fantasia. É um modo arriscado de colocar as coisas, pois o analista pode se arrogar o direito de dizer como as coisas são "de verdade". É mais preciso dizer que a realidade é criada a partir da fantasia, isto é, da matriz simbólica a partir da qual o sujeito apreende o mundo e a si mesmo – que é uma matriz bem diferente da do neurótico.

Ainda assim, cabe dizer que a função realitária está mal constituída no não neurótico se estivermos nos referindo a um recorte muito específico da realidade: a realidade da separação do objeto, a concepção do objeto como outro-sujeito. Tal realidade, de fato, não existe para o não neurótico; ele não vê as coisas assim, com todas as consequências dessa forma de enxergar o mundo. Já o neurótico é capaz de conceber esse setor da realidade. Ele vê sujeito e objeto como entidades separadas, o que acarreta outras consequências, outra visão de mundo. No Capítulo 5, "Neurose e não neurose: da clínica à teoria", apresento a visão de mundo do neurótico e do não neurótico.

* * *

Vejamos a construção da realidade pela subjetividade não neurótica:

João, um não neurótico, espera tudo de seu objeto. Se ele o faz, é porque o vê como onipotente, podendo tudo. Ele não o vê assim porque quer, mas porque precisa: em seu desamparo absoluto, ele não poderia sobreviver sem tal objeto. Percebe-se que "distorcer a realidade", ver o objeto como onipotente, é uma construção defensiva. Nesse sentido, não adianta contestar a defesa, mostrando ao analisando que o objeto não é onipotente. É preciso criar, no campo transferencial, condições para elaborar as angústias que estão exigindo essa defesa.

* * *

Agora, vejamos a construção da realidade pela subjetividade neurótica:

José, um neurótico, também "distorce a realidade". Ele sofre de inibições sexuais. A análise mostra que a namorada, por suas características, é vivida como interditada. Do ponto de vista da "realidade", a namorada não é a mãe, não há motivo para que seja vivida assim. Do ponto de vista da realidade psíquica, no entanto, provavelmente há pontos de contato entre ambas. De nada adiantaria sugerir que a namorada não é a mãe, corrigindo sua percepção. Ao contrário, é preciso mostrar de que maneira a mãe está na namorada e como esta última pode ter sido desejada precisamente por apresentar certas características maternas.

* * *

Voltemos, porém, ao neurótico e ao princípio de realidade. Se ele entende que esta não se dobra a seu desejo, isso certamente terá consequências. Ele pode julgar, em certas situações, que é preciso adiar a obtenção do prazer, buscar um prazer alternativo ou, mesmo, renunciar a ele. A percepção da realidade como dotada de espessura própria é fonte de conflitos e sofrimentos para o neurótico. Diferentemente do não neurótico, contudo, que tão só negaria a realidade, o neurótico se vê obrigado a fazer renúncias e lutos. É que suas defesas incidem preferencialmente, como veremos, sobre sua vida pulsional-erótica e/ou agressiva – e não sobre a percepção da realidade.

Em termos bionianos, o neurótico não "alucina" o mundo – o que pode acontecer com o não neurótico quando ele vê a realidade de uma forma que a torna intolerável. Isso significa que, por maior que seja a fome, o neurótico não vai ver o seio se ele não estiver ali. Ele é capaz de representar sua experiência de desprazer, bem como a "ausência do seio". No não neurótico, a representação da "ausência" não se forma. Ou ela é preenchida pela presença invasiva do seio mau ou não pode ser significada pelo sujeito, que fica diante de um sem-sentido, de uma experiência de vazio angustiante.

É essa angústia que faz a função realitária vacilar:

Um analisando borderline *foi abandonado pela mulher. Ficou devastado. Nunca imaginou que isso pudesse acontecer. Lidou com isso convencendo-se de que ela ainda o ama e vai voltar. Interpreta seus mínimos gestos como "evidências" disso. Embora continue indo ao trabalho e fazendo tudo o que é preciso, defendeu-se da dor criando um fragmento da realidade a partir de sua onipotência. A função realitária está mal instalada.*

Sintetizando: o neurótico entende emocionalmente que, em certo nível, precisa se adaptar ao mundo, já que este não se adaptará a ele. O não neurótico até pode entender isso intelectualmente, mas, emocionalmente, isso é inconcebível.

Vejamos o objeto concebido emocionalmente como onipotente:

Outro analisando sente raiva quando a esposa, angustiada, pede que ele a ajude com os filhos. Ele sabe, intelectualmente, que deveria lhe dar apoio – mas sente que ela deveria poupá-lo de seus problemas. É que no regime do tudo ou nada, a partir do qual ele enxerga a realidade, ele vê um objeto que tem capacidade para resolver tudo e ele, nada. Por isso, ela teria a obrigação de não sobrecarregá-lo com tarefas que ele vive como estando acima de suas forças – e, portanto, angustiantes.

* * *

Do ponto de vista do neurótico – quando o princípio de realidade está bem instalado –, a representação do objeto não é absoluta, mas nuançada. Ele é capaz de enxergar a complexidade do objeto sem se desorganizar psiquicamente. Uma analisanda neurótica é capaz de dizer: "Meu pai me diz coisas que me machucam muito, mas sei que ele gosta de mim". Ela está em pleno contato emocional com a complexidade de seu objeto, mesmo que ele seja fonte de conflito.

O neurótico tolera o conflito, apesar da angústia. O não neurótico, por sua vez, não o tolera.

Não porque não queira, mas porque não tem matriz simbólica para apreender nuanças, nem para conceber a complexidade do objeto. Sua matriz simbólica só apreende extremos: tudo ou nada. Em suma, ele não tem *software* para processar realidades complexas. Por isso recua, recusa, se angustia e se desorganiza diante de algo que é vivido como sem-sentido. Para quem vê "de fora", o não neurótico tem ódio à realidade. Para quem vê "de dentro", ele tem ódio porque é invadido por angústia quando se percebe incapaz de elaborar estímulos complexos da realidade. Alguém só odeia matemática porque se angustia diante de problemas que precisa resolver sem ter a mínima ideia de como fazer isso.

76   NEUROSE E NÃO NEUROSE: ESTRUTURA PSÍQUICA

Vejamos a construção de uma realidade simplificada:

A analisanda não neurótica se queixa de ter de cuidar de tudo em casa, o marido nunca faz nada. Ela mesma havia afirmado, contudo, em outra ocasião, que ele a ajudava bastante em momentos de desespero. A cada momento, apenas uma parte da realidade é percebida.

A cisão é o mecanismo de defesa que impede as duas percepções (marido que ajuda/marido que não ajuda) de entrarem em contato uma com a outra.

Tudo isso para mostrar que há outro sentido em que se pode dizer que o não neurótico apresenta falhas na função realitária (vimos que ele não percebe, ou melhor, não concebe o objeto como outro-sujeito – a realidade da separação do objeto). Para que ele possa se relacionar com a realidade, ela precisa ser simplificada. Para isso existe a cisão. Assim, embora se diga que o não neurótico "nega a realidade", seria mais preciso dizer que parte dela não chega a ser percebida.

* * *

Função simbolizante

É a capacidade de criar símbolos, atribuindo sentido à experiência de si e do mundo. Sem ela, a vivência não tem como ser elaborada e integrada como experiência nem apropriada subjetivamente. A função simbolizante é exercida, a princípio, pelo psiquismo materno, instituindo, para a criança, uma matriz para a simbolização.

A presença ou ausência do símbolo para a "ausência" é um divisor de águas entre a subjetividade neurótica e não neurótica.

O neurótico constituiu e maneja bem o símbolo que presentifica para o psiquismo o "nada", o "negativo", aquilo que "não está".

O não neurótico, por sua vez, não constituiu o símbolo para a "ausência". Nessa forma de subjetividade, a ausência é vivida como uma presença má e persecutória ou, o que é pior, lança o sujeito num vazio de significação. Daí sua constante angústia de separação.

A construção do símbolo para a ausência é uma aquisição paulatina e depende da função materna. Entre outros fatores, a mãe não pode ser onipresente nem pode se ausentar excessivamente, além do tempo que a criança consegue manter a imagem da mãe viva em seu psiquismo.

Além disso, é importante notar que a capacidade de experimentar certos estados afetivos também depende do símbolo "ausência", porque ele permite que o objeto seja experimentado como outro-sujeito. Assim, certas formas de subjetividade não neurótica não conhecem a preocupação, a tristeza, a culpa, a gratidão.

Muitas das perturbações psíquicas, comportamentais e somáticas do não neurótico são expressões do não simbolizado e das defesas mobilizadas contra a angústia que ele desencadeia.

Um adolescente depende completamente de sua namorada. Se ela se afasta para "fazer suas coisas", ele interpreta o afastamento como abandono ou ataque, porque não dispõe do símbolo para ausência. Torna-se violento. A não presença da namorada só pode ser decodificada a partir dos símbolos existentes: abandono e ataque.

* * *

Função imaginativa

Se a função simbolizante é a capacidade humana de criar símbolos, a função imaginativa é a capacidade de criar imagens, dando figurabilidade aos movimentos anímicos. A função imaginativa traduz as tendências pulsionais na forma de fantasias. Ela se manifesta no brincar, nos sonhos e nos devaneios, nas alucinações e nas artes.

Segundo Castoriadis, a imaginação é a capacidade de ver em uma coisa o que ela não é. Quando o neto de Freud inventa o jogo do carretel está usando a imaginação e sendo criativo: ao perceber o movimento de ir e vir do carretel, ele vê ali o movimento de ir e vir da mãe. Sem isso, ele não poderia brincar nem criar o símbolo para a ausência. As teorias sexuais infantis, em que a criança inventa "sua" cena primária a partir dos fragmentos do que vê e ouve, também provêm da atividade criativa da mente.

A movimentação do desejo e o investimento de objetos com valor fálico dependem, essencialmente, da função imaginativa. Nos dizeres do poeta, tem dias em que eu acordo e "uma pedra é só uma pedra". É o que caracteriza a *posição do deprimido* (Kehl, 2009). Penso que a falência da função imaginativa – que pode ter as determinações mais diversas, inclusive culturais, como mostra a autora – pode ser temporária ou duradoura e pode afetar tanto o neurótico quanto o não neurótico.

* * *

Sublimação

Outra função egoica é a sublimação. As pulsões sexuais e agressivas podem ser sublimadas, isto é, investidas em objetos culturais no sentido amplo do termo, proporcionando uma forma de prazer diferente da descarga. É uma função psíquica ligada ao princípio do prazer.

O neurótico é capaz de ter um prazer genuíno com atividades sublimatórias, como trabalhar, praticar esportes, brincar, fantasiar etc.

O não neurótico pode ter mais dificuldade com a sublimação porque toda a questão do prazer está comprometida por uma necessidade anterior, muito mais premente, de tentar ligar a energia não ligada (ver "Paraexcitação ou escudo protetor"). Há atividades pseudossublimatórias, como trabalho, esportes etc., mas seu uso é defensivo (da integridade narcísica) e, por vezes, compulsivo. Essas atividades podem produzir alívio, o que é diferente de prazer. Os Capítulos 8 e 13 tratam do uso defensivo da cultura pelo não neurótico, ou, na feliz expressão de Raymond Cahn, da psicopatologia do espaço transicional.

* * *

Observação

Estudamos, até agora, uma série de elementos constitutivos da estrutura psíquica – o paraexcitação, o processo primário, algumas funções egoicas. Vimos que estão bem estabelecidos no neurótico e apresentam falhas maiores ou menores no não neurótico. Pode parecer que o neurótico vive no melhor dos mundos, ao passo que o não neurótico apresenta todas as "disfunções". Veremos adiante que o sofrimento neurótico é qualitativamente diferente deste, mas nem por isso deixa de ser sofrimento.

* * *

Angústias e defesas

Outra função egoica importante é a de acionar os mecanismos de defesa em situações que produzem angústia. Naturalmente, as angústias e as defesas são muito diferentes na neurose e na não neurose. Clinicamente falando, talvez seja o que mais as diferencia.

* * *

Na neurose

1) Angústia de castração

É o medo de perder o falo no enfrentamento edipiano com o rival e seus representantes; o falo é entendido como representação da potência do sujeito – da potência para realizar parcialmente o desejo e obter algum prazer. É a angústia típica da subjetividade neurótica. Está associada a fantasias de transgressão e ao sentimento de culpa. O medo pode ser muito intenso e promover uma renúncia maciça à própria potência e ao prazer *possível*. Naturalmente, o sujeito não morre sem o objeto do desejo, mas a vida fica sem graça. A angústia de castração pode assumir também a forma do medo da posição feminina perante o pai, no Édipo invertido.

Deve-se notar que é diferente da chamada castração narcísica, em que está em jogo a angústia de perder o objeto/a condição que, em fantasia, *completaria* o Eu; e sem o qual o sujeito sente que não é possível viver. Estamos no registro do gozo (e não do prazer), da *impossível* plenitude narcísica, ou de seu inverso, a morte do Eu. Essa angústia, que será vista adiante no item "Angústias de aniquilamento", é onipresente na subjetividade não neurótica.

A angústia de castração é diferente também da angústia diante da percepção de que não se pode ser/ter tudo. Ela tem que ver com a castração simbólica e é *inerente à condição humana*. É justamente porque não se tem e não se é tudo que criamos os ideais e vivemos para tentar realizá-los.

Embora seja mais tardia em termos de posição subjetiva, a angústia de castração pode se sobrepor a angústias primitivas (de aniquilamento e fragmentação). O "colorido" da angústia será do tipo castração, mas sua intensidade será tal que nos levará a suspeitar de angústias mais primitivas.

* * *

Dois exemplos de superposição de angústia de castração e de aniquilamento:

Um paciente que sempre foi um bom filho, bom marido, bom pai, agora que já criou seus filhos, gostaria de curtir a vida. Ele gostaria de andar de moto, jogar tênis, tomar uma cerveja com algum amigo de vez em quando. Logo ele renuncia a esse movimento do desejo dizendo estar querendo demais, já que nunca lhe faltou nada na vida (submeteu-se ao superego). Em seguida, diz que, se começar a curtir a vida, vai relaxar suas responsabilidades profissionais e não vai ter dinheiro para pagar os médicos quando ficar velho. Aqui, já passamos para o campo das angústias de aniquilamento, pois, para ele, não ter dinheiro na velhice é não poder pagar os médicos e morrer. Ele transforma o desamparo inerente à condição humana – afinal, todos vamos ficar velhos e morrer, com ou sem dinheiro – em angústia de morte.

* * *

Um rapaz gostaria de peitar o chefe, mas tem muito medo. Ele sente que o chefe é tão violento que ele não sobreviveria ao confronto. Seria mandado embora, o chefe falaria mal dele e ele não conseguiria mais emprego nenhum. Percebe-se que, apesar dos elementos que mimetizam a questão da castração, o medo de perder o emprego não é o de perder um objeto ou um atributo precioso, mas, sim, a própria vida.

* * *

2) Recalcamento

A principal defesa neurótica diante da angústia de castração é o recalcamento, que vai incidir precisamente sobre as representações que a desencadeiam. Esse mecanismo de defesa opera produzindo uma separação entre um afeto e sua representação, tornando-a inconsciente. Representações (pensamentos, imagens, recordações, desejos) ligadas a uma pulsão (sexual ou agressiva), cuja satisfação produziria angústia de castração, são mantidas no inconsciente. O afeto que ficou livre se liga a uma nova representação, que mantém um elo associativo com a representação original, agora recalcada. A nova representação pode ser investida de maneira particularmente intensa (é o contrainvestimento) para evitar o surgimento da representação original.

Em *Inibição, sintoma e angústia*, Freud (1926/1969f) mostra que as modalidades do sofrimento neurótico resultam de diferentes negociações com a angústia de castração. O sintoma elimina a angústia por meio de uma solução de compromisso: o desejo é realizado parcialmente, de maneira indireta, submetendo-se, em parte, à interdição. A inibição elimina a angústia por meio do recalque excessivo. A submissão à interdição é total – resolve a angústia, mas a vida fica sem graça. Quando nenhuma das duas soluções é possível, o sujeito vive angustiado, encontrando, secundariamente, motivos para sua angústia.

As inibições e a angústia crônica parecem ser muito mais frequentes do que os sintomas propriamente ditos (fobias, obsessões e conversões). Todos nós conhecemos pessoas que gastam uma energia enorme para conseguir realizar minimamente alguma representação do desejo: falar em público, estudar, abordar a gatinha na balada, enfrentar situações sociais, escrever, trabalhar, deixar de trabalhar etc. Essas situações, e tantas outras relativamente banais, se tornam impossíveis simplesmente porque o prazer que proporcionam está ligado a fantasias sexuais e/ou agressivas dirigidas a figuras edipianas, o que produz angústia. Tudo isso sem falar nas frequentes inibições da vida sexual propriamente dita.

A inibição, portanto, é a forma de sofrimento mais característica da subjetividade neurótica. A subjetividade normoneurótica conseguiu recalcar o que devia ser recalcado de maneira suficiente: nem demais (não há muitas inibições) nem de menos (não há muita angústia).

Voltemos ao caso da artista. O recalque bem-sucedido dos modos infantis (orais) de satisfação do desejo deveria permitir às pulsões uma forma de realização possível, por exemplo, pelo deslocamento. Se isso ocorresse, ela poderia participar do workshop *ministrado por um artista sênior sem problemas. Se o deslocamento não funciona bem é porque o recalque não teve êxito. O sujeito percebe, inconscientemente, a proximidade entre a fantasia de "mamar no pênis do pai" e participar do* workshop*. Por isso, essa nova representação também produz vergonha. Em contrapartida, há situações marcadas pelo excesso de recalque. Por exemplo, ela passa grandes períodos sem conseguir produzir. A rivalidade com a mãe, o desejo de suplantá-la, encontra-se na raiz dessa inibição.*

* * *

Já vimos o caso do analisando que demitiu o funcionário que se comportava como dono da empresa. Sentia-se culpado, apesar de ter pago todos os direitos trabalhistas. É como se tivesse realizado o desejo de matar o pai. O recalque desse desejo não é suficiente e retoma como culpa deslocada. O mesmo analisando compra um carro novo, por ele mantido na garagem. Há uma inibição em relação a usufruir de situações prazerosas, notadamente aquelas em que as representações da virilidade estão em jogo e em competição com a figura paterna.

O pequeno Hans, citado por Freud (1909/1969c), recalca sua rivalidade edipiana, mas não o suficiente. A angústia de castração aparece deslocada como medo do cavalo. Se o recalcamento fosse eficaz, ele poderia adorar andar a cavalo, e até aproveitar para chicoteá-lo bastante.

* * *

Na não neurose

1) Angústia de aniquilamento e de fragmentação

Em situações de fusão com o objeto, isto é, situações em que o objeto ainda é responsável por grande parte do trabalho psíquico que precisa ser feito para garantir a integridade do sujeito, a ameaça de perda do objeto, ou sua perda efetiva, produz variações em torno da angústia de morte.

Tais angústias foram descritas por Klein (1935) como angústias de aniquilamento e relacionadas por ela ao trabalho interno da pulsão de morte. Winnicott (1963) as descreve como angústias de desintegração e agonias primitivas. O sujeito precisa se "agarrar" psiquicamente ao objeto para se manter minimamente integrado. Entre as angústias de morte, há também as de fragmentação. Nesta, diferente da de aniquilamento, há um Eu ainda fragilmente integrado, e é justo isso que corre o risco de se desorganizar. Daí a dependência absoluta do objeto, que ocupa a função de conter, segurar e "escorar" o ego fragilmente integrado.

Uma analisanda descrevia sua angústia de fragmentação comparando-se a um pavê que tinha ficado fora da geladeira, e cujos biscoitos champanhe, que deveriam garantir seu contorno, suas fronteiras, estavam "desmilinguindo".

Na mesma linha, há as angústias de esvaziamento – o ego teme perder sua substância, seus conteúdos. Pressupõe, necessariamente, a constituição de um envelope psíquico. A sensação é de hemorragia narcísica, a autoestima vai embora "pelo ralo", o sujeito sente que não vale mais nada. O objeto precisa ser usado como tampão.

* * *

2) Angústias de separação e de intrusão

Uma analisanda quer muito voltar à sua cidade natal, mas tem muitos medos. Medo de ficar "solta" demais, de não ter trabalho, amigos, dinheiro para pagar o aluguel. Enfim, de não contar com uma rede que a acolha e ofereça um mínimo de sustentação a seu desejo de autonomia. Aqui, pelo menos, tem trabalho e amigos. É a angústia de separação. Mas também tem o medo oposto. Teme voltar a morar com os pais e ter de cuidar deles, que já são idosos. Também tem medo de trabalhar demais e de não ter tempo para si própria. São duas representações da mesma angústia de intrusão: ser invadida por um objeto explorador e perder sua autonomia. Certa vez desejou estar presa, pois assim ninguém poderia lhe pedir nada.

Quando o sujeito ocupa uma posição em que o *processo de autonomização* (ver Capítulo 4) está em curso, mas não se completou, o objeto ainda é necessário como *apoio*.

A distância ótima – nem muito perto, nem muito longe – entre sujeito e objeto precisa ser garantida para que o processo chegue a bom termo. O objeto pode ter falhado de maneiras diversas em ocupar a posição facilitadora, interrompendo o processo, como ilustra o exemplo anterior. Permanece "atolado" nessa posição subjetiva, alternando momentos em que a angústia de separação predomina ("Vou morrer sem o objeto") e a de intrusão ("O objeto se impõe e me impede de existir").

* * *

3) Defesas contra angústias primitivas (variações em torno da angústia de morte)

a) O sujeito ameaçado por angústias de morte pode tentar se agarrar física e psiquicamente ao objeto. É o que Winnicott denominou *clinging*, um apego desesperado por meio do qual o sujeito tenta evitar a desintegração. Qualquer estímulo sensorial pode ser usado com a mesma finalidade (som, excitação sexual, dor).

b) Há vários tipos de cisão (ou clivagem) que podem ser acionados como defesa diante de angústias primitivas.

- O ego pode se cindir em duas partes: uma fica em contato com a realidade, a outra a recusa, de forma a acabar com a angústia e evitar sua fragmentação. São os analisandos que dizem: "Eu sei, mas mesmo assim...".

O analisando, casado, sente um ciúme doentio de sua jovem amante. Procura controlar sua vida, quer saber por onde ela andou, com quem esteve etc. Sabe que não tem esse direito, pois ele é casado – é o contato com a realidade –, mesmo assim não consegue conter rompantes de violência quando sente que pode perdê-la. Percebe-se que não há propriamente uma recusa da realidade; há, na verdade, outra realidade muito mais real – a realidade psíquica –, que determina a reação emocional do sujeito.

- Ou, então, o ego pode excindir a experiência intolerável, ou seja, cindir e projetá-la para fora do aparelho psíquico. A excisão está na base da identificação projetiva. É um mecanismo de defesa mediante o qual o sujeito se livra de um conteúdo mental intolerável, cindindo-o e projetando-o para dentro de um objeto, que se identifica ou é identificado com aquilo que o sujeito projetou nele. A identificação projetiva pode ter função de comunicação (é normal entre o bebê e sua mãe), ou de "extravasamento" do espaço psíquico do sujeito, que transforma o objeto em seu prolongamento. Nesse caso, perde-se temporariamente a distinção sujeito-objeto.

A identificação projetiva, por sua vez, origina a cisão do objeto em duas partes: aquela que ficou encarregada de portar o que era intolerável torna-se intolerável e deve ser evitada. Como o sujeito, porém, continua precisando do objeto; a parte boa, da qual precisa muito, é alocada em outro continente. O objeto fica, assim, cindido em uma parte má e uma parte boa.

A paciente tem muito ódio da mãe. O ódio se deve, em parte, à dor do trauma precoce, pois a reconstrução da história emocional sugere que se trata, efetivamente, de uma mãe bastante insuficiente. Em parte, deve-se à rivalidade edipiana: referências desabonadoras à sexualidade materna são frequentes. E, em parte, à projeção de sua própria agressividade, já que a mãe é um bom continente para portá-la. A mãe se torna superlativamente inadequada aos olhos da filha – é a identificação projetiva –, que passa a evitar todo contato com a genitora. Em compensação, há a tia com quem se dá muito bem, e que é descrita como muito acolhedora, a quem recorre sempre que se sente desamparada. É possível que a tia tenha características que lhe permitam ser um suporte adequado para a projeção de seus aspectos idealizados. Seja como for, o mundo é dividido, sem nuanças, entre objetos muito bons e muito maus.

* * *

c) Negação. A própria percepção da situação que produz angústia é abolida. Tudo se passa como se o sujeito não tivesse visto nada, nem nada escutado ou sentido. Ele simplesmente não faz contato com a experiência.

Vimos, no capítulo sobre a escuta analítica, o analisando que, a despeito de todas as evidências, estava convencido de que sua ex-mulher ainda o amava e ia voltar para ele. Novamente, não se trata propriamente de uma negação da realidade. Há, sim, uma predominância absoluta da realidade psíquica: ele interpretava, a partir de sua onipotência, os gastos no cartão de crédito como evidência de que ela ainda estava ligada a ele.

* * *

d) Idealização do objeto. Diante de angústias depressivas, o sujeito pode recorrer à idealização do objeto.

O marido é violento com a esposa cada vez que ela esboça movimentos de autonomia, pois isso é vivido como ameaça a sua integridade narcísica. Mas ele não sente culpa, embora goste muito dela. É que, em sua fantasia, ela é tão forte, tão poderosa, que aqueles ataques não a atingem. Ela é construída a partir de sua própria onipotência projetada.

* * *

e) Reparação maníaca. Se, ao contrário, o sujeito entra em contato com o dano causado ao objeto (real ou fantasiado), pode recorrer a reparações maníacas, lançando-se em atos que ultrapassam em muito o necessário ou que passam ao largo do dano efetivamente causado.

Pais que não têm nem tempo para os filhos nem paciência com eles podem, por culpa, enchê-los de presentes. A reparação é maníaca, pois não incide no ponto sensível nem resolve a falta que as crianças sentem de sua atenção.

f) Recusa. É outro mecanismo de defesa, inicialmente descrito por Freud na constituição do fetiche. O menino percebe que a mãe não tem pênis, mas "nega" esse fato e age como se ela o tivesse.[2] Essa dupla atitude – perceber e recusar o que se percebe – tem como motor a angústia que essa percepção originaria caso fosse integrada à vida psíquica. No caso do fetiche, a angústia de castração.

A lógica da recusa faz parte da subjetividade não neurótica. Podemos estendê-la para outras situações. Por exemplo, a separação sujeito/objeto.

O analisando abandonado pela esposa sabe e, ao mesmo tempo, não sabe que ela é uma pessoa separada dele, tem desejos próprios, autonomia. Emocionalmente, essa realidade é inaceitável em razão da angústia de separação. O que chamamos de recusa da realidade pode ser visto como falta de matriz simbólica para apreendê-la. Não que ele recuse a realidade da separação sujeito/objeto: ele simplesmente não a concebe. Apesar da percepção sensorial, não há a concepção mental, emocional dessa realidade.

* * *

Sintetizando, vimos, até aqui, os mecanismos de base da estrutura psíquica que dizem respeito ao modo pelo qual o aparelho psíquico lida com as intensidades afetivas. Vimos as diferenças entre a estrutura neurótica e não neurótica com relação ao paraexcitação,

---

2 "Nega", isto é, não concebe.

ao processo primário e secundário e às várias funções egoicas (rea-litária, simbólica, imaginativa, capacidade de sublimação). Termi-namos este item falando dos tipos de angústia e dos mecanismos de defesa que caracterizam cada uma das estruturas.

Vejamos agora a "anatomia" da mente: os elementos e as ins-tâncias que constituem a estrutura psíquica na neurose e na não neurose.

* * *

"Anatomia" da mente – Os elementos constitutivos do aparelho psíquico

Traços mnésicos

Freud (1895/1969o) fala em traços mnésicos para designar as primeiras inscrições psíquicas: a forma com que os primeiros "acontecimentos" se inscrevem na memória afetiva, antes mesmo de haver atividade representacional.

A memória, em Psicanálise, é uma experiência complexa. Não se trata de simples cópia dos acontecimentos passados, mas de experiências apreendidas e transformadas em tonalidades emo-cionais de prazer, desprazer e dor. O modo pelo qual a mãe ama-menta, cuida, brinca e "conversa" se inscreve primariamente com uma determinada tonalidade afetiva, que será mais tarde signifi-cada – ou não – pela atividade psíquica da criança. A atividade de ressignificação desses traços continua pela vida afora. O presente transforma o passado.

Além dos traços mnésicos de prazer e dor associados a determinados objetos, há também a inscrição de cheiros, tom de vozes, imagens, certas palavras. Tudo isso servirá de matriz para a construção das *imagos* e das fantasias inconscientes.

A subjetividade neurótica é constituída a partir da predominância de traços mnésicos relativos a experiências de gratificação. A inscrição primária dessas experiências faz que ele busque repeti-las. O desejo funcionará de acordo com o princípio do prazer.

As inscrições primárias, que determinarão a forma de subjetividade não neurótica, são, ao mesmo tempo, boas e más: a gratificação vem misturada com a dor. O futuro não neurótico mama um "leite tóxico". A mãe oferece o leite, o que é bom porque mata a fome, mas amamenta em meio a angústias de não ter um leite nutritivo; amamenta com raiva porque teve de abandonar seu trabalho; amamenta sentindo que o bebê a explora, ou angustiada porque não tem dinheiro para pagar as contas. A gratificação acompanha essas mensagens tóxicas – verdadeiros ataques – provenientes do inconsciente da mãe. O universo subjetivo do não neurótico está cheio de objetos desse tipo. As relações de objeto que irá estabelecer, a partir de tais objetos internos, assemelham-se a objetos que atacam enquanto gratificam: a vida será ruim com eles e pior sem eles. Em que pese a convivência dolorosa, a separação será impossível, em razão da dependência.

Embora estejamos nos referindo aos "primórdios" da vida psíquica, é preciso lembrar que todos os dias novos setores de vida psíquica são fundados nas e pelas relações intersubjetivas – inclusive (e, para nós, fundamentalmente) no campo transferencial. O campo transferencial produz uma abertura e uma retomada do processo de subjetivação. É assim que vemos surgir o esboço do objeto bom em analisandos que jamais tiveram essa experiência – ou não podiam reconhecê-la – antes da análise.

A criação do objeto bom:

Uma analisanda não neurótica apresenta objetos internos muito angustiados, que os torna inadequados. Em certa sessão, sou premiada pelo surgimento de um objeto bom. Ela fala de uma nova empregada doméstica que, além de limpar muito bem a casa, faz uma comida saudável. A empregada anterior nem sequer entendia o que ela pedia, ao passo que esta a compreende perfeitamente.

E ainda "faz o meio de campo entre ela e o marido", evitando brigas cotidianas em torno das tarefas domésticas. A escuta analítica desse material permite entrever que está em curso, no campo transferencial, o processo de constituição de um objeto – a empregada –, que ela reconhece como capaz de cuidar dela, alimentá-la e, ainda por cima, ajudar a conter a violência de seus afetos.

* * *

As inscrições vão se tornando mais elaboradas, incluindo conceitos. Já falamos da criação do conceito de "ausência". O exemplo a seguir mostra os efeitos da não criação e não inscrição do conceito de grupo.

Em uma favela, psicólogas se propõem a fazer um trabalho voluntário com crianças, distribuindo para elas lápis, papel, tinta. O material é imediatamente usado como "arma", sendo atirado contra as outras crianças, ou apenas destruído. As voluntárias ficaram perplexas ao ver que as crianças não se sentaram em torno da mesa e convencionalmente aproveitaram aquilo que fora oferecido. A tentativa falhou porque aquelas crianças não tinham ideia do que fosse "trabalho em grupo". Inexistia ali a matriz simbólica, que permitiria à experiência fazer sentido. A matriz disponível – e praticamente a única no que diz respeito às relações com o outro – tinha que ver com a violência que percebiam em seu cotidiano. O material recebido das psicólogas só podia ser lido a partir dali e destinar-se, assim, à agressão ou à destruição.[3]

Os traços mnésicos representam o elemento básico da matriz simbólica, que vai se complexificando, dando origem ao que conhecemos como imagos ou objetos internos. O conjunto de objetos, articulados entre si, mediante alguma lógica ou gramática emocional, dá origem às fantasias inconscientes.

* * *

O objeto

O objeto, em Psicanálise, é um conceito complexo. Admite muitos recortes, que nem sempre são explicitados. Começo apresentando o objeto como parte da estrutura psíquica. O termo freudiano é "imago"; "objeto interno" é uma expressão kleiniana.

"Imago" é o termo com que Freud designou o protótipo inconsciente de personagens internalizados, que orienta a maneira pela qual o sujeito apreende o outro (Laplanche e Pontalis, 2001). A *imago* materna é a mãe, como foi vivida e internalizada, e a partir da qual o sujeito apreende outros objetos e também a própria mãe real.

---

3 Agradeço a Silvia Maia Bracco por este exemplo, que colhi em sua tese de mestrado, *Entre os muros da favela*.

A expressão "objeto interno" tem um sentido um pouco diferente. Denota a experiência, ou fantasia inconsciente, de um objeto concreto fisicamente localizado no interior do ego, que tem seus próprios motivos e intenções para com o ego e outros objetos (Hinshelwood, 1992). Certo tipo de objeto interno persecutório é característico da subjetividade não neurótica, como se vê neste exemplo:

> *Um analisando se formou há pouco tempo. Com o primeiro emprego, conseguiu sair de casa e alugar um apartamento. Ele passa todo o tempo angustiado com a perspectiva de ficar sem dinheiro e ter de voltar para a casa dos pais. A angústia é tanta que não consegue consultar seu saldo bancário, o que atrapalha muito sua vida financeira. Ele espera que a namorada o acalme, garantindo que "tudo vai dar certo".*
>
> *A análise vai mostrando como são seus objetos internos. Costumo me referir aos objetos internos como "eles". O que será que "eles" dizem, para deixá-lo tão desesperado? Acabamos por reconstruir o que "eles" dizem: "Não vai dar certo". "Não tem jeito". "É o fim". E por que "eles" lhe dizem isso?, pergunto. Examinamos algumas possibilidades. Por que são sádicos? Por que não toleram sua autonomia? Finalmente, entendemos que "eles" próprios são muito angustiados e realmente acham que "não vai dar". Então ele se lembra de, quando pequeno, ver o pai chegar do trabalho "transbordando" de angústia, dizendo que não ia dar para pagar as contas. Em lugar de conter a própria angústia, o objeto interno, com esse afeto, coloniza aqui a mente do sujeito.*

* * *

Há dois outros recortes em que o objeto não é propriamente interno nem externo. Ele faz parte da economia pulsional do sujeito. É, por assim dizer, interno-externo.

- Ele pode ser recortado do ponto de vista de seu lugar e sua função na economia narcísica do sujeito.
- Ele pode ser recortado do ponto de vista de seu lugar e sua função na economia libidinal do sujeito.

Menciono brevemente os dois eixos de constituição psíquica que me permitiram reconhecer esses dois recortes do objeto. Para mais detalhes, remeto o leitor ao Capítulo 4.

O eixo narcísico (ver Figura 1)

O desenvolvimento do psiquismo ao longo do *eixo narcísico* dá origem à estrutura denominada Eu, instância formada pelo desenvolvimento progressivo do ego e suas funções; e pelo *self* e suas representações, que vão se constituindo a partir das identificações. O Eu é a estrutura que permite ao sujeito se relacionar consigo mesmo, isto é, tomar a si mesmo como objeto de investimento libidinal (libido narcísica), o que se verifica clinicamente como "amor de si" e autoestima. O desenvolvimento ao longo do eixo narcísico supõe dois movimentos mutuamente relacionados: um grau crescente de autonomia do sujeito com relação a seu objeto e a presença cada vez mais explícita do terceiro objeto entre sujeito e objeto, até a formação da triangulação propriamente dita.

* * *

O eixo objetal (ver Figura 2)

O desenvolvimento completo do eixo objetal dá origem à estrutura psíquica denominada objeto do desejo. É essa estrutura que permite ao sujeito relacionar-se com o mundo em busca do prazer. É a libido objetal que está em jogo. O objeto tem apelo sexual apenas quando preenche certas características que estruturaram o desejo daquele sujeito. Tais características podem ser referidas às várias posições psicossexuais ocupadas por ele. Por exemplo, se o sujeito ocupa uma posição psicossexual oral, o objeto terá apelo e será desejado se for visto como capaz de oferecer gratificações orais. O objeto é desejado na medida em que é visto como capaz de oferecer as gratificações correspondentes àquela posição subjetiva – ou psicossexual – e que corresponde aos diversos momentos do desenvolvimento libidinal.

* * *

1) Lugar e função do objeto na economia narcísica (ver Figura 1). O objeto pode ser convocado a realizar funções em duas frentes do narcisismo: ele pode ser essencial à sobrevivência e integridade do ego; ele pode ser essencial para garantir o investimento libidinal do *self*.

Um objeto que seja essencial à economia narcísica do sujeito, em qualquer das duas frentes, é um *self*-objeto, um objeto parte do sujeito, uma vez que realiza funções psíquicas para ele. É o *objeto da necessidade* – metapsicologicamente distinto do *objeto do desejo*.

- O objeto é essencial à sobrevivência do ego quando exerce a função de evitar, – ou de processar –, angústias que, de outra forma, o invadiriam e o desorganizariam. Ele faz trabalho psíquico para desintoxicar o ego da angústia de morte.

Um analisando precisa que sua esposa se encarregue de criar e manter um ambiente doméstico estável, que não o solicite nem o invada além da conta. Caso contrário, ele se enfurece contra ela. É a defesa possível de um ego frágil contra a desorganização em que o ambiente exigente, intrusivo ou caótico o lança. Ele sente que ela é responsável pelo excesso de excitação que ele não tem como administrar. Percebe-se que ela está incumbida de exercer a função de paraexcitação e, nesse sentido, é essencial à sobrevivência do ego.

- O objeto pode ser essencial à manutenção do equilíbrio narcísico do sujeito, garantindo o investimento libidinal do *self*. Ele realiza essa função de duas maneiras: garantindo um fluxo contínuo de amor, de forma que o sujeito tenha certeza de que é "gostável", de que é digno de ser amado pelo objeto, e assegurando ao sujeito experiências de ter valor, de modo que ele possa amar a si próprio. O objeto tem, portanto, a função de reequilibrar as brutais oscilações da autoestima do não neurótico.

O analisando tem um sintoma notável. Está constantemente oferecendo presentes para a esposa. Mal ela expressa um desejo, ele o realiza de forma quase compulsiva. A função dela, como self-objeto de uma subjetividade não neurótica, é expressar continuamente sua admiração por sua bondade, generosidade e potência. Quando ela aceita e valoriza os presentes, ele se sente bom e valioso. A esposa é convocada para lastrear "de fora para dentro" uma autoestima que está sempre por um fio.

* * *

Percebe-se que, quanto mais o objeto é essencial à sobrevivência do ego e/ou à manutenção de seu equilíbrio narcísico, mais ele é concebido como fazendo parte do espaço psíquico do sujeito, e menos separado ele é. Como se disse, esse tipo de objeto é típico da *subjetividade não neurótica.*

A separação sujeito-objeto é uma conquista progressiva, embora não linear, e sempre sujeita a regressões. A progressiva separação sujeito-objeto implica a presença progressiva do terceiro elemento entre sujeito e objeto, e vice-versa (ver Figura 1).

- Num primeiro momento, temos o objeto com o qual o sujeito está totalmente fusionado. O objeto realiza todas as funções psíquicas pelo sujeito, que depende dele de forma absoluta. Na realidade, é ainda um proto-objeto, que poderá vir a ser um objeto. O terceiro elemento ocupa um lugar virtual na mente da mãe em estado de preocupação materna primária.

- Um grau a mais de "separação" e temos o que Kohut (1972) denominou *self*-objeto. Ainda há setores em que um mesmo aparelho psíquico, o da mãe, exerce funções para ambos. É uma fusão parcial. O objeto já não precisa realizar todas as funções psíquicas pelo sujeito, mas ainda é necessário que se incumba de algumas.

- Em seguida, temos o objeto criado a partir da identificação projetiva (Klein, 1946). O objeto só é "convocado" a realizar funções psíquicas para o sujeito ocasionalmente, quando o sujeito é invadido por angústia. O efeito da identificação projetiva é borrar, temporariamente, as fronteiras sujeito/objeto. Durante a vigência da identificação projetiva, o objeto volta a ser um objeto narcísico.

- Há também o objeto do apoio ou anaclítico (Freud, 1914/1969q). Embora já haja separação sujeito/objeto, ele precisa estar sempre disponível para o caso de vir a ser necessário, seja para garantir a integridade do ego, seja para garantir os investimentos libidinais no *self*. Justamente porque o objeto já é concebido como separado é que ele não pode se afastar. Nesse sentido, ainda é um objeto narcísico. O terceiro objeto é reconhecido, mas recusado. Ele é inaceitável porque o sujeito teme perder seu objeto para o terceiro.

Todos esses objetos, ainda não completamente separados do sujeito, são típicos da subjetividade não neurótica. São objetos arcaicos, vividos como excessivamente bons ou maus, como poderosos ou desprezíveis, que podem salvar ou destruir o sujeito.

O objeto total (Klein, 1935), visto como outro-sujeito (embora em momentos de angústia a separação possa ser perdida), é característico da subjetividade neurótica. O terceiro objeto está claramente presente e a exclusão da cena primária é plenamente concebida e tolerada pelo sujeito. Dizemos que é um objeto "evoluído". Aspectos bons e maus estão integrados.

Uma analisanda reconhece que o pai a faz sofrer muito com os ataques que lhe dirige, mas ainda assim gosta dela e a ajuda como pode.

* * *

2) Lugar e função do objeto na economia libidinal (ver Figura 2). Nesse recorte, o objeto é objeto de investimento pulsional; é um objeto erótico, um objeto do desejo. Diz respeito ao prazer que o objeto proporciona ou não ao sujeito, e também à modalidade desse prazer, que pode ser pré-genital ou genital. É o objeto que se encontra, tipicamente, na subjetividade neurótica. Veremos, adiante, que a subjetividade não neurótica apresenta um objeto que é pseudoerótico: ele tem um colorido erótico, mas, na verdade, exerce uma função narcísica.

Insisto na diferença entre um objeto que garante a integridade narcísica do sujeito e o objeto mediante o qual se tem prazer. O objeto pode ser o mesmo, do ponto de vista concreto. O cigarro, digamos. Há o cigarro do prazer, aquele que se fuma após uma refeição, com o café. E há o cigarro da angústia, aquele que tem a função de proporcionar um *holding* ao sujeito, de garantir reservas narcísicas em uma situação tensa, ou que exija concentração – por exemplo, quando se escreve um livro. O cigarro do prazer é um objeto erótico; o cigarro da angústia é um *self*-objeto, um objeto narcísico. O mesmo pode acontecer na relação do sujeito com seu cônjuge. Em certos momentos, a mulher será um objeto erótico; em outros, um *self*-objeto a serviço de seu narcisismo.

Do ponto de vista da economia libidinal, o objeto está ligado a fantasias inconscientes, que envolvem o desejo e a produção de prazer/desprazer. O objeto erótico é concebido a partir das posições subjetivas que o sujeito vai assumindo em função dessas fantasias. Em cada posição psicossexual há uma fantasia inconsciente específica – ou uma lógica/matriz simbólica – constitutiva do objeto e dos modos de relação com o objeto que, naquela posição, são fontes de prazer para o sujeito.

Precisando o que se descreveu acima, quando o objeto erótico gratifica ele proporciona ao mesmo tempo um prazer narcísico. Quando a mãe amamenta e gratifica o bebê, ela também está "dizendo" que ele é digno de seu amor, que ele é muito importante para ela – o que é essencial para a constituição narcísica daquele bebê. A repetição da experiência de gratificação é internalizada como um investimento narcísico positivo da mãe no bebê, e vice-versa. Se a mãe se atrasa demais para a mamada, frustrando continuamente o bebê do ponto de vista erótico, ela está "dizendo" que ele não é tão importante assim. Se essa experiência for cotidiana, será internalizada como um investimento narcísico negativo.

Um modelo útil para reconhecer modalidades de objetos eróticos é o das fases da evolução da libido. Certo objeto terá apelo erótico e será desejado, na medida em que for um suporte adequado para reeditar certa modalidade de relação de objeto, correspondente a um ponto de fixação da libido.

a) O sujeito que ocupa uma posição psicossexual oral desejará um objeto que lhe proporcione gratificações orais, e vice-versa: um objeto com essas características terá apelo erótico para um sujeito que ocupe essa posição. A gratificação é de tipo oral quando o sujeito ocupa uma posição passiva e receptiva diante de um objeto que oferece contínua e ilimitadamente coisas boas que são incorporadas. Um dá e o outro recebe/consome.

b) A gratificação anal mais importante que o objeto pode proporcionar ao sujeito é a experiência de ter poder e de controlar e submeter o objeto. Além disso, o objeto deve aceitar que o sujeito tenha desejos próprios, algum poder e alguma autonomia. E deve se curvar, ao menos em parte, aos "nãos" do sujeito. O modelo é a mãe que aceita "submeter-se" ao poder da criança, que dita os ritmos de suas próprias evacuações, retendo ou ofertando suas fezes. Um objeto que permita ao sujeito exercer um controle anal terá apelo erótico para um sujeito que ocupa essa posição. Uma esposa submissa (ou controladora) pode ter apelo erótico para um homem que ocupa essa posição subjetiva.

c) O objeto que realiza o desejo fálico é aquele que olha com admiração para a potência do sujeito. Esse objeto deve aceitar ficar (pelo menos um pouco) em uma posição de menos brilho, deixando que o sujeito ocupe um lugar de evidência, relevância e valor. Uma mulher que admira a potência do homem terá apelo erótico se ele estiver ocupando essa posição subjetiva. Se ele ocupa uma posição subjetiva oral, contudo, esse tipo de mulher não terá apelo erótico, e sim uma mulher maternal.

d) O sujeito que tem um funcionamento psíquico característico de uma posição psicossexual genital sentirá desejo por um objeto que o deseje – e que o deseje precisamente por suas qualidades singulares, por sua diferença. Para ter apelo erótico para alguém que ocupa essa posição subjetiva, o objeto deve reconhecer no sujeito qualidades que ele não tem, e deve desejar incluí-lo em uma relação de parceria fértil.

* * *

Como se disse, é preciso reconhecer também um pseudo-objeto do desejo, típico da estrutura não neurótica. Metapsicologicamente, trata-se do objeto da necessidade, isto é, de um objeto que está a serviço da sobrevivência do Eu, e não um objeto erótico. O colorido pode ser oral, anal, fálico ou genital; como o Eu, porém, não está bem constituído, busca-se, por meio dele, um alívio para as angústias narcísicas.

Um analisando conta que faz questão de transar com sua mulher muitas vezes por semana. É muito importante que ela chegue ao orgasmo na maioria das vezes. A análise mostra que ele busca, por meio do sexo, confirmar continuamente sua virilidade. Sua autoestima depende disso. Percebe-se que o erotismo está a serviço do narcisismo.

O objeto do desejo pode ser dispensado, há negociação possível; pode ser substituído, adiado. O objeto da necessidade precisa ser obtido a qualquer preço, é uma questão de vida ou morte. Na clínica do não neurótico, o analisando praticamente só fala nele.

* * *

O *self*

É um tipo particular de objeto interno. Os termos "eu", "ego" e "*self*" têm sido usados de maneiras diferentes por vários autores. Adotarei a terminologia de Juignet (2001) por sua coerência metapsicológica. O Eu é a instância que representa o indivíduo dentro do aparelho psíquico. É constituído de duas subestruturas: o ego e o *self.* Ego e *self* têm origens distintas, do ponto de vista genético. Resumindo, Eu = ego + *self.*

a) O ego é a parte do Eu responsável por uma série de funções, as chamadas funções egoicas (realitária, simbólica, imaginativa, sublimação, mecanismos de defesa). Ele surge como uma diferenciação progressiva do id em contato com a realidade.

b) O *self* é a parte do Eu que funciona como imago ou objeto interno que permite ao sujeito se relacionar consigo mesmo. Geneticamente, surge como precipitado das identificações que o sujeito vai fazendo ao longo da vida.

A imagem de si, que pode ser amada ou odiada, é constituída pelo conjunto das autorrepresentações e determinam como o sujeito se percebe. Autorrepresentações boas e valorizadas determinam a experiência de autoestima positiva. O sujeito tem amor-próprio e se considera digno de ser amado.

Ao contrário, autorrepresentações negativas determinam a experiência de humilhação e vergonha – denominada ferida narcísica. O sujeito não se ama nem se sente digno de ser amado. O sofrimento narcísico, típico da subjetividade não neurótica, é intenso e crônico; decorre de perturbações tanto no nível do ego quanto do *self.* Aqui, trataremos apenas das perturbações do *self.*

Um analisando conta que tem vergonha de seu apartamento. Fica em um prédio bom, mas está caindo aos pedaços, precisando de uma reforma completa, dos banheiros à sala. Nunca leva amigos para lá, muito menos sua namorada. "O que ela vai pensar de mim?", diz ele. "Certamente perceberá com quem está namorando e vai me abandonar." As autorrepresentações são muito depreciadas *(caindo aos pedaços); a ferida narcísica está aberta (tem vergonha, não mostra para ninguém); e o vínculo com o objeto é frágil (vai me abandonar).*

* * *

Além de determinar a autoestima, o *self* é responsável pelo sentimento de ser, de existir, e de ser o mesmo ao longo do tempo. Embora essa unidade seja ilusória, é uma ilusão necessária. A subjetividade não neurótica apresenta, em maior ou menor grau, a experiência angustiante de não ser e de não existir. Os personagens criados por Clarice Lispector vivem constantemente nesse estado.

* * *

O *self* é constituído por identificações primárias e secundárias.

a) Identificações primárias

As identificações primárias constituem as bases do *self* ou o narcisismo primário. A primeira delas permite ao sujeito ter a experiência de um contorno corporal próprio. É a matriz para a experiência de ter fronteiras egoicas próprias, condição para, um dia, diferenciar-se do objeto. Quando isso não acontece, a imagem corporal será fragmentada e desarmônica, o que é visível para o observador atento. É o que acontece com o não neurótico muito perturbado ou psicótico.

As identificações primárias têm lugar no período que vai desde o nascimento até aproximadamente os 4 anos de idade (início da fase fálica). Repetindo, a subjetividade não neurótica é aquela cujas relações intersubjetivas resultaram em identificações primárias insuficientes para a boa constituição do narcisismo primário (na linguagem kleiniana, houve uma identificação com o objeto mau, tanático).

O trabalho analítico pode criar novas identificações:

No início da análise, um analisando descreve longamente, com vergonha e pesar, o estado lastimável de seu carro. O carro "caindo aos pedaços" é uma representação desvalorizada do self. Era um belo carro, cuja manutenção nunca o preocupou. Agora não tem jeito – e o pior é que ele perdeu seu valor de revenda. Percebe-se a angústia depressiva (o carro está naquele estado por sua culpa).

Ele não consegue elaborar a posição depressiva, uma vez que a reparação lhe parece impossível (agora não tem jeito). Recentemente, comprou uma casa de praia. Está satisfeitíssimo com a aquisição. Descreve-a como pequena, mas charmosa e bem distribuída. Fez uma pequena reforma, para reforçar sua estrutura, uma vez que abriu muitas janelas e havia o risco de desmoronamento. Envolveu-se pessoalmente com o paisagismo. O material mostra as novas representações do self: *uma casa charmosa, bem distribuída. Mostra a possibilidade de fazer reparações: envolveu-se com o paisagismo. E também um reforço nas bases do* self *(a reforma estrutural, para que a casa não desmorone). Ele começa a se identificar com um objeto bom, cuidador.*

* * *

108 NEUROSE E NÃO NEUROSE: ESTRUTURA PSÍQUICA

b) Identificações secundárias

O *self* é uma construção interminável, pois as identificações secundárias, constitutivas do narcisismo secundário, vão se dando desde o período correspondente à fase fálica mais tardia, passando pela crise edipiana, pela adolescência, até o fim da vida. As identificações secundárias definirão também a identidade sexual, além de ampliar o repertório psíquico. São identificações feitas não apenas durante a travessia do Édipo, com a renúncia aos objetos incestuosos, mas também graças à plena inserção do sujeito na cultura.

A subjetividade normoneurótica é aquela que pôde estruturar seu narcisismo primário sem grandes problemas, e que também conta com um narcisismo secundário relativamente bem constituído. Graças a isso, sua autoestima é mais estável.

Uma analisanda com uma vida acadêmica bem-sucedida enviou um artigo para avaliação e eventual publicação em uma revista de prestígio. O artigo foi recusado sem grandes explicações. Ela fica frustrada, comenta que é uma pena, mas sabe que o artigo era bom. Provavelmente não combinava muito com a linha editorial da revista. Percebe-se que ela não se confunde com o artigo recusado, nem sua autoestima sofre abalos excessivos.

* * *

O neurótico apresenta com frequência perturbações em sua autoestima – embora menos abruptas do que no não neurótico – porque as identificações secundárias, que dependem de uma travessia edipiana bem-sucedida, não chegam a ser efetuadas. As identificações sexuais são especialmente afetadas. A menina não consegue se identificar com uma figura feminina consistente, tornando-se um tanto insegura quanto a seu valor como mulher; o menino, com uma figura masculina, tornando-se inseguro com relação a sua virilidade. Por essa razão, é frequente que o neurótico tenha um "jeito" um tanto infantilizado. De qualquer forma, a dificuldade do neurótico se localiza mais na área do prazer do que do narcisismo.

* * *

c) A fantasia inconsciente

Segundo Laplanche e Pontalis (2001), a fantasia é um roteiro imaginário, em que sujeito e objeto estão presentes, e que representa, de modo mais ou menos deformado pelos processos defensivos, a realização do desejo inconsciente.

O conceito de fantasia inconsciente surge no pensamento de Freud quando ele descobre que as cenas de sedução relatadas por suas analisandas não haviam de fato acontecido. Eram fantasias e, como tal, faziam parte de sua realidade psíquica. Foi o que lhe permitiu formular a ideia de uma sexualidade infantil, origem dessas fantasias.

Ampliando o alcance do conceito de fantasia inconsciente, Klein sugeriu que toda a atividade psíquica da criança, que se manifesta no brincar, é expressão de sua vida de fantasia (Isaacs, 1952). Todos os processos mentais, e não apenas os que resultam em sintomas, são determinados pelas fantasias inconscientes. Para ela, originariamente, a fantasia é uma tradução psíquica de eventos somáticos. As sensações físicas são interpretadas como relações com objetos causadores dessas sensações. Assim, a fantasia é a expressão mental tanto das moções pulsionais quanto das defesas contra estas. Elas se transformam e se complexificam, conforme o ego vai desenvolvendo sua capacidade simbólica.

Podemos resumir dizendo que fantasia é sinônimo de atividade psíquica. Ela é tanto um elemento da estrutura psíquica – um aspecto da matriz simbólica, que determina a vida mental – quanto expressão de sua produtividade. A natureza da fantasia inconsciente nos indica se estamos em terreno predominantemente neurótico ou não neurótico.

- Fantasias arcaicas indicam terreno predominantemente não neurótico:

O analisando tem expectativas de que a esposa tenha deixado tudo pronto, para ele não ter de se preocupar com nada quando chegar. É uma fantasia de gratificação oral ilimitada; implícita está a concepção do objeto como seio onipotente.

- Fantasias edípicas indicam terreno predominantemente neurótico.

Conhecemos o exemplo do empresário mais bem-sucedido que o pai que viaja a trabalho para os Estados Unidos e teme ser parado na alfândega, embora não tenha feito nada de errado.

* * *

Vimos, até aqui, os elementos constitutivos do aparelho psíquico na subjetividade neurótica e não neurótica.

* * *

"Anatomia" da mente – As instâncias constitutivas do aparelho psíquico

Id (isso), ego (eu) e superego (supereu) são as instâncias constitutivas do aparelho psíquico na segunda tópica.

O id e as pulsões

É o polo pulsional da personalidade, ancorado no corpo biológico.

Do ponto de vista econômico, é o reservatório inicial da energia psíquica, origem das pulsões de vida e de morte. A ideia de um id (um "isso") surge da observação de que somos movidos por forças desconhecidas e indomáveis, de que há algo em nós que nos faz agir, nos impulsiona, nos faz desejar.

Do ponto de vista dinâmico, o id entra em conflito com as outras duas instâncias, o ego e o superego, e ocupa o lugar que na primeira tópica pertencia ao inconsciente, com algumas diferenças. Na primeira tópica, o inconsciente é formado por representações recalcadas; as pulsões se encontram entre o somático e o psíquico, fora do aparelho psíquico. Na segunda tópica, o id é o reservatório das pulsões e está dentro do aparelho psíquico. Além disso, o id não se sobrepõe ao inconsciente porque há grandes porções do ego – responsáveis pelos mecanismos de defesa, por exemplo – que também são inconscientes.

Na primeira teoria das pulsões, correspondente à primeira tópica, o conflito se dava entre as pulsões sexuais e as de autoconservação. Os dois princípios do funcionamento mental eram os princípios do prazer e o da realidade. A defesa se exerce contra representações angustiantes. Essa ideia provinha diretamente do campo da neurose.

Na segunda tópica, o conflito se dá entre as instâncias constitutivas da estrutura psíquica. A segunda teoria das pulsões opõe pulsões de vida: a pulsão em seu estado ligado, promovendo ligações, sustentando a complexidade da vida mental – e a pulsão de morte: a pulsão em seu estado não ligado, promovendo disjunções, tendendo a simplificar a vida mental levando-a ao estado de energia mais baixo possível. Freud formula a hipótese de outro princípio para o funcionamento mental, anterior ao princípio do prazer (Freud, 1920/1969b), dominado pela lógica da pulsão de morte. Aqui, os mecanismos de defesa se exercem contra o polo pulsional, especialmente contra a pulsionalidade não ligada, que pode atacar tanto o Eu quanto o objeto. A meta da pulsão de morte é a descarga da excitação para fora do aparelho psíquico pelo caminho mais rápido. Se isso não ocorre, é porque o ego se encarrega de modular a violência do ataque pulsional e de fazer as ligações necessárias – transformar a energia não ligada em ligada –, mediante o processo secundário.

Percebe-se que a segunda tópica é essencial à compreensão das organizações não neuróticas da personalidade.

Na subjetividade neurótica, a pulsionalidade ligada (afeto ligado a representações) predomina sobre a não ligada, ao passo que as pulsões libidinais predominam sobre as agressivas. A agressividade surge em razão da frustração, o objeto erótico deixou de gratificar o sujeito. É uma agressividade ligada: o sujeito é capaz de dizer que está com raiva e por que se sente assim. "Meu pai não me deixa ir à balada."

O predomínio das pulsões libidinais se deve ao fato de que houve experiências de gratificação suficientes para erotizar o sujeito e permitir a constituição e a identificação com um objeto bom, no qual amor e ódio primitivos estão integrados. O bom objeto tanto pode ser amado quanto constituir fonte de amor – daí a predominância de pulsões libidinais ou pulsões de vida.

Inversamente, na não neurose, a pulsionalidade não ligada predomina, pois as funções egoicas não são suficientes para fazer as ligações e conter a violência pulsional. As pulsões agressivas dominam a vida psíquica porque o trauma precoce produziu mais experiências de dor (o sem-sentido é fonte de dor) do que de prazer. Aqui, podemos falar de ódio. Não é como no caso da neurose, resultado de uma falha do objeto erótico, mas de uma falha do objeto narcísico. Em lugar de salvar o narcisismo do sujeito, o objeto foi fonte de ameaça. Estamos num terreno em que as vivências subjetivas são de vida ou morte; o ódio arcaico é muito violento, proporcional à ameaça de morte vivida pelo Eu. É um ódio que não chegou a ser integrado ao amor; está sempre latente, pronto a ser acionado à repetição da experiência dolorosa. Na contratransferência, sentimos que o vínculo analítico pode ser destruído pelo ódio do analisando.

- Na neurose, as pulsões se organizam como fantasias edípicas e genitais, em que há uma verdadeira triangulação, com o desejo incestuoso e as interdições superegoicas bem caracterizadas.

- Na não neurose, as pulsões se organizam em fantasias arcaicas, em que a triangulação é tão ameaçadora que é recusada/atacada, seja parcialmente, como nas organizações não neuróticas mais típicas, seja completamente, como na psicose.

* * *

1) Pulsões e subjetividade neurótica

Na neurose, o investimento pulsional nos objetos edipianos, a caminho para a genitalidade, produziu tamanha angústia de castração que levou ao bloqueio edipiano: já não é possível atravessar o Édipo. A pulsão é obrigada a regredir em busca de um objeto que não produza tanta angústia. A regressão se dá para pontos de fixação da sexualidade infantil pré-genital (fálica, na histeria; anal, na neurose obsessiva). Antes um prazer "regredido" do que nenhum prazer. No caso de não ser possível prazer nenhum, teremos uma depressão neurótica, que sobrevém quando o sujeito perde toda esperança de obter alguma gratificação pulsional – gratificação que, no neurótico, já é invariavelmente pequena. Isso porque mesmo o prazer regressivo (efeito do bloqueio edipiano) está sujeito às condenações do superego: a sexualidade infantil, perversa, polimorfa, deve ser recalcada no processo civilizatório. O superego é a instância que representa as injunções culturais no interior do aparelho psíquico – tanto o que está interditado, como o que deve ser almejado como ideal. O conjunto afetivo-representacional ligado a fantasias regressivas de gratificação libidinal é recalcado. O retorno do recalcado produz os sintomas neuróticos.

* * *

Regressão fálica

Em seu caminho regressivo, a libido pode investir um ponto de fixação organizado em torno de fantasias fálicas. É o caso da histeria. Na mulher, os sintomas estarão ligados ao desejo de ser o falo de um homem, isto é, de ser amada e valorizada como complemento narcísico, ou os sintomas estarão ligados ao desejo de ter o falo. Se, em seu imaginário, ela conseguiu possuir o falo, tornar-se-á uma mulher fálica, competitiva, poderosa, "completa". O parceiro será forçado a ocupar o polo da castração. Ou, então, se em seu imaginário isso não for possível, ela se identificará com a posição da castração, tornando-se invejosa e ressentida do objeto, que será visto como fálico, potente e completo.

* * *

Regressão anal

A libido pode regredir a fantasias sádico-anais.

Um analisando é casado há vários anos, mas sua libido está investida no grupo de amigos de seu tempo de solteiro. Seu maior prazer consiste em estar com eles "aprontando", isto é, fazendo brincadeiras sádicas ou escatológicas uns com os outros. Não se achando recalcado, o sadismo sublima-se na forma de brincadeiras. A própria relação homossexual está sublimada: o colorido anal, contudo, sujeita-se a conflitos: ele teme exagerar "na dose" e perder os amigos.

* * *

Regressão oral

Em seu caminho regressivo, a libido pode investir fantasias de cunho oral.

É o caso da artista consagrada que, mesmo com vergonha, gosta de participar de oficinas, para receber tudo "mastigadinho" dos artistas que admira. Em termos metapsicológicos, a potência e a criatividade desses artistas correspondem à potência admirada do falo. A vergonha tem que ver com a fantasia histérica de apropriação oral do falo paterno, que já vem condenada pelo superego.

* * *

Vê-se que, no neurótico, as pulsões libidinais acabam caindo sob o signo da interdição ou do conflito, o que também acontece com as pulsões agressivas, que são recalcadas porque estão ligadas a fantasias edipianas de parricídio, produzindo muita angústia. É por isso que o neurótico apresenta como sintoma mais frequente a inibição, seja em relação à agressividade ou à vida erótica. De modo geral, a inibição da sexualidade é mais frequente na histeria, ao passo que, a da agressividade, na neurose obsessiva. Se a inibição pulsional foi excessiva, a vida fica sem graça e o sujeito se deprime.

Uma jovem analisanda vem bastante deprimida para a análise. Aos poucos, aparece uma inibição importante da vida pulsional. Com relação às pulsões sexuais, sua vida está desprovida de fontes de prazer: seu cotidiano é descrito como sem graça, uma sucessão de obrigações tediosas. Tem um namorado de quem gosta muito, sem conseguir realmente curtir o namoro. Tem um trabalho, a cuja parte criativa, que lhe dava prazer, teve que renunciar para se ocupar do lado mais administrativo. A mudança na paisagem dos investimentos libidinais é paulatina. No começo da análise, trouxe uma lembrança de infância em que, ao montar um cavalo fogoso (representação da pulsionalidade infantil) sofreu um acidente grave (representação da castração). Ficou com medo e desistiu da equitação (renúncia ao prazer, inibição da vida pulsional).

A inibição das pulsões libidinais começa a ceder com a presença discretíssima de um amor de transferência. Durante muitas sessões, com muito prazer, ela fala de viagens, filmes e livros. O analista tem de se manter no nível proposto por ela, sem recuar por medo de estar seduzindo-a, para não reforçar a inibição; e sem avançar, explicitando o prazer que aquelas conversas lhe produziam. Graças a essa estratégia, o prazer pôde aparecer e ser partilhado no campo transferencial, sem despertar tanta angústia. Anos depois, a imagem do cavalo fogoso retoma na análise: relata um filme em que um garoto consegue, desde que tomando uma série de cuidados, montar e controlar um garanhão.

As pulsões agressivas também estavam muito inibidas. Quando relatava situações de violência, reais ou fantasiadas, sua angústia era intensa. Passou um bom tempo sem conseguir peitar uma chefe muito temida, diante de quem se infantilizava. Racionalizava sua angústia de castração, dizendo que não queria ser "grossa". No fundo, tinha medo de ser massacrada por ela. Lembranças de infância esclarecem o medo que suas pulsões agressivas lhe despertavam. Quis ganhar um canivete de Natal, assustando seu pai com o pedido, que alegou que aquilo não era brinquedo para menina. O pai também tinha medo de que ela e os irmãos usassem chumbinhos na espingardinha de um deles.

Essas representações nos dão notícias do grau de inibição da agressividade. Em certo momento, lembra as comemorações *escolares da independência do Brasil. Vibrava particularmente com o repto "Independência ou morte!", dirigido contra figuras paternas vividas como ditatoriais (o imperador). Associa também com o filme* O poderoso chefão, *em que o próprio acaba sendo assassinado. Por fim, conta que viu no sítio seus sobrinhos brincando com a tal espingardinha, e ficou feliz por ver que seu irmão, o pai das crianças, permitia que usassem chumbinhos e ensinava como fazerem para não machucar ninguém.*

* * *

2) Pulsões e subjetividade não neurótica

Recorde-se que essa forma de subjetividade não conta com uma rede de representações capaz de conter a pulsão dentro do aparelho psíquico. A rede esburacada resulta de falhas na função simbolizante.

Há alguns destinos para a pulsionalidade não ligada.

- A pulsionalidade não ligada pode ser descarregada para fora do aparelho psíquico, sob forma de atuação, ou procurando outro aparelho psíquico que faça o trabalho psíquico, de que o sujeito não é capaz. As compulsões atuais, tão frequentes na clínica, têm essa determinação. (Ver, no Capítulo 13, "Depleção simbólica e sofrimento não neurótico".)

Uma analisanda anoréxica se desorganiza completamente quando sente que comeu demais. Precisa ir para a academia e malhar durante horas, até ficar aliviada e se reorganizar. Esse ritual é repetido pelo menos quatro ou cinco manhãs na semana, prejudicando seus estudos. Com o tempo, fomos identificando que ela se desorganiza porque sofre ataques por parte de seus objetos internos, que lhe "dizem" coisas que a aterrorizam: "Não vai dar", "Você nunca vai conseguir tal coisa".

- A pulsionalidade não ligada pode atacar o próprio Eu por meio do supergo arcaico, que tem raízes no id. O Eu se desorganiza e se desestrutura completamente ao ser invadido por angústias primitivas e fantasias de aniquilamento.

É o caso do analisando recém-formado que, logo que arranjou o primeiro emprego, alugou um apartamento para sair da casa dos pais. Seu pavor de ficar sem dinheiro e ter de voltar para lá o desorganizava completamente, a ponto de não conseguir pagar suas contas em dia nem consultar seu saldo bancário. Com o tempo, fomos identificando os ataques que sofria de seus objetos internos, que igualmente o ameaçavam: "Não vai dar", "Você vai morrer na praia".

- A pulsionalidade não ligada pode ser descarregada para dentro do corpo biológico, dando origem a somatizações.

* * *

O ego

O ego é uma das três instâncias psíquicas que fazem parte do segundo modelo de aparelho psíquico, a segunda tópica. Está encarregado de defender os interesses da pessoa; para isso, tem de administrar as tensões oriundas da vida pulsional, considerando o superego e a realidade. Assim que é alertado por um sinal de angústia – que pode provir do superego ou da realidade –, lança mão de mecanismos de defesa.

Laplanche e Pontalis (2001) consideram "ego" e "eu" sinônimos, embora reconhecendo a dupla gênese dessa instância em Freud. A propósito, lembro que, em razão das distintas origens psicogenéticas, segui Juignet em sua distinção metapsicológica entre ego e Eu (eu = ego + *self*).

O ego se origina de uma diferenciação do id em contato com a realidade; é uma instância que representa o indivíduo e desenvolve funções justamente para zelar por sua sobrevivência física e psíquica. O modelo é o pão, cuja crosta resistente é feita da mesma massa macia do miolo, porém modificada pela ação do calor do forno (Freud, 1923/1969i).

Já o *self* seria a parte do Eu constituída como um precipitado de identificações (Freud, 1923/1969i). Essa teoria tem início em *Para introduzir o narcisismo* (1914/1969q), quando Freud fala do Eu como primeiro objeto de amor unificado. Continua em *Luto e melancolia* (1919/1969g), quando ele formula o conceito de identificação, conceito que passa a ser entendido como estruturante e constituinte do *self* em *O ego e o id* (1923/1969i).

Recordando, a subjetividade não neurótica apresenta o Eu mal constituído, tanto no que diz respeito ao ego quanto ao *self*. De um lado, observam-se falhas no exercício das funções egoicas. Com relação ao *self*, encontramos identificações cindidas, do tipo tudo ou nada. Por esse motivo, o investimento libidinal do *self* sofre oscilações muito bruscas e intensas. No neurótico, o Eu está bem constituído. As funções egoicas são relativamente eficientes e o *self* não oscila da onipotência à impotência absolutas.

O *self* é um precipitado de identificações e, para Klein, um conjunto de objetos internos. Em parte é consciente e, em parte, inconsciente. O ego também é, em grande parte, inconsciente; os mecanismos de defesa e a resistência, por exemplo, não passam pela consciência. *Self* e ego se relacionam entre si de maneira bastante evidente na clínica. Genericamente, o bom desempenho das funções egoicas depende de um *self* bem investido, com boas reservas narcísicas. Tanto é que crianças com problemas de autoestima acabam por ter baixo rendimento escolar.

As autorrepresentações que estão investidas em um determinado momento (a identificação com certo objeto interno) comandam as funções egoicas. Pensemos no desempenho de um tenista médio: num dia joga muito bem, no outro parece um principiante. Obviamente, não é uma questão de capacidade técnica, mas de "quem" está segurando a raquete naquele dia. Assim, quando o sujeito está identificado com certo objeto interno, sente, pensa e faz coisas diferentes de quando está identificado com outro.

* * *

Com relação às funções egoicas, já vimos o essencial neste mesmo capítulo, em "Fisiologia da mente". Também estudamos as angústias e as defesas mais características da subjetividade neurótica e não neurótica.

Os mecanismos de defesa são necessários sempre que a angústia exceder o suportável, com o risco de desorganizar o psiquismo. Foi dito ali que o recalque é uma defesa neurótica: faltou dizer que ele é também constitutivo. Quando bem-sucedido, constitui as necessárias fronteiras entre o inconsciente e o pré-consciente/consciente, de modo que o infantil não chega a interferir excessivamente com o atual, o passado não atravanca em demasia o presente. De um jeito ou de outro, o conflito é tolerado pelo ego, mesmo que ao preço de inibições, sintomas e angústia, quando o uso do recalque é excessivo ou insuficiente.

A defesa mais importante que o ego (incipiente) da (futura) subjetividade não neurótica irá acionar é a cisão. As demais defesas primitivas decorrem desta. Quando a dor produzida pelo objeto é intolerável, o ego é obrigado a se cindir. Diferentemente da neurose, em que o ego tenta administrar o conflito, o ego aqui tenta se evadir dele, pois não dispõe dos recursos para enfrentá-lo. O ego se mutila e, dessa forma, se desconecta da angústia. Tal cisão custa caro: o ego se fragiliza ainda mais. Só a integração dos aspectos cindidos fortalece o ego.

* * *

O superego

Há duas versões sobre a época em que essa instância se constitui. Segundo Freud (1923), na fase edipiana clássica, em torno dos 5 anos. Segundo Klein (1945), surge durante o Édipo precoce, na fase oral tardia, em torno dos 9 meses, quando a criança percebe que a mãe tem outro objeto além dela.

Em seus pacientes, Freud observa a culpa edipiana. O superego se origina da introjeção e posterior identificação com o superego dos pais e, mais tarde, com as injunções provenientes da cultura – sempre em uma interação dialética com o aparelho psíquico em gestação. É o superego típico da subjetividade neurótica. Uma formulação mais precisa seria: sabemos que estamos diante de um neurótico quando encontramos, entre outros elementos, esse tipo de superego.

Klein observa, em seus pequenos analisandos, uma culpa persecutória que atribui ao superego pré-genital (ou arcaico). Ele se origina de uma interação dialética entre o próprio sadismo da criança – projetado nos pais e reintrojetado com o grau de violência e destrutividade correspondentes à pré-genitalidade e as falhas de continência e outras inadequações do objeto primário que produzem dor/ódio. Esse superego é típico da subjetividade não neurótica: sabemos que estamos diante de uma subjetividade não neurótica quando encontramos, entre outros elementos, esse tipo de superego, como mostra o exemplo a seguir.

A análise de um rapaz nos permite reconstituir um objeto primário que se angustiava demais com as tarefas da maternidade. Desesperava-se com o choro do bebê, pois não tinha ideia do que fazer ou de como acalmá-lo. Como defesa, projetava suas angústias para dentro dele. É como se o acusasse de ser um mau bebê, responsabilizando-o por criar uma turbulência (o choro) que não conseguia administrar. De fato, o bebê era vivido como "mau". Ele "feria" o narcisismo materno por solicitar coisas além de suas capacidades. A mãe sentia que o choro era um ataque contra ela. Evidentemente, tudo isso invadia a criança, que chorava ainda mais. O que, por sua vez, intensificava a angústia da mãe. Essa criança, hoje meu analisando, acabou internalizando um superego primitivo que o acusa constantemente de "não servir": se ele faz assim, não serve; se faz assado, também não serve. Ele não tem saída diante desse superego tanático que, no fundo, deseja a morte do sujeito. O paciente passou a vida tentando ocupar o mínimo de espaço no mundo, fazendo o possível para que seu objeto não reparasse em sua existência e, assim, não o atacasse.

* * *

Outra característica do superego arcaico é que ele não é coeso, como o superego edipiano, mas "pulverizado", formando uma entidade que acabei, quando converso com meus analisandos, denominando "eles". "Eles", os objetos internos, atacam o sujeito como um todo. É preciso tentar descobrir suas motivações – muitas vezes, a evacuação de seus próprios afetos não simbolizados, também chamados, por Bion, de elementos beta. O exemplo a seguir ilustra essa ideia.

A análise de um jovem que é "vítima" de um superego arcaico nos conduz a tentar entender por que "eles" o atacam tanto. Vamos descobrindo, entre outras coisas, que "eles" o atacam por não cuidar suficientemente de seu corpo e de sua saúde. Pergunto quais seriam as motivações "deles" para esse ataque. Compreendemos que "eles" se apavoram diante da possibilidade de ele ficar doente. O analisando tinha um irmão que nasceu antes dele, e que morreu com poucos meses de vida. Podemos reconstruir, a partir da análise, uma mãe que entra em "surto" diante da possibilidade de ele ter uma simples gripe e que atribui – em razão de sua angústia – a culpa da gripe ao próprio filho. O analisando, identificado com "eles", evitava curtir a vida ("Viver é estar exposto a riscos") para não ser atacado por esse superego.

* * *

O superego neurótico é qualitativamente diferente deste que acabamos de descrever. Ele condena certas moções pulsionais ligadas ao prazer e à agressividade. É possível "agradar" o superego neurótico: basta renunciar àquilo que ele condena. É impossível, contudo, atender à demanda do superego arcaico (não neurótico), pois ele condena a própria existência do sujeito. Suas exigências são humanamente impossíveis de serem satisfeitas. É a pessoa em sua integralidade que está sendo atacada.

O superego encarna a lei, e Freud inclui no superego a consciência moral e a auto-observação, com o consequente sentimento de culpa pelas eventuais transgressões. É importante notar que falamos de transgressões que se dão no plano da fantasia inconsciente e do desejo. No sentido mais amplo, o superego freudiano inclui a formação de ideais a serem atingidos pelo ego para merecer o amor do superego. Ao lado da culpa, o julgamento do superego – aqui já no sentido de ideal do ego – origina também o sentimento de vergonha e/ou humilhação, quando o ego não se sente à altura de seus ideais.

Um analisando conta que sentiu vergonha dos parentes numa festinha de criança em que sua filha começou a dançar funk, um tipo de dança que ele considera obscena. A filha representa seu próprio desejo de "soltar a franga", o que vai contra seus ideais e está recalcado.

* * *

Ao fim da travessia do Édipo, a criança internaliza as injunções culturais de renunciar aos desejos incestuosos e parricidas. Na neurose, a travessia edipiana não se completa, a renúncia aos objetos parentais não se efetiva e o recalque pode ser insuficiente diante do ímpeto das moções pulsionais. Nesse caso, a angústia diante desses desejos pode levar o superego a interditar investimentos pulsionais em objetos que apenas muito remotamente podem ser referidos à situação edipiana original, prejudicando a vida amorosa e sexual. Dizemos que o neurótico tem um superego muito rígido.

Sintetizando, o superego edipiano é um chato, ao passo que o pré-edipiano é sádico e louco.

* * *

O ideal do ego

O superego clássico, como o vimos, é formado por injunções negativas do tipo "Você não pode ser como seu pai, não pode ter a mãe".

As posições subjetivas se caracterizam também por injunções positivas, cujo modelo pode ser assim expresso: "Você deve ser como seu pai, tomá-lo como modelo para, um dia, ter uma mulher como sua mãe". Dessa perspectiva, o ideal determina um projeto identificatório, algo que o sujeito deve atingir para que o ego possa ser amado pelo superego. O ideal do ego está relacionado ao amor-próprio.

- O ideal de ego neurótico: é formado por representações possíveis, conectadas com a realidade, que tomam em consideração tanto as capacidades como as limitações do sujeito. O ego ideal, instância que representa a vivência arcaica de plenitude narcísica (quando o "ego era seu próprio ideal"), foi suficientemente sustentado pelas figuras parentais e pôde ser recalcado. Isso significa que o sujeito conseguiu fazer o luto pela onipotência narcísica perdida. É o ideal neurótico.

- Ideal de ego não neurótico: o sujeito pode não ter feito esse luto. Uma mãe que por qualquer motivo não "narcisou" seu bebê o suficiente (por exemplo, fazendo-o crer que havia algo de errado com ele) não sustentou o ego ideal pelo tempo necessário. Assim, a busca de ser o próprio ideal – a busca pela perfeição narcísica, condição para ser amado pelas figuras parentais – continua pela vida afora. A perfeição narcísica, naturalmente, é um projeto identificatório inatingível; como o amor de si depende da experiência de estar relativamente próximo do ideal, percebe-se que o não neurótico quase nunca sente que tem motivos para amar a si mesmo. Como seu ideal de ego tem características onipotentes (arcaicas), o não neurótico vive, reiteradamente, situações de fracasso narcísico, em que sua autoestima é cronicamente comprometida, como no exemplo a seguir.

Uma analisanda tentou ao longo da vida ser a filha perfeita para tentar agradar à mãe. Nada era suficiente. Em sua busca de perfeição, destacou-se como profissional, oferecendo à mãe tudo o que podia. Seu projeto identificatório, no entanto, estava fadado ao fracasso: ela era mulata, e a mãe, de pele clara, não aceitava tal característica da filha.

* * *

Felicidade/infelicidade: sua relação com o ideal de ego

A vergonha e a humilhação são formas de infelicidade. A infelicidade é o afeto que acompanha a experiência subjetiva de estar excessivamente distante do ideal de ego – é o afeto que traduz para a consciência o estado de sofrimento narcísico. A infelicidade crônica caracteriza uma depressão narcísica.

A felicidade é o afeto que acompanha a experiência – sempre fugaz – de coincidência entre o ego e seu ideal – é a plenitude narcísica. Uma vez atingido, contudo, o ideal logo propõe ao sujeito um novo projeto identificatório a ser realizado. Se o momento de completude narcísica se prolonga indefinidamente, passa-se da felicidade para a mania.

Sintetizando, diria que o neurótico tem mais chances de se sentir feliz, embora fugazmente, do que o não neurótico. No polo dos afetos "expansivos", a subjetividade não neurótica está mais próxima da mania/euforia do que da felicidade.

Uma analisanda me procura porque tem feito uso frequente de cocaína com seu namorado, e tem medo de morrer de overdose ou de acidente. De outro lado, tem pavor de ficar sozinha no mundo e cair em uma depressão profunda. Apresenta uma função simbolizante muito precária; o processamento psíquico das experiências emocionais era nulo. Começamos a criar representações para seus estados psíquicos. Seu cotidiano é preenchido por um trabalho burocrático, à espera do fim de semana, quando vai cheirar com o namorado. Sente-se como uma criança em expectativa permanente. Em suas palavras, passa a semana "esperando o Natal". A expectativa é de que o pacote namorado-cocaína a resgate de uma existência sem graça – percebe-se a depressão subjacente – e a transporte para "Ibiza, de helicóptero, com a Hebe Camargo e a Angélica". É a representação do estado maníaco. Terminar com o namorado é correr o risco de ficar em casa no domingo à tarde, sozinha, infeliz, "ouvindo Bethânia e varrendo a casa". Essa é a representação da depressão de fundo. Percebe-se que, para a subjetividade borderline, o mundo não tem nuanças, as experiências emocionais são da ordem do absoluto: ou "Ibiza" (mania) ou "ouvir Bethânia, varrendo a casa" (depressão). Conseguiu terminar com o namorado, sobreviveu ao luto e agora começa a descobrir o que é ter um "mero prazer": pela primeira vez chamou amigos em sua casa para jantar. "Não foi Ibiza, mas foi bom, nem senti a noite passar."

4. Neurose e não neurose: psicogênese

A psicogênese é mais um elemento da metapsicologia (além dos pontos de vista tópico, dinâmico e econômico, vistos no capítulo anterior) que nos instrumentaliza a fazer um diagnóstico diferencial entre as estruturas neuróticas e não neuróticas. Ela será, aqui, estudada a partir de dois pontos de vista.

- O da constituição do aparelho psíquico. Veremos, com Juignet (2001), os dois eixos ao longo dos quais se dá esse processo: a) o eixo narcísico, que nos permite acompanhar os momentos e os problemas que podem ocorrer na constituição do Eu (ver, no fim do livro, a Figura 1); e b) o eixo objetal, que diz respeito às vicissitudes da constituição do objeto do desejo (Figura 2).

- O da história do processo de subjetivação. Com Roussillon (2007), descreveremos as principais posições subjetivas que vão sendo ocupadas durante o processo, bem como os momentos de passagem – ou de impasse – de uma a outra.

Na clínica, bem como na teoria, cada ponto de vista remete ao outro. A posição subjetiva de um analisando – como ele percebe o mundo e a si mesmo – aponta para um funcionamento psíquico típico de certo momento do desenvolvimento mental.

A constituição do aparelho psíquico: eixo narcísico e eixo objetal

Introduzo o tema apontando diretamente a importância da psicogênese para caracterizar, do ponto de vista metapsicológico, as formas de subjetividade neurótica e não neurótica. O leitor encontrará, no fim do livro (Figura 3), uma sinopse em que as comparo, em uma visão de conjunto do que foi visto em detalhes no capítulo anterior.

Neurose

O aparelho psíquico cujo desenvolvimento ao longo do eixo narcísico chegou relativamente a bom termo indica uma estrutura psicopatológica normoneurótica. Diz-se que uma forma de subjetividade é normoneurótica quando conta com um Eu relativamente bem estruturado. O narcisismo primário está bem constituído, o que significa que o Eu não se sente constantemente ameaçado em sua integridade, embora possa haver problemas mais ou menos graves com relação ao narcisismo secundário – aquele que depende das identificações obtidas a partir da travessia do Édipo. As principais dificuldades do neurótico podem ser localizadas ao longo do desenvolvimento do eixo objetal. As vicissitudes na constituição do objeto do desejo acabam por lhe impor limitações – maiores ou menores – com relação à possibilidade de obter prazer em sua relação com ele. São as inibições, os sintomas e as angústias que abordei no capítulo anterior.

Não neurose

A estrutura não neurótica apresenta seus maiores problemas no eixo narcísico. O Eu não se constituiu de modo satisfatório, o que significa dizer que seu desenvolvimento estancou-se em algum momento do longo e trabalhoso processo de separação do objeto primário. O narcisismo primário ficou capenga. Por esse motivo, o sofrimento desses analisandos diz respeito à própria sobrevivência do Eu. Diante disso, a questão do prazer, no eixo objetal, fica em segundo plano. No melhor dos casos, o objeto e a excitação sexual são usados também para tamponar angústias que dizem respeito ao eixo narcísico.

* * *

O eixo narcísico

O *eixo narcísico* (ver Figura 1) diz respeito ao processo de constituição da estrutura denominada Eu, formado pelo desenvolvimento progressivo do ego – de suas fronteiras e das funções psíquicas – e do *self* e suas representações, que se constituem a partir das identificações. O *self* é a estrutura que permite ao sujeito relacionar-se consigo mesmo – tomar a si mesmo como objeto de investimento libidinal (libido narcísica). Como se viu no capítulo anterior, e como a Figura 1 ilustra em sua extremidade direita, "eu = ego + *self*".

O eixo narcísico é demarcado por idades cronológicas (6 meses, 2 anos, 4 anos, 6 anos), que, contudo, correspondem a posições subjetivas que o paciente – qualquer que seja sua idade – pode ocupar na vida e no campo transferencial/contratransferencial. Ele apresenta flechas em suas duas extremidades (zero meses/6 anos ou mais), indicando que o Eu está sujeito a movimentos progressivos e regressivos com relação à sua integridade.

O Eu pode estar suficientemente bem constituído, como na neurose, ou apresentar falhas maiores ou menores em sua constituição, o que caracteriza a subjetividade não neurótica.

Como saber que o material clínico se refere a questões ligadas ao narcisismo? Uma forma é detectar os afetos em jogo. Há aqueles que sinalizam uma problemática predominantemente narcísica; outros, uma objetal, como se verá adiante.

- A dor psíquica, a vergonha, a humilhação, o ódio a si mesmo ou ao objeto são formas de infelicidade que sinalizam a presença de um sofrimento narcísico significativo. A distância entre o ego e seu ideal parece intransponível.

- Certas angústias – a de aniquilamento ou de fragmentação – indicam que a integridade do ego está ameaçada. A experiência subjetiva é o medo de morrer ou de enlouquecer.

- Certos tipos de depressão podem ser referidos a um *self* cronicamente desinvestido. No fim do capítulo anterior, vimos que a infelicidade crônica pode configurar uma depressão e está ligada a um sofrimento narcísico prolongado. O sujeito vive a si mesmo como indigno de amor ou até como digno de ódio.

- A mania também é um afeto relacionado ao narcisismo: o sujeito vive a si mesmo como ego ideal.

O desenvolvimento ao longo do eixo narcísico supõe dois movimentos mutuamente relacionados.

1. Um grau crescente de autonomia do sujeito com relação a seu objeto. Na Figura 1, está representado ao longo do eixo pelas expressões "arcaico", "individuação", "autonomização", "consolidação do narcisismo".

2. A presença cada vez mais explícita do terceiro objeto entre sujeito e objeto, até a formação da triangulação propriamente dita. Na Figura 1, está representado pelas três bolinhas.

A completa constituição do Eu implica a possibilidade de conceber a alteridade: o outro é percebido como outro-sujeito. Essa conquista é progressiva, como mostra a Figura 1. Inicialmente, sujeito e objeto parecem grafados como duas bolinhas superpostas, que vão se afastando uma da outra progressivamente. O objeto, aqui, é um objeto narcísico, isto é, objeto da necessidade, aquele que realiza, em alguma medida, funções psíquicas pelo/para o sujeito. Ao fim do processo, o sujeito não apenas tolera a experiência de exclusão como ainda concede ao outro o direito de estar com o terceiro objeto.

* * *

O eixo objetal

O eixo objetal (Figura 2) diz respeito ao processo de constituição da estrutura psíquica denominada objeto do desejo – que não deve ser confundida com o objeto narcísico, de que se falou acima. Essa estrutura, o objeto do desejo, permite ao sujeito se relacionar com o mundo em busca do prazer e, além disso, determina a "forma" do desejo que moverá o sujeito pela vida afora. É a parte da estrutura psíquica que determina o tipo de objeto que será desejado e investido, que tipo de gratificação se busca por meio dele, em que cenário, com a mediação de que fantasias inconscientes. É a libido objetal que está em jogo.

Como reconhecer na clínica os afetos ligados ao eixo objetal?

- Essencialmente, trata-se de prazer e desprazer (frustração). Quando o sujeito se relaciona com um objeto que gratifica, permitindo ou facilitando a realização do desejo, experimenta prazer. O objeto pode impedir a realização do desejo, produzindo frustração e desprazer.

- A angústia de castração e a culpa também são afetos ligados ao eixo objetal. O objeto externo ou o superego podem considerar aquele prazer ilícito e ameaçar o sujeito com alguma sanção, vivida como angústia de castração. A culpa provém da realização de um desejo vivido como proibido.

- A esperança de um dia vir a realizar o desejo, ou a desesperança de consegui-lo, também são afetos relativos ao eixo objetal.

- O desprazer crônico produz uma infelicidade que pode se transformar em depressão. Nesta, o sujeito já não tem esperanças de vir a realizar o desejo. É diferente da depressão narcísica – a melancolia –, em que o sujeito não vê nenhuma possibilidade de ser digno de amor, nem pelo objeto, nem por si mesmo (amor-próprio). Ao contrário, é digno de ódio e desprezo.

- A frustração crônica acaba por produzir um tipo de agressividade, a raiva, cujo objetivo é remover os obstáculos à consecução do prazer – "quem não chora não mama". Deve-se notar que a raiva é qualitativamente diferente do ódio que resulta da ameaça à sobrevivência do Eu, quando o que está em jogo é "ser ou não ser", sentimento que produz dor e não frustração.

O desenvolvimento ao longo do eixo objetal foi relacionado por Freud e Abraham às fases da evolução da libido: oral, anal, fálica e genital. Originalmente, as fases envolviam as pulsões parciais e sua satisfação direta por meio das várias zonas erógenas em constituição. O adulto se relaciona com o objeto do desejo a partir de certas posições subjetivas (ou psicossexuais), que envolvem determinado objeto do desejo, modos de se relacionar com ele, um cenário fantasmático.

Segundo esses autores, o prazer surge por apoio sobre as funções biológicas. O bebê mama e sacia a fome, que é uma necessidade biológica. Ao mesmo tempo, tem um "a mais de prazer" sensorial pelo fato de estar sugando o seio. Saímos do campo da biologia e já estamos no campo da psicossexualidade ou, simplesmente, sexualidade. Ao mamar, o bebê tem também uma experiência erótica – de erotismo oral. O ato de mamar, que parece meramente instintivo, pode ser completamente inibido por relações precoces patológicas, produzindo bebês anoréxicos. Se a sexualidade nasce por apoio sobre a biologia, pode, por outro lado, afetá-la profundamente.

Essa constatação nos leva a acrescentar à teoria do apoio, freudiana, a *teoria da sedução generalizada*, de Laplanche. Cada mãe tem um jeito de se ocupar do corpo do bebê. Sua própria sexualidade está plenamente implicada nessa tarefa e vai marcar as formas de prazer possíveis – e também impossíveis – para o sujeito em constituição. Pode-se dizer que o bebê, com o leite, "mama" as representações inconscientes da mãe sobre o prazer/desprazer que o ato de amamentar desperta nela. Essas representações serão inscritas no inconsciente e darão origem à matriz simbólica para a decodificação daquilo que produz ou não produz prazer. Assim, o modo pelo qual os objetos parentais se ocuparam do corpo da criança, e a maneira pela qual o psiquismo infantil *transformou* esses estímulos (sensoriais e psíquicos), são determinantes para a futura vida erótica do sujeito: o objeto do desejo precisará ter características bastante específicas para ter apelo sexual, seja no sentido estrito ou amplo do termo. O desejo é sempre absolutamente singular.

O termo "desenvolvimento" sugere que há posições subjetivas mais "regredidas", diretamente ligadas às pulsões parciais e às fixações pré-genitais. O objeto do desejo é um objeto parcial a ser *consumido* oralmente, *controlado* analmente ou *possuído* falicamente. E há posições psicossexuais mais "evoluídas", nas quais o objeto é desejado na medida em que também deseja o sujeito. O outro é desejado como objeto total e não como objeto parcial. As pulsões parciais estão presentes, porém *integradas à genitalidade*; o objeto do desejo apresenta características que derivam dos objetos parciais originais, que foram devidamente recalcados. Pessoalmente, prefiro usar essas ideias como modelos para pensar as infinitas formas do erotismo – em especial se incluirmos a sublimação – sempre singulares, sem atribuir-lhes um juízo de valor (regredidas, evoluídas).

* * *

Falamos até agora sobre a psicogênese em um terreno mais freudiano. A teoria sobre a psicogênese elaborada por Klein depende inteiramente da ideia de progressão e de regressão, embora ela não fale em eixo narcísico e objetal. Os elementos da teoria kleiniana estão contemplados na Figura 1, nos espaços correspondentes ao arcaico e à individuação; e na Figura 3, em alguns elementos da metapsicologia da subjetividade não neurótica. A leitura de sua obra sugere que ela toma os dois eixos simultaneamente, sem diferenciá-los, porém com ênfase sobre o que estamos estudando sob o nome de eixo narcísico. Por exemplo, quando o objeto frustra o bebê libidinalmente (eixo objetal), ele interpreta isso como ameaça a sua sobrevivência (eixo narcísico) e sente ódio do objeto. Suas formulações sobre a posição esquizoparanoide (1946) e depressiva (1935) abordam o grau de separação sujeito-objeto em função dos movimentos de integração ou cisão do *self*, que, por sua vez, dependem das angústias que o objeto mobiliza. Podemos entender as posições kleinianas como matrizes simbólicas que determinam *posições subjetivas* do *self em face a seu objeto* ao longo da vida. Na posição esquizoparanoide, em razão de uma constelação de angústias e defesas, o sujeito experimenta o objeto como parcial, ao passo que na depressiva ele o experimenta como objeto total. As duas matrizes não desaparecem, mas podem ser elaboradas, transformadas e nuançadas ao longo do período correspondente à neurose infantil.

Na posição esquizoparanoide (eixo narcísico), o sujeito tem a experiência de depender de seu objeto de forma absoluta. Essa dependência produz uma ambivalência difícil de ser processada psiquicamente. Por isso, ela se desdobra em angústias primitivas de aniquilamento e fragmentação diante da mera possibilidade de perda do objeto. Essas, por sua vez, mobilizam defesas arcaicas, cujo objetivo é negar a separação sujeito-objeto: o uso frequente e maciço da identificação projetiva faz que a fronteira sujeito-objeto seja momentaneamente perdida; o sujeito se confunde com seu objeto.

Na posição depressiva, o ódio ao objeto do qual se depende produz outro tipo de angústia: o sujeito não teme a autonomia do objeto, como na posição esquizoparanoide; teme, sim, que ele não sobreviva aos ataques perpetrados pelo próprio sujeito na posição esquizoparanoide. O sofrimento decorrente dessa fantasia pode mobilizar defesas maníacas – em que o dano é magicamente negado – ou regressões à posição esquizoparanoide. A angústia e a culpa depressivas são os afetos ligados ao medo de ter destruído psiquicamente o objeto amado, que está sendo percebido como objeto total. Nessa posição subjetiva, experimentam-se afetos até então desconhecidos: a preocupação com o estado do objeto e a necessidade de repará-lo.

A psicopatologia de acordo com o critério das posições kleinianas toma em consideração a predominância de um funcionamento psicótico ou neurótico da mente; a predominância da posição esquizoparanoide indica um funcionamento psicótico, típico da subjetividade não neurótica, cuja principal característica é o Eu se sentir ameaçado de morte, ao passo que a predominância da posição depressiva caracteriza a subjetividade neurótica. A Figura 3 ilustra essa distinção.

Assim, a importantíssima contribuição kleiniana a respeito da psicogênese, propondo duas posições que o sujeito pode ocupar diante de seu objeto – tanto no que se refere aos graus de separação entre ambos como seu corolário, a percepção do objeto como parcial ou total –, está plenamente contemplada na maneira pela qual abordarei as fases de desenvolvimento do Eu ao longo do eixo narcísico. Outros autores que, se não chegaram a criar uma teoria tão estruturada quanto Klein sobre a psicogênese, contribuíram com o tema, também estão incluídos neste estudo. O leitor minimamente familiarizado com a literatura psicanalítica poderá reconhecê-los.

* * *

Posições subjetivas narcísico-objetais, ou fases de estruturação do psiquismo

Fases do desenvolvimento do Eu (ou posições subjetivas) ao longo do eixo narcísico, segundo Juignet (2001). A Figura 1 representa graficamente esses momentos.

1. O arcaico (do nascimento até os 3-6 meses).

2. Individuação (dos 6 meses aos 2 anos).

3. Autonomização (dos 2-4 anos) (Até esse momento, o sujeito está em processo de separação de seu objeto: terreno em que se constitui o narcisismo primário).

4. Consolidação do narcisismo (dos 4 anos até o fim da adolescência) (Aqui, se constitui o narcisismo secundário: a separação do objeto já se completou).

* * *

Fases do desenvolvimento psicossexual (ou posições subjetivas) ao longo do eixo objetal e as diferentes lógicas que organizam o desejo. A Figura 2 oferece uma visão de conjunto do que se segue.

1. Fase oral precoce (até 3 meses) e fase oral tardia (até 1 ano).

2. Fase anal precoce (1-2 anos) e fase anal tardia (2-3 anos).

3. Fase fálica (3-5 anos) (Até aqui, estamos no terreno pré--genital).

4. Fase genital (5-7 anos).

* * *

Percebe-se que a cronologia ao longo dos dois eixos é ligeiramente "desencontrada". Para essa visualização, a Figura 2 traz o eixo narcísico logo acima do objetal. A fase oral (eixo objetal), por ter um período precoce e tardio, se imbrica com dois momentos diferentes da constituição do Eu (eixo narcísico): a fase oral precoce se desenvolve com o período arcaico, de indiferenciação sujeito/objeto; e a fase oral tardia se desenvolve ao mesmo tempo que, na fase de individuação, essa diferenciação tem início. A fase de individuação, por sua vez, se estende durante a fase anal precoce. A Figura 2 traz, como observação de pé de página, a imbricação e mútua determinação de gratificação objetal e constituição do narcisismo.

Assim, embora os dois eixos (narcísico e objetal) possam ser estudados independentemente, a constituição do Eu é concomitante à do objeto. O modo pelo qual o sujeito concebe o objeto, e sua relação com ele, determina o modo como o sujeito se concebe a si mesmo e se posiciona como sujeito. Sujeito e objeto vão se constituindo mutuamente, daí falarmos em posição subjetiva narcísico-objetal. Tomando-os em sua mútua determinação, Juignet (2001) prefere falar em *fases de estruturação do psiquismo*. Elas levam em conta o "grau" de triangulação que vai sendo conquistado, desde a presença do terceiro objeto ainda nos bastidores – o pai no espaço psíquico da mãe; o pai dando sustentação à mônada mãe--bebê; o pai como apoio necessário para que ela possa realizar a função materna – até seu completo reconhecimento e aceitação, ao fim do processo.

As fases de estruturação do psiquismo são essenciais para que nos localizemos do ponto de vista da psicopatologia. Na Figura 1, o sujeito, seu objeto e o terceiro estão representados por três bolinhas. A separação progressiva das duas que representam o sujeito e seu objeto é concomitante à presença cada vez mais evidente do terceiro. Apresento uma visão de conjunto das fases de estruturação do psiquismo, para depois detalhá-las.

1. O arcaico (até 6 meses). Há um período inicial de fusão de um protossujeito com seu proto-objeto, formando uma mônada narcísica. Na Figura 1, a fusão está indicada pela superposição de duas bolinhas, o que dá a impressão de serem uma só; o terceiro objeto é uma virtualidade, e está representado por um ponto.

2. Primeira triangulação (6 meses a 2 anos). Tem início a ruptura da mônada narcísica, que deve começar a se abrir para o terceiro e, a partir daí, para os outros objetos do mundo. A psicose é a forma de subjetividade na qual a separação sujeito/objeto não se deu. Ambos continuam, em alguma medida, vivendo em simbiose. A psique materna continua fazendo trabalho psíquico para a criança e vice-versa, pois a criança está sendo usada para manter a psique materna organizada. Na Figura 1, a simbiose é representada por duas bolinhas que apresentam uma área de interpenetração. A terceira bolinha é ainda muito discreta, pouco mais que um ponto.

3. Segunda triangulação (2-4 anos). Já deve estar concluída a ruptura da mônada e efetuada a separação entre os dois psiquismos; o terceiro objeto está no horizonte, mas é recusado ou

144 NEUROSE E NÃO NEUROSE: PSICOGÊNESE

hostilizado. A tarefa, durante essa fase, é a conquista da autonomia com relação ao objeto primário. As várias formas de não neurose resultam de uma falha nessa passagem: o objeto primário continua sendo necessário em sua função psíquica de apoio para manter o psiquismo do sujeito organizado. Até aqui, estamos em terreno pré-edipiano, como se pode acompanhar nos quadros que ocupam a parte de baixo da Figura 1 e na Figura 3. Na Figura 1, as duas bolinhas que representam o sujeito e seu objeto já estão claramente diferenciadas, mas não se separam, indicando que o objeto ainda exerce uma função de apoio para o sujeito. Na área de tangência entre as duas bolinhas, sujeito e objeto ainda se confundem. A bolinha que representa o terceiro já está mais visível, mas ainda menor que as outras duas.

4. Triangulação edipiana propriamente dita (4-7 anos). Nessa fase, deve-se processar a travessia pelo Édipo, com a conquista da identidade sexual, da diferença entre as gerações, culminando com a renúncia ao objeto edipiano. A neurose é a condição psicopatológica em que a renúncia não se completou e a condição humana de exclusão do casal parental não foi plenamente apreendida no plano psíquico. Na Figura 1 há três bolinhas, todas com o mesmo tamanho, formando um triângulo. Na Figura 3, temos os elementos metapsicológicos que caracterizam essa forma de subjetividade.

* * *

Primeira triangulação (6 meses a 2 anos)

1. No eixo narcísico

Uma primeira identificação com o invólucro corporal, por meio da experiência de espelhamento do próprio corpo, funda as fronteiras do ego. É o Eu-pele de que fala Anzieu. A criança se percebe separada de sua mãe, com um corpo próprio, e começa a criar sua imagem corporal. A partir daí, o ego terá a função de manter essas fronteiras íntegras, mobilizando mecanismos de defesa contra angústias de aniquilamento. Outras funções egoicas vão sendo desenvolvidas graças ao amadurecimento neurológico. Por exemplo, a capacidade crescente de percepção de si e do mundo, o que fortalece seu sentido de realidade. A criança começa a ter o sentimento de existir por si própria e de ter sentimentos, desejos e pensamentos próprios. O ego, contudo, é ainda muito frágil, e o objeto precisa exercer por ele certas funções psíquicas de que ele ainda não é capaz. A noção de *self* é ainda muito incipiente. O processo de constituição e de internalização do seio bom está em sua fase inicial. Ainda predominam as experiências extremas decorrentes da cisão. Por isso, o narcisismo oscila brutalmente entre os extremos da plenitude e desmoronamento, entre a onipotência e a impotência. Quando o seio bom for internalizado, o *self* poderá contar com um núcleo de segurança básica e oscilar com menor intensidade e frequência.

* * *

2. Imbricação dos eixos narcísico e objetal

A frustração oral, que dá início à percepção da mãe como "separada", excita as pulsões agressivas. Esses ataques colocam o objeto e o *self* em perigo. Como defesa, o *self* recorre à cisão do objeto. Graças a ela, o psiquismo rudimentar consegue administrar as pulsões libidinais e agressivas, identificando-se com o objeto amado e projetando o ódio para dentro do objeto, que se torna odiado. Este passa a ser vivido como perigoso, perseguidor. Esse processo corresponde à posição esquizoparanoide. A mãe precisa salvar a criança das angústias paranoides em que se encontra mergulhada. O retorno do seio que gratifica, fazendo o apaziguamento simbolizante, torna possível o reinvestimento do objeto e do *self* pelas pulsões libidinais. Elas voltam a predominar sobre as pulsões agressivas, e o bebê e o seio voltam a ser experimentados como bons.

Nesse momento, há uma relação de dependência absoluta ao seio idealizado. Sua ausência lança o *infans* em angústias de aniquilamento; a experiência subjetiva é de estar ameaçado de morte. Esse processo, repetido vezes sem conta, é o caminho para a integração do objeto materno e a elaboração da posição depressiva. O seio bom já está esboçado no psiquismo, embora ainda seja frágil. A fase oral (precoce e tardia) bem-sucedida produz na criança o sentimento de segurança, otimismo e esperança. O mundo é vivido como acolhedor.

A criança suporta o medo de perder o objeto em função de seus ataques, pois sente que o objeto total sobrevive a eles. São as conquistas da fase oral tardia.

Caso a mãe não exerça essa função, a cisão, que era provisória, defensiva e estruturante, se perpetua e se cristaliza de forma patológica. O objeto e o *self* continuarão cindidos. O seio bom não é internalizado porque o objeto não foi integrado nem sobreviveu aos ataques. É o que se verifica na subjetividade não neurótica.

A primeira triangulação continua no início da fase anal. A criança já não vive a separação sujeito-objeto de forma passiva, dependente das idas e vindas do objeto. Ela começa a se opor ativamente ao objeto: é a fase do "não". Com isso, afirma que é separada da mãe e que tem desejos próprios. Nesse momento, é de fundamental importância que os pais reconheçam e legitimem – não necessariamente para gratificar completamente – o desejo de autonomia da criança. Já há um esboço dos lugares simbólicos de mãe, pai e filho.

Se tudo der certo na primeira triangulação, o *infans* contará com as seguintes conquistas: a) sai do funcionamento arcaico, diferenciando-se da mãe-ambiente; b) sua imagem corporal se unifica e se constitui a *imago* de um corpo próprio, com limites dentro/fora; c) o seio bom começa a ser internalizado; d) passa a experimentar seus desejos como próprios; e) surge o sentimento de existir e a possibilidade de se opor ao outro.

Se houver falhas importantes na primeira triangulação, a personalidade vai se estruturar segundo o modo *psicótico*.

Esquematicamente, teremos: a) o Eu continua sendo parte do objeto primário e há uma dependência absoluta com relação a ele; b) a ameaça de separação produz angústias de aniquilamento; c) mobilizam-se defesas características da posição esquizoparanoide (cisão, negação, idealização e identificação projetiva); d) há uma violência defensiva com relação ao objeto mau; e) tendência à descarga de uma pulsionalidade violenta com atuações; f) regressão e fusão com o objeto primário; g) ruptura com a realidade e criação delirante de uma neorrealidade.

* * *

Segunda triangulação (2 a 4 anos)

1. No eixo narcísico

O ego se separou de seu objeto, porém ainda se apoia totalmente nele, o que significa que parte de suas fronteiras ainda são dadas pelo objeto de apoio. Já há alguma autonomia, ainda com dependência – não uma dependência absoluta, como na primeira triangulação; ainda assim, o objeto não pode se afastar por muito tempo, pois o objeto bom ainda não foi definitivamente internalizado. Nos termos de Green, ainda não há uma estrutura enquadrante interna.

A angústia de separação se refere ao medo de deixar de ter existência no psiquismo do objeto primário durante sua ausência. O medo é de que o objeto vá e não volte, por ter "deletado" a existência da criança – fora do campo visual da mãe, "a criança não existe", e vice-versa: a criança tem dificuldade em manter o objeto psiquicamente presente em sua ausência.

A angústia de perda do objeto se verifica no medo de que o objeto não sobreviva aos ataques do sujeito – nessa fase, já há forte ambivalência com relação ao objeto do qual se depende. O objeto também "não volta", mas por um motivo diferente: está destruído. "Voltar", aqui, significa se manter funcionando psiquicamente e sem retaliações.

À medida que a angústia de separação vai sendo elaborada, o *infans* conquista a capacidade de estar só. Um modo mais rigoroso de descrever o processo é: à medida que o símbolo para a ausência é criado, a angústia de separação é tolerada.

O princípio de realidade, o processo secundário e a capacidade de simbolização vão sendo desenvolvidos. As funções adaptativas (motricidade e linguagem) já garantem alguma autonomia ao ego. Nessa fase, cria-se o objeto transicional e, logo, o símbolo para "ausência". Graças a ele, a criança compreenderá que ausência não é perda. O brincar e a linguagem têm aí seu papel. Podemos imaginar que o *borderline*, quando criança, não conseguiu brincar o bastante para criar esse símbolo. Talvez estivesse angustiado e/ou defendido demais para isso.

Na fase do *self*, o narcisismo se estabiliza, o que no plano econômico e estrutural corresponde a um investimento estável do *self*, que continua se estruturando em torno do objeto bom. Se tudo correr bem, firma-se o sentimento de existir, de ser bom e de ter valor. Do outro lado, o mundo é percebido como bom, vivo e estável.

A autoestima não oscila tanto como na fase anterior. A experiência subjetiva de estar sozinho, mas em companhia do objeto bom internalizado, pode ser traduzida mais ou menos assim: "Minha mãe se afastou porque ela tem outros objetos além de mim, mas como eu tenho valor, e ela gosta de mim e sabe que eu preciso dela, vai voltar, cuidar de mim e me gratificar, como sempre aconteceu". Percebe-se que a representação do investimento positivo do objeto no *self* é sustentada psiquicamente, mesmo em sua ausência.

Do ponto de vista da autoestima, é preciso que o investimento narcísico concomitante à fase anal seja suficiente para que depois, na fase fálica, o narcisismo da criança não sofra em demasia com a questão da presença/ausência do pênis. Quando a criança negocia com a mãe, usando um objeto não eu (as fezes ou equivalentes) como moeda de troca para obter as gratificações desejadas, isto é, quando a mãe permite que ela se sinta minimamente potente e ativa, seu narcisismo se fortalece. Sente que pode "dominar" o objeto. Assim, ao chegar à fase fálica, o sentimento de "ter valor/não ter valor" já não depende inteiramente da constatação da presença ou ausência do falo. Se o "valor próprio", contudo, não estiver minimamente instalado, a menina, na fase fálica, ao se perceber sem pênis, vai ficar invejosa demais; e o menino hipervalorizará seu pênis, o que pode acarretar mais tarde um excesso de angústia de castração.

* * *

2. Imbricação dos eixos narcísico e objetal

O bom desenvolvimento ao longo do eixo narcísico depende, entre outros fatores, do predomínio de experiências gratificantes sobre as frustrantes no eixo objetal. Isso já aconteceu na fase oral e anal precoce; agora, deve continuar na fase anal tardia e fálica precoce.

Do ponto de vista da libido, na fase anal o prazer está ligado à expulsão e retenção das fezes, aliada à possibilidade de submissão ou oposição ao objeto e ao exercício do sadismo e do controle. A angústia é de ser despossuído de conteúdos preciosos. Começam os conflitos com a mãe: a criança pode se opor a ela ou agradá-la. Recusa-se a se submeter, procurando submeter a mãe a seus desejos. Nessa fase, o "não" tem uma função importante para que a criança se perceba ativa, potente, desejante. O sadismo anal é intenso, e as fantasias inconscientes estão impregnadas por ele. O objeto precisa sobreviver aos ataques (continuar presente e psiquicamente disponível) para que o sadismo possa ser integrado.

No início da fase fálica, o prazer passa a estar relacionado com a manipulação do pênis e clitóris. A angústia é a de castração. A vertente narcísica da fase fálica já foi abordada acima, e é de elaboração delicada. Dela dependerá o modo de entrada na terceira triangulação e, portanto, sua resolução.

Se tudo der certo, a passagem pela segunda triangulação terá produzido as seguintes conquistas: a) o símbolo para a ausência; b) a estabilização do narcisismo primário; c) o sentimento de ter valor, e do mundo ser acolhedor e vivo; d) o sentimento de existir independentemente dos pais; e) a capacidade de estar só.

Caso contrário, a personalidade irá se organizar ao modo não neurótico, cujas características são: a) distúrbio na constituição do narcisismo – falha das funções egoicas e *self* constituído por identificações cindidas; b) defesas arcaicas – cisão, idealização, negação e identificação projetiva; c) objeto parcial e cindido – impossibilidade de conceber o objeto total, sua alteridade e completa autonomia; d) falhas na simbolização e tendência à atuação; e) angústia de intrusão e separação – necessidade de se colar ao objeto primário, usado como apoio; f) impossibilidade de aceitar o terceiro objeto e tentativa de preservar a relação em termos estritamente duais; g) predomínio da pulsionalidade agressiva sobre a libidinal, causada pela ameaça constante ao narcisismo.

* * *

No início do Capítulo 3, afirmei que a subjetividade não neurótica apresenta certas regularidades, embora a sintomatologia seja muito variável. Do ponto de vista metapsicológico, o que elas apresentam em comum é uma falha na segunda triangulação. Cada um encontrará um jeito de compensar essas falhas, mantendo sua homeostase narcísica equilibrada, originando assim a grande diversidade de distúrbios que conhecemos: sexualidades bizarras, depressão, tédio, adições, distúrbios alimentares, somatizações, patologias do vazio, instabilidade do humor, compulsões, atuações violentas.

Do ponto de vista da clínica, podemos identificar dois grandes grupos.

a) As formas de subjetividade que se estruturaram em torno de defesas – mais ou menos bem-sucedidas – *contra um excesso de pulsões agressivas*. As falhas do objeto primário ameaçaram a sobrevivência do Eu, ao que este respondeu procurando destruir a fonte de ameaça. O *self* se constituiu de forma patológica porque a cisão – que o defende do excesso de ódio – se cristalizou. As falhas na função simbolizante e o consequente predomínio da pulsionalidade não ligada produzem uma tendência à atuação. São os pacientes *borderline*, estudados por Kemberg (1975).

b) As formas de subjetividade que se estruturam em torno de falhas importantes na narcisação do Eu pelo objeto primário. O psiquismo materno não pôde erotizar o bebê e "despertar a vida pulsional". Há um colorido depressivo; uma observação mais criteriosa, no entanto, mostra que se trata de tédio e de vazio. Há grande dificuldade no investimento dos objetos do mundo, que se torna fútil e sem-sentido. São as psicoses brancas e as patologias do vazio, estudadas por Green (1973).

No Capítulo 7, "Figuras e destinos do sofrimento não neurótico", estudo esses dois tipos de estados-limites: a) os "quentes", que são os atuadores; b) os "frios", indiferentes e entediados. No fim do Capítulo 9, relaciono essas duas formas às questões da pós-modernidade.

* * *

Terceira triangulação ou triangulação edipiana clássica (4 a 7 anos)

Nessa fase, a criança se organiza psiquicamente em torno da travessia do Édipo. A travessia pode ser bem-sucedida: estamos no terreno da normalidade. Pode ter havido um bloqueio edipiano, com regressões a pontos de fixação libidinal anteriores: estamos no terreno da neurose.

A travessia do Édipo produz uma forma de subjetividade em que a identidade sexual foi bem estabelecida e o sujeito encontrou seu lugar na cadeia das gerações. Ele institui relações objetais baseadas em parceria, colaboração, diferença e complementaridade. O objeto do desejo é o outro – o desejo do outro –, com sua alteridade e sexualidade plenamente reconhecidas. O objeto de desejo já não tem mais nada que ver com os objetos edipianos: esses foram abandonados ao fim da travessia do Édipo. Por isso, está isento de quaisquer interdições do ponto de vista do prazer, o que torna essa relação possível sem o recurso a inibições, sintomas ou angústia. Veremos adiante as derrapagens do Édipo e algumas de suas consequências: posições subjetivas histérica e obsessiva.

1. No eixo narcísico: o Eu está plenamente constituído

Do lado do *self*, temos a consolidação do narcisismo, graças às identificações secundárias. Essas identificações incluem a assunção de uma identidade sexual, a partir da identificação com ambos os genitores. Há, ainda, as identificações provenientes da cultura: escola, televisão, celebridades etc. As identificações secundárias se dão com as figuras parentais como suportes de uma identidade sexual: o pai-homem (no caso do menino) e a mãe-mulher (no caso da menina) são tomados como modelos identificatórios. Lembramos que as identificações primárias foram efetuadas com as figuras parentais como lastros da função materna e função paterna. Em razão de todas essas novas identificações, o sujeito se percebe singular, com qualidades e características únicas.

Do lado do ego, a consolidação do narcisismo inclui o desenvolvimento completo das funções egoicas. Todas as funções descritas na primeira parte deste capítulo estão bem instaladas: função realitária, simbólica, imaginativa, capacidade de sublimação. As defesas predominantes evoluíram, já não são de tipo arcaico.

O superego deixa de ser mortífero, integra os interditos e a lei, porém referidos à cultura e não a *imagos* arcaicas. Ele pode ser muito rígido e severo, ameaçando excessivamente o sujeito com angústias de castração, de modo a produzir uma inibição neurótica da vida pulsional. Há um ideal de ego, e este é possível; se/quando atingido, buscam-se novos ideais.

2. Imbricação dos eixos narcísico e objetal

Retomando o que foi visto, se a travessia edipiana foi bem-sucedida no plano narcísico, no plano libidinal estamos na fase genital. A família exerceu as funções parentais básicas e ofereceu modelos identificatórios sexuais suficientes, tanto do lado da mãe quanto do pai. O sujeito pôde renunciar à conquista do genitor edipiano, de modo que os demais objetos sexuais agora estão disponíveis. O desejo sexual assumiu uma forma pós-genital: a satisfação sexual está autorizada, valorizada e sem conflito. Ele se organiza segundo uma fantasia genital, em torno do corpo sexuado próprio e do outro.

* * *

Pequena história do processo de subjetivação

Vimos a constituição do aparelho psíquico em seus dois eixos e, em seguida, as três triangulações. As contribuições de Juignet são muito úteis, porém um tanto esquemáticas e distanciadas da clínica. Elas precisam ser articuladas a uma história da constituição da subjetividade. Para tanto, fiz uma adaptação livre, acrescida de minhas próprias contribuições, do capítulo "Pequena história do processo de subjetivação", constante do *Manuel de psychologie et de psychopathologie clinique générale* (Roussillon, 2007).

O autor descreve "quem é o sujeito" e como ele vê a si mesmo e ao objeto em cada uma dessas fases – as *posições subjetivas* –, bem como um "passo a passo" das mudanças de posição que o sujeito vai efetuando ao longo de seu desenvolvimento. Embora descreva as coisas da perspectiva do bebê, ele só pôde fazê-lo a partir da escuta do infantil em sua clínica com analisandos de qualquer idade. A descrição da realidade psíquica, nas várias posições subjetivas que vão sendo ocupadas ao longo da história da constituição da subjetividade, tem a grande vantagem de nos apresentar o infantil vivo, encarnado e em suas várias formas, de modo a podermos reconhecê-lo na clínica. Seu relato é muito rico, multifacetado, complexo. Faço, pois, meu próprio recorte, focalizando o essencial das posições subjetivas e as "revoluções" efetuadas no/pelo sujeito em sua passagem de uma posição a outra.

* * *

A posição subjetiva do narcisismo primário

Ainda no útero, o bebê tem impressões e sensações que ele não sabe a que atribuir. Sem representação psíquica, ele não tem como se apropriar subjetivamente daquilo que vive. Já do lado de fora, a primeira posição subjetiva que ele ocupa é a do narcisismo primário. Tem início o trabalho de representação da experiência. O bebê tende a interpretar subjetivamente o que se passa com ele como se tudo proviesse dele próprio.

A descoberta de que não é bem assim passa por um processo ao longo do qual ele terá duas tarefas: a de construir um vínculo com a mãe e, quase simultaneamente, a de começar a representar progressivamente sua diferenciação em relação a ela. O processo de subjetivação ocorrerá por meio desses dois movimentos: ligar-se ao objeto e se diferenciar dele.

O bebê percebe "algo que não é ele" – ele percebe a forma humana desde o início. Ainda não há, contudo, um sujeito capaz de conceber a existência do outro. Ou seja, não se trata tanto de saber se na posição subjetiva do narcisismo primário a mãe existe ou não para o bebê, e sim de saber "como ela existe" para ele naquele momento. Que representação ele pode ter do objeto nessa posição subjetiva? E que representação ele pode ter do "autor" – ele ou um outro – daquilo que ele experimenta? No mundo do bebê, há uma confusão entre o que vem de si e o que vem do outro.

Nessa posição, ainda não há um sujeito: apenas um sujeito em potencial, uma preconcepção de sujeito, para usar a terminologia bioniana. Este poderá advir no futuro, desde que, nesse primeiro momento, seja investido, sonhado, reconhecido e antecipado por um outro que, por enquanto, é vivido como seu duplo.

O sujeito se constitui à medida que, e na medida em que, vai resolvendo duas questões básicas: a da representação de um Eu e de um objeto diferenciados entre si; e a de discriminar se o que ele sente vem de si ou do outro.

Enquanto ele não tem capacidade para resolver esses dois problemas, a função do ambiente é criar uma situação em que essas duas questões, sem resposta por ora, não se coloquem para o bebê. Ou, pelo menos, que não se coloquem demais. O ambiente deve confirmar o narcisismo do bebê e se ajustar àquilo que ele pode suportar. Se o ambiente apresentar problemas que superam a capacidade do bebê de "resolvê-los", a saída será apelar para defesas custosas, como a rejeição ou a evacuação daquilo que ele está experimentando. Como o bebê desconhece o outro, ele atribuirá a si mesmo a causa de seu desprazer ou de sua dor. Nessa posição subjetiva, o bebê "prefere" ter a ilusão de que ele mesmo cria aquilo que sente, ainda que seja algo ruim, a ter de lidar com um problema que, por ora, é inconcebível: a enigmática existência do outro. O ambiente, assim, tem de se adaptar ao bebê, tanto no nível da autoconservação quanto do que ele é capaz de suportar subjetivamente.

Para isso, o primeiro vínculo com o objeto será construído como um vínculo narcísico: com um outro que, por enquanto, é vivido como um outro si-mesmo, um duplo. A tarefa da mãe em estado de preocupação materna primária é comportar-se como esse duplo, de modo a não impor ao bebê uma alteridade que seria insuportável. Para tanto, ela precisa se deixar regredir a essa posição psíquica, contando com o apoio do ambiente, que forma uma rede de proteção em torno dela. Nessa posição subjetiva, ela fica extremamente sensível ao que o bebê lhe comunica e pode se adaptar perfeitamente a ele, propiciando-lhe a ilusão de que ele é o autor de tudo o que experimenta de bom.

A expressão "mãe suficientemente boa" evoca um cuidar adequado das necessidades do bebê. Importantes nessa fase, a constância afetiva, a coerência e a previsibilidade só serão conquistadas depois de um período de ajustamento mútuo, durante o qual a mãe aprende a ser mãe daquele bebê. A mãe suficientemente boa "faz" uma série de coisas com seu bebê com base em quem ela é, isto é, a partir de seu inconsciente, e não do que ela "sabe".

O *holding* (segurar, portar) é uma função sobretudo integradora. O modo como a mãe porta e segura o bebê, com firmeza e constância, lhe proporciona o sentimento de segurança e de solidez, bem como a experiência de se sentir unificado e integrado.

Um *holding* falho dá ao bebê a sensação de cair, de que ele vai com um mundo que desmorona.

O *handling* (manejo) é uma função personalizante. O ritmo dos cuidados, sua adequação às necessidades do bebê e a harmonia dos gestos permitem ao bebê começar a se sentir uma "pessoa". Cuidados oferecidos de maneira brusca, imprevisível ou excessiva dão a ele a sensação de ser um pacote jogado para cá e para lá.

O *espelhamento* diz respeito à maneira pela qual a mãe se ocupa do bebê, tanto no nível da autoconservação quanto da subjetividade. Essa maneira funciona como um espelho e transmite ao bebê as representações que ela tem dele. Ele se vê como é visto por ela e percebe o que representa para sua mãe. Essas representações constituirão a base de sua identidade.

É impossível listar aqui todas as qualidades necessárias à maternagem suficientemente boa. Colocaremos em evidência, por sua importância, apenas a função materna de conter e de transformar as angústias do bebê. Ela faz um *apaziguamento simbolizante* – não podemos esquecer que a função de acalmar o bebê é feita com gestos e palavras, que dão sentido às primeiras experiências de frustração e desprazer. A mãe "aguenta" cuidar do bebê angustiado, ela não se desespera junto com ele; é desse modo que a função materna transforma o caos em integração. O bebê se angustia quando tem fome não apenas pela sensação desagradável, mas porque vive a fome como morte iminente, ou seja, a sensação de fome é acompanhada de angústias de aniquilamento. A mãe tem a função de desintoxicar a fome de sua acompanhante angústia de morte. Quando a fome é representada como "mera" fome, e não como morte, ela se torna tolerável e pode ser integrada. Ocorre assim o início da construção de elementos protossimbólicos e da função alfa. Se tudo der certo, o bebê irá internalizar a função alfa e passará a ser capaz de autocontinência.

O bebê é invadido por angústias de aniquilamento toda vez que sua onipotência narcísica é brutalmente confrontada pela exposição traumática ao não eu, ao mundo e à alteridade. Para que o bebê possa, um dia, vir a representar a alteridade, esta precisa lhe ser apresentada em doses homeopáticas. Winnicott, que descreveu lindamente esse processo, o designou de objeto criado/achado. Segundo ele, o bebê alucina o seio, e o seio está lá, ele o encontra efetivamente no momento e no lugar em que foi alucinado. Há uma coincidência entre o seio criado pela imaginação, em seu mundo interno, e o seio encontrado na percepção, no mundo externo. Ele tem, então, a ilusão de ter criado sua própria fonte de satisfação. O importante é que, com isso, o bebê não tem de resolver o dilema – que ele não teria como – de saber quem foi o agente da satisfação.

A ilusão positiva que resulta da experiência do criado/achado produz um sentimento oceânico, que sustenta a pulsão de vida. Há um investimento positivo em um *self* que foi capaz de criar seu próprio prazer. É o núcleo da confiança em si e no mundo. Inscreve-se a esperança. Permite que se estabeleça uma criatividade primária e um investimento positivo na vida psíquica.

* * *

O objeto criado-achado e sua psicopatologia

O bebê dispõe de alguma capacidade de adaptação, e a usa sempre que há um intervalo entre a necessidade e a satisfação. Um objeto que falha muito em se adaptar exige que ele use sua capacidade de adaptação além da conta. O bebê passa a ter uma tarefa que não lhe cabe: tem de se preocupar com o objeto, com seus estados de ânimo, com sua sobrevivência. É o caminho para a constituição de um falso-*self*. O sujeito se comportará como se entendesse o mundo e o outro, mas é uma compreensão oca e superficial, mimética. Ele vive adaptado ao mundo, mas sem se apropriar realmente de si e de sua vida. Há um sentimento básico de não ser.

Além disso, a falha na experiência do criado/achado produz a *ilusão negativa*. O bebê, em sua onipotência, se sente culpado e responsável pela dor que experimenta. Ele se subjetivará a partir de um sentimento profundo de fracasso narcísico. A ilusão negativa coloca em movimento a pulsão de morte. Produz um investimento negativo do *self* e do mundo. Inscreve um núcleo de desconfiança em si e no mundo, que freia ou desorganiza os movimentos de vida. A experiência contínua de fracasso em criar/encontrar a gratificação prejudica seriamente o sentimento de esperança na vida e no prazer. O bebê passa a lutar por sua sobrevivência. A luta (*agon*) contínua se traduz subjetivamente em agonias primitivas, subjacentes ao sentimento de perda ou dissolução da identidade. Paira sobre a vida psíquica uma ameaça de morte. Mobilizam-se defesas radicais, como a evacuação, a desautorização da percepção e o desinvestimento maciço do objeto. O bebê retira-se de suas sensações, fragmentando-as. Ele se retira de si mesmo, corta o contato com sua vida afetiva, perde o sentimento de ser.

Em todas essas condições psicopatológicas encontramos a lógica do desespero, em que a principal preocupação será sobreviver.

Se a desilusão, entretanto, for progressiva, em doses homeopáticas, a saída do narcisismo primário poderá se dar sobre uma base sólida. A predominância de experiências de prazer formará a base do princípio do prazer. Os processos integradores serão mais potentes do que os evacuadores. As lógicas da esperança passam a predominar, o que significa que o sujeito sente que a vida e o prazer são possíveis.

* * *

A saída da posição subjetiva do narcisismo primário rumo ao narcisismo secundário

Os dois autores referenciados neste capítulo, Juignet e Roussillon, usam a expressão *narcisismo primário* para se referir a coisas diferentes. Juignet chama de narcisismo primário o longo período de constituição das bases, funções e fronteiras do Eu. Esse período vai do nascimento à fase fálica, da indiferenciação entre o Eu e o objeto primário até a conquista da autonomia, em torno dos 4 anos. Uma perturbação no narcisismo primário produz as estruturas não neuróticas. O narcisismo secundário tem que ver com a consolidação do narcisismo, a partir das identificações edipianas e pós-edipianas com ambos os genitores, com a identidade sexual e com as identificações provenientes da cultura. Tem início na travessia edipiana e continua pela vida afora. Quando Roussillon fala em narcisismo primário, ele se refere ao período de indiferenciação sujeito-objeto, que vai do nascimento até as primeiras formas de conceber o outro, na posição subjetiva oral, quando tem início o narcisismo secundário, entre 3 e 6 meses. Minha opção é por manter a terminologia de cada autor, alertando o leitor para essas diferenças.

Segundo Roussillon, a saída da posição subjetiva do narcisismo primário tem início em torno dos 3 meses, quando a mãe sai da posição subjetiva da preocupação materna primária.

Do ponto de vista do eixo objetal, tem início a fase oral tardia, com todas suas ambivalências.

O sujeito, que até agora era apenas uma pré-concepção de sujeito, poderá ser reconhecido, e reconhecer-se como tal, quando, e se, puder se diferenciar/separar/discriminar/autonomizar com relação ao objeto primário. Para que isso aconteça, a subjetividade terá de abandonar, e fazer o luto, das ilusões que caracterizam o narcisismo primário. Essa ilusão fora sustentada até então pela adaptação suficientemente boa da mãe, em estado de preocupação materna primária. Ela sempre dava um jeito de estar lá, onde era esperada. Funcionava como um objeto criado/achado, o que era essencial à constituição do narcisismo primário.

O que marca a passagem para a posição subjetiva do narcisismo secundário, e que caracteriza uma verdadeira revolução, é que o sujeito já não tem a ilusão de que é o criador do seio, criador de sua própria fonte de vida e de gratificação. Ele passou da pré-concepção à concepção de que a gratificação e mesmo a frustração são experiências que se originam fora dele, de um não eu. A saída do narcisismo primário é consubstancial à concepção do objeto como não eu. Ainda haverá, porém, um longo caminho até que advenha um novo sujeito capaz de viver, representar e apreender o outro como outro-sujeito.

Embora o objeto sempre tenha sido *percebido* como "outro", até porque há uma pré-concepção da alteridade, isso está longe de significar que pudesse ser *concebido* como *outro-sujeito*. A *percepção* implica uma vivência subjetiva de discriminação e de organização da percepção de que há outro corpo além do meu. Já a *concepção* implica uma experiência subjetiva mais abstrata e conceitual: conceber aquele outro corpo como um sujeito em si, e não apenas como um não eu.

A experiência absolutamente fundamental para que essa revolução subjetiva possa acontecer é a experiência da *sobrevivência do objeto*. Parafraseando Winnicott, para quem a experiência do objeto "criado/achado" funda o narcisismo primário, Roussillon sugere a expressão "destruído/reencontrado" para descrever a experiência que promove a saída dessa posição e o acesso a uma nova.

A primeira teoria psicanalítica sobre o surgimento do objeto como separado atribuía à frustração e ao limite que a realidade impunha à realização alucinatória do desejo – e, portanto, à onipotência infantil – o movimento que produzia essa mudança subjetiva. É provável que o encontro com o limite tenha seu papel, mas a clínica mostra que, sozinha, a frustração não é capaz de produzir a concepção do objeto. Ela produz, antes, uma experiência de "ilusão negativa" – um sentimento de fracasso e culpa por não ter sido capaz de criar o seio: o seio simplesmente não estava lá, onde era esperado.

A frustração só pode dar origem à concepção de objeto outrosujeito se for consequência de um primeiro movimento subjetivo da mãe, quando esta passa de mãe a mulher. Quando o bebê tem em torno de 3 meses, ela sai do estado de preocupação materna primária e volta a investir seus outros objetos de desejo, que tinham ficado entre parênteses. Ela deixa de se adaptar suficientemente ao bebê, como vinha fazendo até então. Não se coloca mais exatamente lá, onde é esperada; deixa o bebê esperar um pouco, não faz tudo o que ele quer. Em outros termos, deixa de sustentar a onipotência infantil.

O bebê irá reagir, em primeiro lugar, a essa desadaptação da mãe em seus cuidados com sua autoconservação. Ele vai perceber que a mãe falha, e vai sentir raiva por ter de esperar pela mamada, por não ser pego no colo assim que chora. Ele vai reagir principalmente à *mudança de posição subjetiva da mãe* que essa desadaptação sinaliza. De alguma forma – talvez em razão da pré-concepção da alteridade –, ele vai *sentir*, antes mesmo de compreender o que está acontecendo, que ela falhou porque quis, deixou-o sofrer porque quis. E então é invadido por uma raiva impotente. E, como nessa posição subjetiva ele sente que tudo provém dele, interpreta a falha materna como produto de seu próprio ódio. De seu ponto de vista, ele destruiu sua capacidade de criar/achar o objeto de sua plena satisfação. O seio perfeito está perdido. O passo mais delicado, como veremos, vai ser "se conformar" em perder de vez esse objeto, aceitando em seu lugar objetos substitutos, mesmo que imperfeitos.

A mãe, nesse momento, saiu da posição da preocupação materna primária e foi cuidar de seus outros objetos, abrindo espaço para a mulher que ela também é. Até que depara com a raiva do bebê por seu movimento de autonomia. Ela vai, então, reagir à reação do bebê. Sua reação irá depender, por um lado, do modo pelo qual *interpreta* a raiva do bebê; por outro, de *seus próprios conflitos* entre as representações de si como mãe e como mulher. A possibilidade de o bebê se conformar em perder a mãe do narcisismo primário e se satisfazer com a outra – esta que não vive apenas para ele – dependerá, em grande medida, das reações da mãe à raiva do bebê.

Ela pode interpretar a raiva do bebê como tirania. Se for esse o sentido que ela atribuir ao choro do bebê, pode ficar com raiva do bebê-tirano e puni-lo, deixando-o chorar mais tempo do que o necessário ou sendo menos carinhosa com ele. Em suma, ela pode "romper" com ele, ainda que temporariamente.

Ela pode ainda interpretar o choro como acusação, e se sentir culpada por ter outros desejos além do bebê. Pode não aguentar a culpa e recuar, voltando à dedicação exclusiva. Será, contudo, uma mãe ressentida: estará presente, fará tudo o que tem que ser feito, sem que seu coração esteja lá. Além de ressentida, ela pode ficar deprimida por ter tido de abandonar seus outros objetos do desejo. É outra forma de "romper" com ele.

Em uma terceira possibilidade, ela pode interpretar o choro do bebê como um sofrimento intolerável por parte dele. Pode sentir que está fazendo muito mal a seu bebê e tentar compensar sua ausência reparando danos imaginários.

Essas três maneiras de reagir à raiva do bebê mostram que ela não conseguiu sobreviver psiquicamente. Em sua fragilidade, ela não conseguiu manter o vínculo bom com ele, fora do idílio da preocupação materna primária. Então, ele tem a experiência subjetiva de encontrar, "fora", a mãe má que ele havia criado "dentro", a partir de sua raiva e decepção. É a experiência da ilusão negativa. Esse encontro do mal dentro com o mal fora confirma, do ponto de vista do bebê, sua onipotência; não como antes, em sua capacidade de criar seu próprio prazer, mas em sua capacidade de criar seu próprio desprazer. A ilusão de que ele é a origem de tudo não se altera: ele continua na posição subjetiva do narcisismo primário.

* * *

O objeto destruído/reencontrado e sua psicopatologia

O fracasso da experiência do objeto destruído/reencontrado está na base das patologias que se caracterizam por uma perturbação na regulação do narcisismo. Se o objeto não sobrevive ao ataque do bebê, o sujeito ficará capturado pela violência da equação "ou eu ou o outro". As tentativas de afirmação de si e de um desejo próprio serão vividas como destruição do outro. O sujeito passará a temer sua própria agressividade, que será vivida como destrutiva, antissocial e negativa. Sua expressão será inibida ou se voltará contra o sujeito. O desenvolvimento do Eu ficará ameaçado, pois não poderá usar a destrutividade para sua própria afirmação, bem como para consolidar a separação sujeito/objeto.

Se a mãe não sobrevive psiquicamente, ele sente que perdeu a mãe perfeita e que, no lugar daquela, está agora nas mãos de uma mãe má, que retalia, que se retrai, que lhe oferece compulsivamente, à guisa de reparação, coisas de que ele não precisa.

É claro que ele não percebe a situação com tanta clareza, mas sente que o novo objeto, que veio substituir a mãe da preocupação materna primária – e que poderia satisfazê-lo mesmo não sendo perfeito –, longe de acalmá-lo, é a própria fonte de novas angústias. Diante disso, o bebê terá dificuldades em se conformar com a perda e fazer o luto do narcisismo primário. Ao contrário: agora ele terá de "se virar" para se proteger das atuações dessa mãe frágil, e/ou precisará cuidar dela para que ela continue cuidando dele – pois ele ainda precisa muito dela, e, bem ou mal, ela continua cuidando dele como pode.

A mãe suficientemente boa sobrevive psiquicamente aos ataques do bebê. Ela acusa o golpe – não nega nem se esquiva da raiva do bebê –, sem romper o vínculo com ele. Continua sendo uma mãe amorosa e presente, bastante próxima, mas não idêntica à mãe da preocupação materna primária. Digo "bastante próxima, mas não idêntica" porque a mãe suficientemente boa não recua para a posição subjetiva inicial; ela não abandona seus outros objetos, seu desejo de mulher. Ela consegue sustentar igualmente a posição de mãe e de mulher. Diante disso, ele percebe que o objeto externo, objetivamente percebido, não se comportou como o objeto interno subjetivamente concebido. O objeto interno está destruído e é mau; o objeto externo, no entanto, a mãe, retorna "inteira" para amamentá-lo, embora subjetivamente diferente. É a experiência do objeto destruído/reencontrado.

Essa experiência inaugura e funda um novo patamar de subjetividade. É uma verdadeira revolução. O bebê passou a conceber um objeto que não coincide com sua fantasia. E isso em dois sentidos.

Em primeiro lugar, o objeto continua vivo, quando na fantasia estava destruído. Ele continua presente, amoroso, cuidando do bebê. A sobrevivência do objeto mostra que ele tem vida própria, independente da mente do bebê. Graças a essa continuidade dos cuidados, o bebê percebe que esse ser independente é o verdadeiro autor dos cuidados e gratificações de que ele usufrui. Há um não eu.

Em segundo lugar, ele reencontra um objeto que não é idêntico ao que foi perdido. O objeto que agora é percebido é um pouco diferente daquele que era concebido, embora haja uma continuidade entre ambos. Esse segundo ponto é fundamental para que se possa aquilatar a dimensão da revolução em curso. Onipotentemente, o bebê concebia o objeto como atrelado a seu "desejo"; mas o objeto mostrou que tem desejo próprio, pois se afastou para cuidar de seus outros objetos e, depois, retornou à função materna. Ou seja, a mãe que ele reencontra, depois de perder a mãe da preocupação materna primária, é uma nova mãe, *é uma mãe que ocupa uma nova posição subjetiva*. De alguma forma, ele passa a conceber uma *mãe que é também uma mulher, ao passo que antes ele não era capaz de conceber essa complexidade*.

Paralelamente, ele mesmo acede a uma posição subjetiva mais complexa, na qual começa a discriminar o que lhe vem de fora, proporcionado por um não eu, um proto-objeto, do que lhe vem de dentro. O Eu e o objeto começam a ser concebidos como agentes, isto é, como sujeitos. O bebê saiu do narcisismo primário.

A saída do narcisismo primário coloca novos problemas à subjetividade. O bebê agora investe essa mãe/mulher que tem outros objetos além dele. Investe um objeto do qual ainda depende de maneira absoluta e que pode estar presente ou ausente. Terá início, então, uma "intencionalidade subjetivada": o sujeito se reconhecerá como fazendo um apelo ao objeto visto como separado, e começa a haver uma comunicação rudimentar em que o sujeito começa a expressar seus desejos/necessidades ao objeto do qual depende.

Terá início agora a problemática relativa ao narcisismo secundário, que irá se desdobrar até a travessia do Édipo (inclusive). É quando a diferença sujeito/objeto se amplia, tomando formas diferentes. A pulsão começa a se organizar, a partir da diferença entre um "sujeito-fonte-dentro e um objeto-gratificador-fora". A primeira forma de organização da pulsão é a oral.

* * *

Posição subjetiva oral: a matriz da conflitualidade psíquica

O sujeito descobre o objeto provedor de sua satisfação e, a partir disso, precisa elaborar a perda da experiência subjetiva de ser o seio. Essa experiência será elaborada mediante um trabalho de luto, que resultará na criação de uma representação do narcisismo primário. Essa representação pode ser descrita como: *tudo* (a satisfação total) pode ser produzido *sozinho* (sem o concurso do objeto), *imediatamente, tudo ao mesmo tempo* (sem conflitos). É a experiência do *ego ideal*, que se transforma, por identificação pós--luto, em um *objeto interno*.

Quando o sujeito percebe que a satisfação vem de fora, a experiência subjetiva do narcisismo primário, como representada acima, será retomada como um ideal a ser alcançado, mas *agora com o concurso do objeto. É só agora que o objeto passa a ser investido pela pulsão*. Aqui, já podemos falar em objeto propriamente dito, o objeto da pulsão.

A vida pulsional do sujeito pode ser compreendida como *o conjunto de suas tentativas de voltar a ser o ego ideal pela via da relação* com *o objeto*. A cada momento, isso será tentado de uma forma, sempre pela transferência (via projeção) desse objeto interno sobre um objeto-suporte diferente. O seio é o primeiro objeto sobre o qual o ego ideal será transferido, transformando-se no seio idealizado. Ele se torna o símbolo do objeto do desejo, o primeiro objeto visado pela pulsão em sua tentativa de reaver a unidade perdida. A projeção do ideal sobre o seio confere à pulsão sua primeira forma de organização: a organização oral da pulsão. O objeto visado é externo, mas a tentativa é a de incorporá-lo, tornando-o parte do Eu, de modo a se recuperar a completude perdida. Há o reconhecimento do objeto, da dependência com relação a ele e, ao mesmo tempo, uma tentativa de negar tudo isso: é o primeiro conflito psíquico.

* * *

O primeiro conflito diz respeito à ambivalência. O seio é amado, porque gratifica, e ao mesmo tempo a percepção de que o bebê depende dele fere o narcisismo, o que gera ódio. A *ambivalência é o conflito fundamental da vida psíquica*. A vida psíquica será posta a serviço de "administrar" e encontrar soluções para a ambivalência.

Assim, a matriz da conflitualidade psíquica será constituída pelo conflito em torno da ambivalência amor/ódio pelo objeto e por dois novos conflitos que surgem na própria tentativa de solucioná-la.

O conflito entre as vias auto e heteroeróticas de satisfação

O sujeito pode investir o objeto interno representando o ego ideal. É o autoerotismo. Ou pode investir um objeto externo. Ele pode escolher entre a alucinação (enquanto ela resolver o problema da fome) ou a busca do seio, apesar da ferida narcísica. Escolher definitivamente um caminho em detrimento do outro não dá. A alucinação sozinha não leva a nada, e a ferida narcísica, se excessiva, impede a fruição do seio. O melhor é combinar as duas vias. Alucinar um pouco, recorrendo ao autoerotismo, enquanto espera a mãe. Isso atenua o ódio da dependência; quando a mãe chega, a ambivalência está atenuada e o bebê pode mamar. Quanto melhor a solução pela via do autoerotismo, mais o bebê consegue suportar a espera sem se sentir muito humilhado, mais pode aceitar a dependência, deixando-o menos ambivalente e mais livre para fruir a mamada.

O conflito em relação ao autoerotismo

Quando o bebê recorre ao autoerotismo, ele vive essa "solução" como um ataque ao objeto. "Eu não preciso de você porque roubei seu leite e agora ele é meu." Isso produz um novo conflito entre a necessidade que ele tem de independência – e a agressividade que está implicada nela – e o amor pelo objeto da satisfação. O destino desse conflito dependerá da reação da mãe ao autoerotismo da criança, pois ela entende que ele está buscando alguma autonomia em relação a ela. É importante que a mãe não apenas tolere, mas também sinta prazer com a progressiva independência do bebê e com seu próprio ganho de liberdade. Winnicott descreveu a situação em que "o bebê está sozinho em presença da mãe" e sua importância na constituição da subjetividade. A experiência de "estar sozinho" é, na realidade, um momento de autoerotismo do bebê; ele está brincando consigo próprio. A mãe continua interessada no bebê, e aceita "ser esquecida" e não estar no centro da atenção o tempo todo. Ela pode aproveitar para ler ou ouvir música. O bebê pode, então, ter a experiência de que seu autoerotismo – o fato de brincar com seus objetos internos – não destruiu o objeto externo. Ele continua lá, disponível, apesar de ter sido temporariamente "esquecido".

O recurso ao autoerotismo é essencial para lidar com o conflito ligado à dependência. Ele é essencial tanto para aguentar esperar a mãe voltar sem sentir tanta raiva como para ir se separando progressivamente dela.

Até aqui, tratei da organização oral da pulsão, em sua tentativa de reencontrar o ego ideal por meio do primeiro objeto do desejo, o seio; vimos também que nesse caminho surge o primeiro conflito psíquico, aquele colocado pela dependência e ambivalência em relação ao seio, bem como as tentativas de solucioná-lo.

Vimos a primeira posição subjetiva correspondente ao narcisismo primário ou à fase oral precoce (o objeto criado/achado); uma segunda posição subjetiva correspondente à saída do narcisismo primário ou à fase oral tardia (o objeto destruído/reencontrado). Veremos agora mais uma posição subjetiva: a organização anal da pulsão.

* * *

Posição subjetiva anal

Sabemos a importância da sobrevivência do objeto diante da agressividade do bebê para a saída do narcisismo primário. O autoerotismo da criança, usado para administrar a recém-inaugurada ambivalência com relação ao objeto, também contém uma dimensão agressiva: a criança "esquece" ou recusa o seio em proveito do objeto interno. Aí também a reação do objeto à agressividade é fundamental. A mãe precisa aceitar ser esquecida durante o retraimento autoerótico e estar ali para ser reencontrada, quando o bebê voltar a procurá-la. É a condição para que o bebê consiga fazer bom uso de seu autoerotismo, sem se sentir culpado. Agora, na posição subjetiva anal, novamente a criança precisará que o objeto tolere sua agressividade, para que ela possa se afirmar e se reconhecer como sujeito. É essa parte da história do processo de subjetivação que examinarei a seguir.

A dependência ao objeto, uma vez descoberta, é uma ferida narcísica porque afasta a criança do ideal de ser *tudo* (a satisfação total), *sozinho* (sem o concurso do objeto), *imediatamente e tudo ao mesmo tempo* (sem conflitos). O sujeito que está nessa posição psicossexual tentará reeditar a experiência do ego ideal usando os meios disponíveis na fase anal para a diminuição da dependência. Quais são esses meios?

A criança tentará agir sobre o objeto. É claro que a ação sobre o objeto só é eficaz se ele permitir. Ele deverá aceitar se deixar explorar, manipular, controlar, submeter, ao menos um pouquinho. A partir do modo como o objeto reage a essa primeira forma de poder, a criança consegue ter uma ideia de como está sendo investida pelo objeto, como está sendo vista. O espelhamento continua constituindo a base sobre a qual repousarão parcelas consideráveis da identidade.

As eternas tentativas de depender menos do objeto irão se beneficiar, nessa fase, das conquistas propiciadas pelo desenvolvimento motor. Agora o bebê pode engatinhar e sair do campo visual da mãe, esperando sua resposta. Pode estender a mão para pegar um objeto e ver o que acontece. São formas de agir sobre ela. Outra maneira de diminuir a dependência é tentar fazer tudo sozinho, por conta própria: comer, escolher a roupa, obedecer às ordens ou não.

A criança que está na posição subjetiva anal irá tentar inverter sua situação anterior de absoluta passividade diante da mãe e transformá-la em atividade. A ferida narcísica melhora consideravelmente. A criança percebe que a mãe reage a ela, e fará experiências nesse sentido, tanto para obter espelhamento quanto pelo prazer. Se a mãe o permitir, o filho descobre que tem poder sobre seus (dela) estados psíquicos. E então vai querer testar seu poder, até onde vai e quais são os limites colocados por ela.

A simples possibilidade de pegar um objeto da casa permite à criança afirmar sua posição de "sujeito". Engatinhar e andar completam essa revolução subjetiva que consiste em começar a se apropriar da própria subjetividade, percebendo e sustentando uma vontade própria.

Além disso, a possibilidade de controlar a evacuação trará uma nova relação com o corpo e com a subjetividade. As próprias fezes terão sua importância, uma vez que a criança percebe que é um produto seu, é algo que ela fez sozinha e que o adulto vê com bons olhos.

A característica mais importante da analidade é o controle, tanto sobre o objeto quanto sobre suas próprias produções. A criança descobre que é o "autor" da expulsão das fezes e, sobretudo, do alívio que isso traz. Descobre que pode voltar a produzir essa sensação de prazer repetidamente. Apoiada sobre esse processo, a apropriação do corpo funcionará como modelo e como ocasião para a apropriação progressiva da subjetividade. O sujeito que ultrapassa esse ponto já não pode ser considerado psicótico.

É importante lembrar que tudo isso se dá na intersubjetividade. O sujeito depende do objeto para conseguir afirmar sua autonomia, o que não deixa de ser um paradoxo. A criança pode, então, criar a fantasia de que obriga sua mãe a viver – passivamente – o mesmo que ela teve de aguentar. O humor da mãe "depende" dela. A criança sente que "está podendo". Ela aprendeu a dizer "não". Entendeu que pode se opor à mãe. De agora em diante, será "tudo o que ela quer, do jeito que ela quer, na hora e no lugar que ela quer". Em suma, a criança se transformou em um pequeno tirano. Diante disso, a mãe deverá adotar uma nova posição subjetiva de modo a colocar limites nessa tirania.

Antes de entrar na questão do "não" educativo da mãe, é importante sublinhar que a evacuação das fezes, e o alívio/prazer que lhe corresponde, servirá como modelo para processos psíquicos de evacuação de tensões. A criança aprende a se livrar de seu próprio desprazer, transformando-o em prazer sádico, fazendo que a mãe experimente em seu lugar a espera e a dependência. É o componente sádico da fase anal. A fantasia é de estar evacuando suas coisas ruins dentro da mãe. Isso tanto pode ser uma forma de agressão, de hostilidade contra a mãe (da qual ainda depende muito) como uma forma de comunicação, já que a criança precisa que a mãe entenda como é desagradável estar em uma posição tão passiva. A empatia materna ajuda a criança a suportar a posição de dependência.

A educação da criança só tem início quando ela começa a querer pegar tudo a sua volta. Ter poder sobre o ambiente é tão bom que a criança pode ir além. Por exemplo, o desejo de controlar seus brinquedos para que ninguém mexa pode levar a criança a ficar tão preocupada com isso a ponto de não conseguir brincar. A prisão de ventre é outro exemplo. Uma criança que se torna excessivamente teimosa faz que os adultos desistam dela. Em suma, há que colocar um limite no desejo de poder da criança para que isso não se volte contra ela, para que ela não se desorganize psiquicamente. Para tanto, é sempre bom que a criança saiba que, se ela "manda" na mãe, é porque a mãe permite. Em algum momento, a mãe decreta que seu poder acabou, que a criança foi longe demais, e isso a ajuda a relativizar sua posição e a não se desorganizar.

Enfim, o "não" educativo do adulto é fundamental para que a criança entenda que há outros desejos além do dela. É a *realidade da alteridade* que irá fazer a gestão do princípio do prazer. Obviamente, a mãe precisa ser coerente com seus "nãos". Ela não pode ser uma ditadora, que resolve as coisas de sua cabeça. Ela também precisa aceitar se submeter a certos "nãos". Idealmente, o "não" dos pais não é arbitrário. Ele deve ser usado para marcar o limite a partir do qual o excesso poderia prejudicar o processo de subjetivação que está em curso; espera-se que ele não esteja a serviço do narcisismo dos pais. Essa gestão do excesso de prazer pelo "não" funciona como uma matriz para a futura constituição do superego.

Voltando ao "tudo, sozinho, do jeito que eu quero, na hora que eu quero", o "não" educativo tenta matizar os ideais narcísicos: a criança precisa interiorizar que a lógica do "tudo" a coloca em perigo, pois ela pode ser tiranizada por suas pulsões. Ela aprende a abrir mão agora, para ter depois.

Não tudo – nem você nem ninguém pode realizar todos os desejos.

Não imediatamente – as coisas levam tempo e não acontecem por mágica. É preciso esperar e trabalhar para conseguir as coisas.

Não sozinho – todo mundo precisa de ajuda dos outros para conseguir o que quer.

Não tudo junto – uma coisa de cada vez, um desejo de cada vez. É preciso escolher, é preciso renunciar. É preciso aceitar que certas coisas que não podem ser conseguidas agora poderão ser obtidas mais tarde.

* * *

Posição subjetiva fálica

Em sua busca incessante (e inglória) para tentar reconstituir a situação em que era seu próprio ideal, a criança irá agora deslocar e projetar esse objeto interno (o Eu ideal) da zona anal para a zona urogenital. A primeira consequência desse movimento é que o interesse pelo sexo e pelo sexual será consideravelmente reforçado. A organização fálica da libido se caracteriza precisamente pela idealização de tudo que se refere ao sexo, como a criança é capaz de apreendê-lo nesse momento. O sexo se torna a coisa mais importante do corpo, e a esperança de reencontrar o ideal está aí depositada. A própria identidade da criança começa a se organizar mais fortemente em torno da sexualização.

É claro que, desde o início, os pais se relacionam psiquicamente de maneira diferente com um bebê menino ou menina. Quando a criança se dá conta de ser menino ou menina, essas mensagens, no entanto, serão ressignificadas.

Nesse momento, a busca do prazer autoerótico está intimamente relacionada à curiosidade infantil. É a fase em que as crianças perguntam tudo. O que é, por que é, como é.

A criança se transforma em um pequeno pesquisador do mundo. Assim como na fase anal a motricidade era fundamental, em especial a capacidade de pegar e manipular as coisas, bem como a interdição de tocar que a acompanhava – o "não" do adulto –, o mais importante agora é o olhar. O par ativo/passivo organizava a posição subjetiva anal, ao passo que agora a subjetividade se constitui em torno do par exibicionismo/voyeurismo. As questões que interessam giram em torno do que a criança pode ou não pode ver, pode ou não pode mostrar, e do que o adulto mostra à criança ou esconde dela – e dos afetos mobilizados por tudo isso. Essa curiosidade vai se expressar diretamente em relação à zona urogenital.

O pênis foi transformado, por projeção, em suporte do ideal, o que o transforma em falo. As questões relativas a sua posse e integridade tornam-se prementes. As diferenças sexuais passam a ser percebidas por esse ângulo: os que o possuem e os que o perderam.

É dessa fase a famosa brincadeira de "esconde-esconde" – para não falar das brincadeiras de médico e dos jogos mais explicitamente sexuais. É também a fase em que a criança precisa se exibir para os pais, por exemplo, com as infindáveis cambalhotas na piscina, que eles devem admirar. Os adultos que estão nessa posição subjetiva também exibem seus dotes e atributos à admiração (e inveja) dos outros. A exibição nunca é apenas uma afirmação de si. É, sobretudo, uma forma de perguntar ao outro o que ele vê. É ali, no olhar dos pais, que a criança fálica verá orgulho, admiração ou, ao contrário, indiferença, desprezo, rivalidade.

Antes da organização fálica da libido, a criança já conhecia a diferença entre os sexos. O que muda é o sentido que essa diferença assume agora. Durante a analidade, a percepção da diferença não era ameaçadora. O sentido dado à ausência de pênis era: "Ainda não cresceu". Agora, a percepção vem acompanhada de um novo sentido: "As transgressões são castigadas com a castração". Que transgressões? Fantasias masturbatórias incestuosas e outros prazeres fálicos vividos como surrupiados aos pais. O que importa é que a criança ainda não concebe a existência de dois sexos diferentes.

A revolução representada por essa nova posição psicossexual é que a criança irá descobrir o *limite* do projeto fálico: não se pode ter os dois sexos, não se pode ser tudo, e cada sexo tem seu destino próprio. Não cabe mais a lógica da analidade, segundo a qual "mais tarde" eu serei grande e meu pai, pequeno. A criança fálica cai na real e descobre que nem tudo é possível, nem agora, nem nunca. É a angústia de castração: a angústia de não poder realizar o ideal da completude, do "tudo". A criança terá de renunciar ao ideal fálico.

A criança conclui, acertadamente, que não pode ter tudo sozinha. Para fazer bebês é preciso duas pessoas. E conclui também que só "a dois" esse projeto será realizado. O projeto fálico era um projeto solitário. O projeto edipiano, que virá tomar o lugar do projeto fálico, é um projeto a dois: "fazer par" com um dos genitores é a nova solução imaginada para realizar o projeto de completude narcísica. É assim que a criança será introduzida na crise edipiana. Vejamos os movimentos subjetivos envolvidos na travessia edipiana e a nova revolução que ela representa.

* * *

Posição subjetiva relativa à crise edipiana

Costumamos falar em "atravessar o Édipo" sem, contudo, nos determos nos vários momentos dessa travessia. Sabemos como é a situação psíquica anterior à passagem, e sabemos o que esperar de uma passagem bem-sucedida, e também malsucedida. E a travessia em si mesma, como é?

Se a triangulação propriamente dita não é nova, já que, segundo Klein, é percebida desde os oito meses – a criança entende que a mãe se ausenta porque tem outro objeto além dela mesma –, qual é a especificidade da fase que denominamos "o Édipo"?

O que é novo é que, nessa fase (dos 4 aos 7 anos), a triangulação entrará em crise. Pela primeira vez, a criança terá de "encarar" às questões relativas à diferença entre os sexos e as gerações e se posicionar diante delas. Por isso, essas questões começam a "fazer barulho", isto é, passam a ocupar um lugar bem visível na cena das relações familiares e do mundo interno da criança. A crise obriga a criança a se organizar e a encontrar soluções para essas duas questões; esse novo movimento psíquico é barulhento, visível – como foram barulhentos e visíveis, em seus respectivos momentos, os problemas relativos à fase oral, anal e fálica. Se a criança conseguir se organizar do ponto de vista psíquico e emocional e dar um rumo à sua vida *tomando a dupla diferença em conta*, a crise se dissolve. Muitas vezes isso não é possível, e dizemos que a travessia do Édipo não se completou.

Há subjetividades que não solucionaram problemas bem anteriores à terceira triangulação; elas continuam ocupadíssimas, do ponto de vista psíquico, com as questões relativas à diferença eu/não eu. Se essa diferença básica ainda não foi integrada, as diferenças entre os sexos e entre as gerações não farão qualquer sentido. São as organizações pré-edipianas.

Outras organizações chegaram a se confrontar com essas duas diferenças, mas empacaram, não conseguiram organizar sua identidade frente a elas. Não há como avançar tomando a dupla diferença em consideração. Ao contrário, para essas pessoas a crise edipiana é tão dramática que assume um caráter traumático. A única saída foi se organizarem de modo a não ter de encarar as duas diferenças – saíram pela tangente da perversão.

180 NEUROSE E NÃO NEUROSE: PSICOGÊNESE

Embora a triangulação fosse percebida desde muito cedo, a crise edipiana não eclodiu antes da fase fálico-genital porque a criança oral e anal encontrou "soluções" para a dupla diferença; mesmo que não fossem as corretas do ponto de vista da realidade, foram suficientes para que elas então "não fizessem barulho psíquico". A criança entendeu como lhe foi possível o problema da dupla diferença e foi em frente. Vejamos.

A diferença entre os sexos é perfeitamente percebida por meninos e meninas. Como explicar esse fato inusitado? "O pênis da menina vai crescer depois." Graças a essa saída engenhosa, nesse momento a criança ainda não precisa "encarar" que a diferença entre os sexos é definitiva e irrevogável. O mesmo acontece com a diferença entre as gerações. A criança percebe que há uma diferença entre "grandes" e "pequenos". Percebe também que os "grandes" têm direitos que os pequenos não têm. Como explicar essa injustiça? Novamente ela encontra uma saída: "Mais tarde, os pequenos serão grandes e passarão a ter os mesmos direitos, ao passo que os grandes serão pequenos, sem esses direitos". Para a criança oral e anal, as duas diferenças são vistas como *reversíveis*; portanto, não há propriamente diferenças. O problema fica adiado.

Na organização fálica da pulsão e da libido, a criança já não pode sustentar o caráter reversível da dupla diferença. O pênis da menina não vai crescer; a diferença das gerações jamais irá se inverter. Não é possível ser menino e menina ao mesmo tempo – nem agora, nem depois; nem é possível ser filho e pai ao mesmo tempo. O narcisismo da criança fica arranhadíssimo. Quando cai a ficha de que ela não será "completa" nunca, pois quem é menino não é menina, e quem é pequeno não é grande, o Édipo entra em crise. A criança sofre e se revolta contra essa descoberta. Assim, embora o Édipo sempre tenha existido, só agora ele irá organizar de forma manifesta as trocas entre a criança e seus pais. Resta acompanhar de que maneira isso irá acontecer.

Quando a criança percebe que não se pode "ser tudo" sozinha, ou ela renuncia ao ideal fálico de completude narcísica ou vai buscar novos caminhos para atingi-lo. Geralmente, o que acontece é a segunda opção. A criança faz todo tipo de tentativas nesse sentido. Uma delas é a tentativa de "formar par" com algum dos genitores, mantendo assim seu narcisismo intacto, o que parece à criança perfeitamente viável porque ela já "formou par" com a mãe na fase oral precoce. A crise edipiana é o momento do desenvolvimento em que o desejo de "formar par" com algum genitor, de modo a realizar (agora dentro da lógica fálica) o ideal de completude narcísica, está em primeiro plano. O filho tentará ser o falo do pai ou da mãe, transformando-se na "joia da coroa" de um deles – a princesinha do pai, o principezinho da mãe. Ou pode tentar transformar pai ou mãe em seu próprio falo: a mãe maravilhosa ou o pai perfeito são as "joias da coroa" da criança. Outra estratégia que pode ser tentada é a de ocupar o centro do relacionamento dos pais, ficando *entre* eles, impedindo-os de "fazer par". Pode fazer que os pais se devotem apenas a ela, seja por bem (ambos vão desejar se dedicar apenas à criança maravilhosa que ela é), seja por mal (ambos não conseguem fazer outra coisa além de se ocupar da criança terrível que ela é). A criança vive, então, a fantasia de que os pais estão unidos apenas por causa dela – assim, ela está incluída e não excluída.

Todas essas tentativas colorem o cotidiano com as tintas mais ou menos fortes do romance familiar. É fundamental que a criança possa fazer todas as tentativas necessárias, até chegar por si mesma à conclusão de que não tem jeito. Enquanto isso, a tarefa do casal é sobreviver como tal, e não formar par com o pequeno Édipo. As posições que a criança adota em suas tentativas de contornar o Édipo têm de funcionar um pouco, para que ela possa criar confiança em sua capacidade de seduzir e de encontrar um lugar para si no seio da família. Se as artimanhas infantis funcionarem demais, contudo, o que deveria ter permanecido no nível simbólico acaba se passando no nível do ato. Esse grau de "sucesso" coloca a criança perigosamente próxima da realização do incesto e a ameaça de desorganização psíquica. Ela, então, terá de recorrer a defesas radicais para se tranquilizar. Ou seja, o jogo da crise edipiana e do romance familiar deve poder acontecer, mas sendo contido dentro de certos limites: os interditos parentais devem ser eficazes, e os pais não podem deixar de sustentar a diferença entre as gerações.

Além das tentativas de evitar as feridas narcísicas do Édipo pela via concreta de "fazer par", a criança pode lançar mão de soluções no nível simbólico e imaginário. Brincará de papai e mamãe, para realizar simbolicamente o que não pode ser realizado em ato. A vida de fantasia e a imaginação se desenvolvem para dar expressão ao desejo e fazer sentido das experiências frustrantes dessa fase. A criança inventa o desconhecido, o não experimentado, a partir do conhecido e da experiência própria. Há também importantes soluções intrapsíquicas: a criança irá se identificar com os genitores, "transformando-se" neles. A identificação é uma forma de ser ou de obter, simbolicamente, o que não pode ser/ter na realidade. A criança se torna parecida com o pai ou com a mãe.

Em síntese, as tentativas da criança de preservar sua integridade narcísica (ameaçada pela impossibilidade de, ao mesmo tempo, ser os dois sexos, e ser pai e ser filho) "fazendo par" com um dos genitores podem ter dois destinos.

- A travessia completa do Édipo. A posição dos pais foi sustentada adequadamente e o plano vai por água abaixo. A criança suporta a dor da ferida narcísica e acaba por entender que o único par possível já está formado pelos pais. Ela percebe que seus genitais não são suficientes para "fazer par" com eles, e que as funções materna e paterna se completam e são da mesma geração. Essa é a realidade genital. Diante dessa percepção, as crianças que completam a travessia do Édipo conseguem aceitar o fato e desistem de continuar tentando "fazer par" com os pais. Além disso, acabam aceitando a dor de estarem definitivamente excluídas do par formado pelos pais. Apesar disso parecer – e ser – terrível, justamente esse luto é que libertará a criança para o direito de fazer par com qualquer outra pessoa no futuro.

- O bloqueio edipiano, como veremos a seguir.

* * *

Bloqueio edipiano e a regressão

Por vários motivos, dentre eles, fatores culturais, a travessia edipiana não se completou. Saliento as falhas dos pais em sustentar adequadamente a diferença entre as gerações, em sobreviver como casal, em não ferir excessivamente o narcisismo da criança. Há, então, três possibilidades: a criança a) se desorganiza pela angústia diante da possibilidade real de realizar o incesto, recorrendo a defesas mais primitivas e custosas, características de um funcionamento psicótico; b) recorre a um excesso de recalque preventivo, originando inibições importantes da vida pulsional; ou c) revive uma situação de onipotência narcísica, que entrava a maturação psíquica – pois amadurecer significa aceitar que há limites à onipotência infantil.

184 NEUROSE E NÃO NEUROSE: PSICOGÊNESE

Várias dinâmicas familiares podem levar ao bloqueio edipiano. Como é impossível falar de todas, apresento, com base em Juignet, duas possibilidades:

1. Uma família muito fechada em si mesma, pouco aberta para objetos externos ao âmbito familiar, acaba produzindo tendências incestuosas muito fortes e prementes. Pode recorrer, então, a um excesso de repressão da vida pulsional, porque esta se torna fonte de angústia e culpa. As fantasias incestuosas, que nessa fase têm a marca da genitalidade, fazem que a repressão incida sobre ela, obrigando à regressão a modos não genitais de satisfação libidinal. Isso cria, contudo, novos conflitos, uma vez que tais modos de satisfação remetem à perversão polimorfa infantil, que deve ser recalcada. Assim se originam as características da neurose: o retorno do recalcado determina os sintomas, o excesso de repressão produz as inibições, e quando o prazer é obtido de algum modo, apesar de tudo, produz-se angústia. Na adolescência, é possível levantar o recalque sobre a genitalidade caso a família ofereça uma margem de manobra para que o sujeito faça suas novas escolhas objetais fora dela.

2. O Édipo pode derrapar por falhas na função paterna. Um pai ausente, fraco ou desqualificado pela mãe aumenta a angústia com relação ao incesto, mobilizando intensamente as defesas. Em contrapartida, um pai excessivamente severo e distante não serve de modelo identificatório, pois a ameaça de castração se torna insuportável. No caso da menina, o pai pode ser pouco carinhoso, não trazendo as necessárias compensações sob forma de ternura, que poderiam ajudá-la em sua renúncia edipiana.

* * *

As diferentes formas de bloqueio edipiano produzem neuroses com características próprias. Tipicamente, mas nem sempre, o bloqueio edipiano na menina produzirá uma histeria, e no menino, uma neurose obsessiva. Vejamos, muito esquematicamente, essas duas posições subjetivas.

Posição subjetiva histérica

Quando criança, a futura histérica, tem atitudes sedutoras com relação aos adultos, que continuam mesmo na fase de latência. Nota-se um vínculo privilegiado entre a menina e seu pai e uma desvalorização da mãe.

A partir da adolescência, a histérica é teatral, as emoções são sempre muito intensas, seu modo de vestir chama a atenção. Vive em um mundo de fantasias que a ocupa mais do que a realidade. Sua demanda afetiva é exagerada; está sempre exigindo provas de amor e precisa ser o centro das atenções. Ela pode ser muito sugestionável ou, ao contrário, muito autoritária, com tendência a ser agressiva/ressentida com relação aos homens. Deseja com intensidade, mas se decepciona rapidamente quando consegue o objeto do desejo. Tem uma frigidez relativa e foge das relações sexuais, preferindo a masturbação.

* * *

Metapsicologia

Como em qualquer neurose, houve um bloqueio na passagem edipiana, isto é, ela não conseguiu renunciar ao objeto edipiano nem aceder à genitalidade. Isso tem duas consequências:

a) em razão da regressão, a histérica tem uma organização desejante marcada pela posição fálica: busca ser o falo de alguém ou ter o falo.

b) sua busca amorosa é de equivalentes edipianos, os quais, por isso mesmo, permanecem sob o signo da interdição.

O que diferencia a histeria de outras formas de neurose é a dinâmica que produziu o bloqueio edipiano. De algum modo, o sujeito entendeu que o pai ama e deseja a ele, e não à mãe – e isso tanto na histeria masculina quanto na feminina: ambos se sentem escolhidos pelo pai. Ou o pai foi excessivamente sedutor ou, ao contrário, não foi carinhoso por medo de ser sedutor. Se o pai ama a criança, e não a mãe, esta se torna uma figura desprezada. Por outro lado, comparada com o pai, a mãe foi fria ou indiferente com a criança, o que produz ressentimento. Seja qual for o motivo predominante, a figura materna é atacada. A menina irá se identificar, então, com uma figura feminina desvalorizada. As identificações secundárias, necessárias à consolidação do narcisismo, ficarão falhas, de onde vem a insegurança da histérica quanto a seu valor, em especial como mulher. O ciúme é um sentimento frequente nessa forma de subjetividade.

Voltando ao romance familiar, vimos que o sujeito acaba por acreditar que é possível conquistar o pai, em lugar de renunciar a ele. Sua vida amorosa torna-se impossível. Por um lado, nenhum homem chega aos pés do pai idealizado. Por outro, todo homem que porventura for desejado será vivido como um equivalente edipiano, de modo que o desejo sexual trará a marca da interdição. A frigidez relativa é o compromisso entre o desejo incestuoso e seu recalque.

Como notei, a impossibilidade de aceder à genitalidade pode produzir uma regressão à fase fálica. Nessa posição, a subjetividade histérica pode assumir alguns "jeitões" em razão de sua organização fantasmática. Cada leitor poderá reconhecê-los em sua clínica.

Ter/não ter o falo

a) Ele pode ter a experiência de possuí-lo. Terá a experiência de se sentir potente e capaz; por vezes, narcisicamente completo. Poderá ser invejado e atacado por isso, pois, se um tem, o outro não tem. Basta ter algo, contudo, para poder perdê-lo: o medo de perder o falo é a angústia de castração, como vimos no Capítulo 3. Por outro lado, o valor fálico de um objeto (que é da ordem do imaginário) é logo transferido para outro, de modo que a "posse" do falo é sempre fugaz. A convivência relativamente tranquila com um estado de "falta" do falo é uma conquista tão difícil quanto valiosa.

b) Ele pode ter a experiência de não tê-lo. Poderá se identificar, então, com o polo da castração, da impotência, da impossibilidade. Nessa posição subjetiva, há vários afetos característicos. Poderá ser um ressentido, caso atribua a responsabilidade de sua castração a outra pessoa. Poderá invejar aquele que o possui. Poderá tentar destituir aquele que, em sua fantasia, o possui – de forma violenta ou sutil. A histérica pode, por exemplo, tentar levar o homem a ocupar a posição da castração de várias maneiras: seduzindo e abandonando; recusando-se a transar com o homem; apresentando-se como fálica; não reconhecendo a virilidade dele etc. Pode, ao contrário, colocar-se a serviço de incensar o valor fálico do outro, recebendo os benefícios por procuração. E, finalmente, poderá se deprimir, caso tenha a experiência de que jamais conseguirá obter o falo.

NEUROSE E NÃO NEUROSE: PSICOGÊNESE

Ser/não ser o falo

a) O sujeito irá se oferecer para ser o falo de seu objeto, procurando, com isso, tornar-se indispensável. É o caso da menina que tentará ser a princesinha do papai, ficando em uma posição subjetiva infantilizada; ou a mulher encantadora, para ser desejada por um homem.

b) Pode tentar ser o falo, por exemplo, transformando seu próprio corpo, ou seu próprio espírito, em algo precioso que lhe confere um valor narcísico. Seja como for, a posição fálica se opõe à posição subjetiva de parceria, criação e complementaridade.

Até aqui, a histeria foi vista do ponto de vista do objeto do desejo (eixo objetal. Ver Figura 2) A derrapagem do Édipo, todavia, tem consequências também sobre o eixo narcísico. O narcisismo fica capenga em termos de identificações femininas (as identificações secundárias), e isso por meio de dois processos distintos: a) a desvalorização da figura feminina; e b) a impossibilidade de aceder à posição genital feminina. A cultura pode restringir enormemente o leque das identificações secundárias valorizadas, favorecendo a saída histérica pela pobreza das vias disponíveis para a sublimação (Kehl, 2007).

* * *

Posição subjetiva obsessiva

O futuro obsessivo apresenta, em torno de seus 3 anos, alguns rituais – como quase todas as crianças. Assim como a atitude coquete da futura histérica se prolonga no período de latência, esses rituais também se prolongam nesse período e giram em torno de temas como a comida, a defecação e o sono e podem ser acompanhados de ideias que envolvem a morte de alguém querido ("Se eu não fizer tal coisa, alguém irá morrer"). O caráter também já é bem típico, como veremos.

A família é estruturada, mas rígida. Nota-se um vínculo privilegiado entre mãe e filho. Desde a infância, há uma inibição importante da agressividade, que se manifesta por uma timidez excessiva e grande dificuldade em se defender dos amiguinhos. Tal inibição faz que prefira atividades intelectuais e fuja das atividades físicas. Na puberdade, ele valoriza o espírito (preocupações metafísicas, filosóficas, religiosas); apesar disso, o rendimento escolar pode ser medíocre, prejudicado pela busca de perfeição. O adolescente obsessivo tende a ignorar o corpo.

O caráter é típico. Mantém uma distância fria e educada dos outros; é formal e rígido em seus relacionamentos. Os sentimentos são percebidos como um problema. Usa racionalizações para explicar a si mesmo o que é da ordem das emoções. A vida é rotineira e estereotipada, sem entusiasmo. A agressividade é inibida e indireta. Há "bolsões" de sadismo e grosseria. As inibições sexuais são frequentes; a sexualidade é pobre e permeada por fantasias homossexuais e sadomasoquistas. É difícil para ele se envolver no plano amoroso, mas quando ama é tenaz e fiel. Presta atenção aos detalhes, é muito meticuloso e apresenta dúvidas obsessivas. É obstinado e retentivo. Tem opiniões feitas sobre os outros e sobre si.

Obsedar significa assediar. Há uma mentalização involuntária que se impõe sob forma de ideias obsessivas. As obsessões podem ou não vir acompanhadas por *compulsões*: o sujeito se sente compelido a dizer ou a fazer coisas para aplacar sua angústia. Os rituais são ao mesmo tempo obsessivos e compulsivos.

***

O bloqueio edipiano

O obsessivo não conseguiu enfrentar o pai no momento de suas reivindicações edipianas. O romance familiar mostra uma mãe que amou demais seu garotinho para compensar uma relação insatisfatória com o marido. Do lado do pai, podemos ter tanto uma *imago* paterna aterrorizante quanto um pai ausente. Qualquer que seja o caso, o vínculo libidinal não é suficiente para compensar o terror que a angústia de castração lhe inspira, que é maior de acordo com a ligação com a mãe. O sujeito regride a posições subjetivas marcadas pela *analidade*.

Nessa posição, predominam fantasias angustiantes de sodomização, de passivação, de submissão, que irão se sobrepor às identificações femininas primárias com a mãe – que são as primeiras identificações constituintes do narcisismo, nos dois sexos. Por fim, como o pai odiado não serve como modelo identificatório, as identificações masculinas secundárias permanecem frágeis.

O menino que regride à analidade está ameaçado em sua masculinidade em vários *fronts*. O ego mobiliza defesas tenazes para lutar não apenas contra as tendências femininas, mas, também, contra as fantasias ligadas ao sadismo/agressividade e à analidade/erotismo anal.

As principais defesas são: recalque, formação reativa, anulação, isolamento, evitação, deslocamento. O *controle* é uma defesa importante contra representações e impulsos ligados à analidade: o obsessivo evita ser surpreendido por situações novas, prezando sua rotina de vida estereotipada, regrada e ritualizada. A *formação reativa* transforma as representações ligadas à homossexualidade em "protesto masculino". O resultado é a caricatura do "macho": o homem precisa provar que é homem, estando sempre na posição ativa, controladora, agressiva, submetendo para não ser submetido, negando sua vida afetiva bem como todos os seus aspectos femininos – que, não obstante, estão lá presentes – dirigidos ao pai. Mais: a formação reativa transforma as representações ligadas ao erotismo anal em seu oposto: horror à sujeira em geral (tendência obsessiva à limpeza). O sadismo transforma-se, então, em polidez, distância fria, formalidade.

* * *

Terminamos, com isso, uma pequena história da constituição da subjetividade. Descrevi as principais posições subjetivas que podem ser ocupadas, e que podemos reconhecer na clínica. Com isso, acredito ter oferecido instrumentos para que o psicanalista possa passar da clínica à teoria com maior facilidade. No próximo capítulo, ensaiaremos fazer essa passagem com a discussão de três casos clínicos. Marie e Isabelle são personagens de um filme; Márcia é uma ex-analisanda.

5. Neurose e não neurose: da clínica à teoria[1]

O objetivo deste capítulo é mostrar a clínica da neurose e da não neurose e sua relação com a metapsicologia, como desenvolvida nos capítulos anteriores. É um exercício de correlação entre clínica e teoria. As "analisandas", aqui, são duas personagens de um filme de Eric Zonka (1998), *A vida sonhada dos anjos* (*La vie rêvée des anges*).

Isabelle e Marie são duas amigas no fim de adolescência que deparam com situações difíceis, diante das quais reagem a partir

---

1 Publicado originalmente na *Revista IDE* (2008), com o título "Destinos" e ligeiramente modificado para compor o presente capítulo, este texto foi escrito com a colaboração dos alunos que frequentaram um dos cursos de Psicopatologia na Sociedade Brasileira de Psicanálise de São Paulo, ministrado por Marion Minerbo, no segundo semestre de 2007. Seus autores são Marion Minerbo, Any T. Waisbish, Débora S. Seibel, Eliane S. Muszkat, Fátima A. P. da Silva, José Antonio S. de Castro, Ludmila Kloczak, Maria Aparecida Rocha, Maria Beatriz S. Rouco, Remo Rotella Junior, Sibila A. M. de Almeida, Silvia M. Bracco, Simone W. Feferbaum, Sonia S. Terepins e Suzana K. Kruchin. Quando de sua publicação, "Destinos" contou com uma apresentação de L. C. Figueiredo.

do aparelho psíquico de que dispõem. Marie, após uma decepção amorosa que não consegue superar, se mata. Isa – ao mesmo tempo que, impotente, assiste ao suicídio de Marie – entra em contato com a quase morte de Sandrine, outra adolescente, e tem participação importante em sua recuperação. Partiremos da "clínica" das duas jovens e procuraremos trazer à luz, por meio do pensamento metapsicológico, a ordem de determinação inconsciente dessas duas formas de subjetividade.

O exercício efetuado neste capítulo ilustra também os dois tempos, ou dois níveis, do fazer analítico (Minerbo, 2008). Em primeiro lugar, descreveremos as subjetividades de Marie, que apresenta uma organização *borderline* de personalidade, e de Isa, jovem neurótica. Faremos um mergulho no mundo subjetivo de cada uma, procurando apreender sua forma de pensar, sentir e agir. Interessa-nos captar como é o mundo visto através de seus olhos. Se Marie se mata, é porque vive a decepção amorosa de maneira tal que não vê outra saída. Há uma lógica emocional, a lógica do inconsciente, perfeitamente coerente entre sua visão de mundo e seu suicídio. Em um segundo momento, procuraremos identificar qual é a lógica inconsciente que determina a forma de ser de cada uma das analisandas. Descreveremos metapsicologicamente a estrutura psíquica e a dinâmica de cada personagem.

Parodiando Freud, para quem "anatomia é destino", poderíamos dizer, com base no que nos ensina a Psicanálise, que "metapsicologia é destino". Ou seja, é o aparelho psíquico dessas duas jovens que determina seu destino.

Como adiantamos, nossas "analisandas" são personagens de um filme. Obviamente, elas não dizem explicitamente o que pensam e sentem, como se fosse um documentário ou como um analisando poderia fazer. A linguagem cinematográfica, contudo, nos dá muitos elementos para que possamos reconstituir a experiência subjetiva de cada personagem, de forma análoga ao que faz o analista a partir do discurso de seu analisando. É comum que um livro seja transformado em roteiro de filme. Fizemos o caminho inverso: depreendemos do filme o que poderia ter sido a ficção literária que o originou. Usamos de "licença literária" para inventar formas narrativas diversas para apresentar ao leitor o mundo subjetivo de cada uma. Marie exprime-se na primeira pessoa, ao passo que Isa, vinte anos transcorridos dos eventos relatados pelo filme, fala de si em uma carta que escreve a Sandrine – uma carta fictícia, mas coerente com o mundo subjetivo daquela personagem. A licença literária foi usada também para abordar a metapsicologia. Procurando certa fidelidade, tanto com relação ao tempo *a posteriori* da teorização como ao plano – distinto do da experiência – em que se dá a teoria, transformamos Marie em uma narradora póstuma, capaz de falar da própria metapsicologia. Para enfocar a metapsicologia de Isa, criamos uma analista que toma notas da sessão em que Isa conta os acontecimentos a que assistimos no filme e os analisa. A carta que Isa envia a Sandrine é escrita logo em seguida. Embora não seja indispensável, sugerimos ao leitor que assista ao filme para ter a "experiência clínica" sobre a qual se baseia este capítulo.

* * *

A *subjetividade* borderline...

Meu nome é Marie. Tenho 20 anos e vivi o suficiente pra saber que a vida é feita de sofrimento e dor; o mundo é mau e perigoso. Não chego a ter consciência disso, mas vivo tensa, assustada e com ódio. Estou sempre com as unhas de fora para me defender do próximo ataque. Quero sobreviver.

O que me ameaça? Tudo. Já me disseram que pareço arrogante, mas no fundo o que eu sinto é medo. Nunca pude confiar em ninguém. Nunca tive quem me protegesse e me ajudasse a viver. Ao contrário, minha mãe sempre me explorou e meu pai é violento. Sofri muito quando criança. As pessoas me atacam e me humilham. Gato escaldado tem medo de água fria. Eu tenho pavor.

Não espero nada da vida. Vou levando um dia depois do outro. Quer ver como não posso confiar em ninguém? Conheci um cara, o Charlie. Ele não queria deixar eu e a Isa entrarmos de graça no show. Ela tentou jogar um charme, mas eu logo o mandei à merda. Quem ele pensa que é? Pensa que preciso dele ou do showzinho dele? Sei que pareço arrogante, mas é só porque ele queria humilhar a gente. Dá um ódio! Aí, não aguentei: bateu, levou. Parti pro ataque antes que ele fizesse isso comigo. Na noite seguinte, ele deixou a gente entrar na balada. Com certeza, era só pra eu transar com ele. Acabei transando; nem sei se queria, mas fui. A Isa não quis transar com o amigo dele, mas ficaram amigos. No outro dia, Charlie me deu dinheiro. "Meu", não acreditei, ele me deu uma grana sem eu pedir nada! Não sou idiota, como a Isa, de achar que foi pra me ajudar, ou porque gostou de mim. Isso não existe. Embora eu pareça muito segura de mim, no fundo sei que não valho nada. Eu também não sou idiota de me ligar a alguém só porque me deu dinheiro. Se eu me ligar, ele vai sumir e me deixar na mão. Disse na cara dura que não gostava dele, que ele é um gordo seboso. Pensei que ele fosse ficar com ódio e me mandar à merda. Pra meu espanto, ele só ficou quieto. Não entendi nada. Isa disse que ele ficou magoado. Eu não sei o que é isso, não faz parte do meu repertório.

Já disse que comigo é "bateu, levou". Danem-se os outros, não estou nem aí com eles. Eles também não estão nem aí comigo. Isa disse que a gente tem de dar um tempo pra saber se foi de propósito ou sem querer. Se eu parar pra pensar, o estrago pode ser maior.

Aliás, o que é pensar? Pra que serve isso? Só quero me livrar da dor o mais rápido possível. Não vou deixar que me desmontem. Depois, sou eu que tenho que conviver com a ferida aberta, e sozinha, sem ninguém pra me ajudar.

Quanto não estou brigando, acho a vida um tédio. Às vezes, chamo isso de depressão, porque não tenho palavras pra descrever o que sinto. É um vazio, que não consigo preencher com nada. Só mesmo um baseado me traz alívio. Então, ou estou entediada ou com raiva. As pessoas acabam se afastando de mim. Melhor assim. O problema é que não sei ficar sozinha, porque aí eu caio num abismo. Por isso fumo muito. O cigarro é um bom amigo, está sempre à mão, nunca me decepciona.

Isa me chamou pra trabalhar. Ficar andando de patins, feito uma palhaça, pra ganhar uns trocados? Eu não! Ela não vê que é humilhante? Vão rir de mim na rua. Ela perguntou como vou ganhar dinheiro pra comer. Prefiro não comer. E ela ainda parece se divertir com o trabalho. Nem sei o que é se divertir ou ter prazer com as coisas. Não sofrendo já está muito bom. No trabalho ela arranjou uma amiga. Morri de ciúme. Senti que não sou suficiente pra ela. Isa é minha amiga e me contou a vida dela. No fundo, não me interessa. Nem me interessa contar as minhas coisas. Pra ser criticada? Foi o que ela fez quando conheci o Cris.

Isa vai sempre visitar a Sandrine no hospital. Ela vai lá e conversa com uma menina em coma! Ridículo. O que é que ela ganha com isso? Eu só me ligo em quem me dá alguma coisa. Como minha mãe, que só vem me ver quando precisa. Isa diz que está usando o quarto dela e quer retribuir e agradecer. Sente pena e quer fazer algo por ela. Agradecer? Retribuir? Sentir pena? Realmente, pra mim nada disso faz sentido. Pra mim, ela é de outro planeta!

Chegamos na parte principal da minha história. Conheci o Cris, e esse encontro selou meu destino. Por um momento, acreditei que a vida podia ser boa e "baixei a guarda". Foi a maior besteira que podia ter feito: criei a expectativa, me apaixonei, fui atrás dele e, claro, não deu certo. O problema é que não consegui me conformar em voltar pro nada. A história é a seguinte.

Eu estava roubando um casaco numa loja e me pegaram. Ele viu e pagou o casaco. Até hoje me pergunto por que ele fez isso. Acho que foi pra esfregar na minha cara como ele é poderoso. Achou que eu fosse uma morta de fome. Quis me comprar, me submeter, me dominar. No começo, não deixei. Fui arrogante, deixei claro que não tava nem aí nem com ele, nem com o casaco. Nem agradeci, claro. Mas ele insistiu, me xavecou e fui amolecendo. O cara é rico pra caramba. É dono da balada onde Charlie trabalha. Nunca um cara tão rico me deu bola. Isso mexeu comigo. Será que ele gostou de mim? Afinal, ele me salvou da polícia. Foi bom comigo. Olhou nos meus olhos. Falou sem gritar. Disse que eu era bonita, me convidou pra sair, me beijou, fez carinho. Disse que gostava de mim – eu nunca tinha ouvido isso de alguém tão rico e bonito! Eu me senti melhor do que se tivesse fumado dez "backs". Virei no avesso! Pela primeira vez, a Marie carente, que eu sou bem lá no fundo, se sentiu preenchida. A vida ganhou cor. Em vez daquele "bode" de sempre, senti uma coisa maravilhosa: a sensação de ser amada, de ser importante pra alguém! Senti-me viva pela primeira vez na vida. Senti que eu valia alguma coisa, que não era uma perdedora.

Amoleci. Fui pra um motel com ele. Acreditei que ele era um cara legal. Eu precisava acreditar que, dessa vez, as coisas podiam dar certo pra mim. Que eu tinha encontrado alguém que me ajudaria a entender a vida e a viver. A Isa começou a me encher o saco, falando pra eu ter cuidado com o cara. Disse que ele era mulherengo, só porque ele é dono da balada. Deve ter ficado com inveja; afinal, agora eu tinha tudo! Dei um chega pra lá nela. Eu não ia deixar ela estragar o meu sonho. O cara era perfeito! Ele tinha tudo, era poderoso. Pela primeira vez eu achava que a vida era boa. Eu estava salva! Saí da merda! Nunca mais ia passar necessidade, ralar, ficar sozinha. Estava tão preenchida que deletei o Charlie. Aliás, deletei tudo, só Cris importava.

Aí veio a primeira decepção. Vi ele com outra garota. Senti que me tiravam o chão. Parecia que eu estava me desmanchando e caindo num abismo sem fim. Nem pensei, ataquei a garota. Queria acabar com ela. A culpa era dela; eu tinha certeza de que ele gostava de mim. Fizemos as pazes, ele me levou pra praia, disse que ia ficar comigo. Ficou tudo ótimo outra vez. Pensei que daquela vez era pra sempre.

Mas, mais uma vez, apareceu outra mulher. A Isa continuava dizendo que ele não prestava, pra eu largar dele. Ela me ofendeu, eu fui grossa com ela, ela me empurrou. Fiquei com tanto ódio que ameacei esfaqueá-la se ela encostasse a mão em mim de novo. Ela não entendia que, pra mim, o Cris era uma questão de vida ou morte. Desistir dele era desistir de viver. Sem ele eu não era nada. Ela me disse que eu estava rastejando, mas isso era o de menos. Eu precisava dele pra viver, ia fazer qualquer coisa pra ter ele de volta.

Ele era o melhor e o pior que já tinha me acontecido. Como uma mesma pessoa pode ser, pra outra, o melhor e o pior? No começo, eu só via o melhor. Quando vi o pior, não acreditei. Neguei de pés juntos que ele era sacana. Por incrível que pareça, não senti ódio. Vai ver que é porque eu não podia perder ele de jeito nenhum. Ao mesmo tempo, não dava pra ficar com ele me traindo o tempo todo. Eu simplesmente não conseguia conviver com a ameaça de ele ir embora a qualquer momento. Era um tormento. Me levava pro céu quando ficava comigo; eu me via rica e bonita, a vida ficava colorida. Quando ele se afastava, eu voltava a ser nada. Uma montanha-russa.

Até que soube que ele tinha me deixado mesmo. E aí, como eu ia viver sem meu mundo? Fiquei num desamparo absoluto, em carne viva. Será que eu ia ter de sentir aquela dor dilacerante pro resto da vida, sozinha, sem poder contar com ninguém? Aquilo jamais ia cicatrizar, eu sei. Eu estava desmilinguindo, já não era mais eu. Eu estava morrendo, estava ficando louca. Me tornei um nada. Isa até tentou me ajudar, mas eu nem enxergava ela, nem ouvia o que ela me dizia. Só via o abismo. Dei todo meu amor pra quem não me amava. Sem amor, fiquei vazia, um trapo.

De repente, tive um lampejo: pra ficar livre daquela angústia de cair no espaço sem fim, bastava concretizar aquilo. Quando olhei pra janela, percebi que tinha uma saída. Nem pensei. Nunca pensei na vida, não ia ser agora, no meio do desespero, que ia conseguir isso – ainda mais sozinha. Mesmo que pensasse, naquela altura, eu não tinha nada a perder, já tinha perdido tudo. Pulei.

* * *

... e sua metapsicologia

Estatelada no chão, comecei a pensar no que tinha me acontecido. É incrível como a morte nos traz uma nova perspectiva da vida. Descobri que metapsicologia é destino.

Eu era uma *borderline* relativamente compensada: vivia sem alegrias, mas também sem grandes agonias. Sem um paraexcitação adequado, cada vez que me via invadida por angústia sentia uma dor psíquica tal que a única coisa que podia fazer era reagir imediatamente, pra descarregar o afeto doloroso. Eu não conseguia pensar, dar sentido às experiências de dor. A dor então virava ódio, e eu atacava as pessoas. Era uma grande atuadora.

Minhas reservas narcísicas eram mínimas, eu me sentia ameaçada e humilhada com muita facilidade: tudo feria meu narcisismo, a ferida estava sempre se reabrindo. Pra tentar estancar essa dor aguda, eu tinha que investir toda a libido em mim mesma e não sobrava nada pra investir na vida, nas pessoas. As pessoas que não entendem nada de metapsicologia me viam como egoísta. O grande problema de não ter libido pra investir nos objetos é que isso tornava minha vida um deserto afetivo. Eu não tinha objetos significativos. Daí o tédio e o vazio que eu sentia continuamente. Eu precisava que alguém viesse me preencher, precisava me apoiar em alguém pra não desmoronar. Nunca tinha realmente conseguido autonomia com relação a meu objeto primário; vivia esperando topar com ele em alguma esquina, e então ele me preencheria pra sempre.

Enquanto isso não acontecia, a dor crônica fazia que eu vivesse afogada no meu próprio ódio. Pra sobreviver, eu cindia e projetava esse ódio nas pessoas. Isso me dava um alívio temporário, eu podia me sentir boa e gostar de mim. Mas logo achava que as pessoas iam me explorar, me humilhar. Era efeito das identificações projetivas que eu fazia. Vivia perseguida, com medo das pessoas; diante disso, tinha que redobrar minhas defesas. O círculo vicioso recomeçava. Era um inferno. Eu vivia no sobe e desce da gangorra esquizoparanoide.

Até que me apareceu esse cara, o Cris, que alterou profundamente o precário equilíbrio de minha economia libidinal. Ele me ajudou numa hora de aperto e disse que gostava de mim. Bastou isso pra que eu o transformasse no meu objeto primário. Foi essa operação psíquica, mais do que aquele encontro, que selou meu destino. Preciso esclarecer que nunca satisfiz minha necessidade de um objeto primário, por isso não consegui internalizar um objeto bom ao longo de meu desenvolvimento mental. Vivi até então na expectativa de encontrá-lo. E eis que ele surge ali, como por milagre, na loja em que eu roubava o casaco.

Conto depois a transformação que a presença de Cris operou em minha economia psíquica. Por enquanto, basta dizer que fiz uma transferência maciça com ele, e que meu ego foi a mil: transformou-se no ego ideal, eu voltei a ser o bebê grandioso e perfeito – aquele que pensa que é o seio idealizado. Em suma, eu o idealizei e me confundi com ele. Isso me convinha enormemente, pois o alívio que eu conseguia com isso era inacreditável. Não percebi que era o meu próprio narcisismo primário que eu via ali. Eu estava, literalmente, alucinando. Não havia nenhum espaço pra eu pensar.

De modo que, atraída pela força magnetizante – ou deveria dizer alienante? – desse campo transferencial, regredi a uma posição de dependência absoluta. Passei a funcionar de modo psicótico, anterior mesmo à posição esquizoparanoide – o momento pré-ambivalente da fase oral precoce, em que tudo é perfeito, sem ambivalências. Nesse momento, não me seria possível nem sequer lançar mão do ódio ao objeto mau para me estruturar. O mundo mudou totalmente. Passei a viver em um estado mental alucinado, em que os afetos ganham um colorido absoluto: tudo era inacreditavelmente maravilhoso quando estava com ele. Mal sabia eu que o jogo ia virar pro exato oposto: o desespero absoluto. Nessa posição, o que a gente sente são agonias impensáveis, angústias de cair pra sempre no espaço sem fim, mas não ódio. O fato é que, enquanto eu estava em plena regressão, num desamparo absoluto, ele me deixou na mão sem uma explicação. Eu não tinha como sobreviver a isso. Surtei feio; me desintegrei.

Se, ao longo de minha constituição psíquica, tivesse conseguido internalizar um objeto bom, eu teria ficado com o Charlie, que era bom e paciente comigo. Ele me aguentava, não ia me largar. Ele sobrevivia a meus ataques, a meu mau humor, a minha insensibilidade. Ele gostava de mim como eu era.

Quanto à minha experiência com o Cris, não foi um acaso azarado. Do ponto de vista da falta de um bom objeto interno, ele era o cara certo, aquele que eu estava esperando; aquele que pareceu me tratar do único jeito de que eu precisava: tinha tudo, era poderoso, me salvou, cuidou de mim e até gostou de mim do jeito dele – mas ele me largou, me esqueceu, me abandonou. Foi então que entendi que esse era meu destino: sem um objeto interno bom, eu só iria conseguir me ligar a outros objetos-Cris na vida. Eu ia procurar quem me ajudasse a sobreviver – só que, mesmo indo pra Conchinchina, minha busca resultaria em mais um fracasso. Minha vida mental estava sob o domínio de Tânatos, não havia como escapar da compulsão à repetição.

Eu precisava de um bom objeto, um que não respondesse da mesma maneira, mesmo que eu o empurrasse pra essa posição. Precisava de análise. Só assim, quem sabe, eu conseguiria me ligar aos "Charlies" que aparecessem. Sem esse novo começo, eu jamais teria objetos internos bons o suficiente, nem mesmo para neles reconhecer possíveis parceiros. Provavelmente, nem ia me dar conta da existência deles, muito menos da chance que eu estava perdendo. O pior é que eu também não ia conseguir usar as "Isas" que surgissem – boas amigas, tolerantes, capazes de me ajudar.

Isa pensa que pulei pela janela de forma impulsiva, sem pensar. Agora que estou morta, posso afirmar que pulei porque tive um vislumbre de minha própria metapsicologia.

* * *

A subjetividade neurótica...

Cara Sandrine,

meu nome é Isabelle Tostin. Tomo a liberdade de te escrever esta carta uns vinte anos depois do nosso "encontro", no fim de nossa adolescência. É verdade que você não me conhece – nós nunca nos encontramos pessoalmente –, mas posso dizer que te conheço bem, ou melhor, conhecia. Quis o destino que eu encontrasse teu diário (depois conto como) e, por causa dele, resolvi ir te ver no hospital, enquanto você estava em coma. Sua mãe tinha morrido no acidente e você não sabia. Quase todos os dias eu ia te visitar e lia trechos de seu diário pra você. Acredito que isso teve algo a ver com sua recuperação. Hoje, sei que foi a experiência mais significativa de minha vida.

Sabe, Sandrine, queria te agradecer por ter escrito um diário e pedir desculpas por tê-lo lido. Foi muito importante perceber que você passava por problemas muito parecidos com os meus, e os elaborava por meio da sua escrita. Ler o que você escrevia sobre sua vida me ajudou a entender a minha. Estou fazendo análise e ontem tive uma sessão em que falei muito daquela época. Por isso, senti necessidade de te escrever, contando a história da qual você participou sem saber, mas que mudou o rumo de minha existência. Sinto que devo isso a mim e a você. Quem sabe minha história também te ajude.

Meus pais se separaram quando eu era criança. Morei com minha mãe, com quem tenho um bom vínculo, e a quem visito sempre que posso. Ela foi uma boa mãe; reconheço que fez o melhor que pôde pra me educar, mesmo sozinha e com dificuldades financeiras. Depois, fui morar uns tempos com meu pai, procurando uma maior proximidade com ele. Mas não consegui ser incluída em sua nova família. Desisti, fui embora. Foi uma perda muito dolorosa. Acho que isso deixou uma marca profunda, pois tenho dificuldades nos relacionamentos amorosos até hoje.

Depois de terminado o colegial resolvi viajar, conhecer o mundo. Eu queria curtir a vida. Eu acreditava – e ainda acredito – que, apesar das dificuldades, a vida é cheia de boas surpresas se você souber aproveitá-las. Ao contrário de Marie, que acha que o mundo é cheio de perigos, eu sinto que, apesar de tudo, o mundo é acolhedor. Com uma mochila nas costas vim pra cá, pois tinha um velho amigo que morava aqui. Só que ele tinha ido embora. Fiquei, é claro, assustada por estar completamente sozinha e sem dinheiro em uma cidade onde não conhecia ninguém. Mas não entrei em pânico, acabei "me virando". Sempre confiei em minha capacidade de sobrevivência. Inventei uns cartões fáceis de fazer e bonitos, que vendia na rua. Era até divertido inventar uma história diferente, de acordo com a cara do freguês – sempre tive uma imaginação fértil. Um deles me ofereceu emprego numa fábrica de roupas. Não quis perder a oportunidade e disse que sabia costurar. Pensei que seria fácil, mas a realidade se impôs; eu não entendia nada daquilo, não deu pra enrolar, fui despedida.

Mas valeu, porque conheci Marie. Fizemos muitas coisas gostosas juntas. Conversamos, bagunçamos, fizemos amigos, fumamos maconha. Tudo isso antes de ela conhecer Cris, claro. (Depois te conto esse pedaço.) Lembro especialmente uma vez em que fomos procurar emprego e tivemos que imitar algum cantor, fazer um pequeno show. Eu imitei a Madonna, fiz toda a coreografia de "Like a virgin". Ficou bem legal, eu era bem desinibida, tinha bom humor, pra mim foi uma brincadeira. Fiquei espantada quando Marie se limitou a imitar Lauren Bacall fumando: naquela hora, percebi que ela não sabia brincar.

Enfim, a Marie foi a primeira boa surpresa daquela viagem. Ela estava morando em sua casa, depois de seu acidente. Era uma pessoa difícil, tímida, de pouca conversa. Não era muito simpática: estava sempre com as unhas de fora. Mas como também estava sozinha, achei que podíamos ser amigas. Pra encurtar a história, na pior em que me encontrava, tomei a iniciativa de me convidar, e acabei indo morar com ela no seu apartamento. Foi assim que descobri seu diário.

Bem, voltando a Marie, quando ela se matou depois de ter sido abandonada pelo Cris, um namorado cafajeste, eu fiquei em estado de choque. Durante anos me perguntei se não poderia ter feito mais alguma coisa pra evitar. Na verdade, fiquei muito preocupada quando a vi se isolar de tudo e todos, se esquecendo até do seu namorado, o Charlie, que era um doce com ela, pra viver em função do Cris. Eu me lembro de como tentei abrir os olhos dela, e também de como me tratou mal porque eu dizia o que ela não queria ouvir.

Depois eu percebi que não poderia ter evitado que Marie pulasse pela janela. E isso por uma razão muito simples: eu não concebia a possibilidade de alguém, jovem como eu, querer acabar com a própria vida, mesmo no maior desespero. Ainda mais depois de ter visto você lutar durante meses pra sair do coma e viver, o que felizmente aconteceu. Se essa ideia – de que ela pudesse realmente se matar – tivesse me passado pela cabeça, teria pedido ajuda pra cuidar dela. Nesse ponto, vivíamos em planetas completamente diferentes. Se eu tivesse perdido um namorado, poderia ficar muito triste, e mesmo desesperada, mas ia pedir ajuda. E sei que, mais cedo ou mais tarde, ia conseguir superar a perda. Ela certamente achou que o luto seria impossível e intolerável. Foi só quando entendi isso que consegui superar a perda de Marie e parar de me sentir culpada.

Nunca tive oportunidade de agradecer a você e a sua mãe por terem, sem querer ou saber, me proporcionado um teto, um abrigo numa cidade desconhecida. Foi esse sentimento de gratidão, além de ter me identificado com o que você escrevia em seu diário, que me levou a ir te conhecer no hospital. Naqueles meses, eu dividia meu tempo entre fazer uns bicos pra ganhar dinheiro, curtir os amigos que eu e Marie fizemos – Charlie e Freddo, com quem mantenho contato até hoje –, visitar você, pintar. Eu ainda gosto muito de pintar e sempre arranjo tempo pra isso. Quando era adolescente, trabalhei com uma artista; ela gostou de mim e me deu um trabalho dela, que para mim era precioso. Fiquei tão grata a Marie pela amizade que o dei de presente pra ela. Não sei se ela deu tanto valor a ele. Pelo que te conheci, acho que você teria gostado.

Veja como nosso destino depende das pessoas que encontramos pela frente. A Marie encontrou o Cris, e eu encontrei você. Com ele, ela se afundou de vez. E eu, que estava meio perdida, naquela fronteira que todo adolescente vive entre ser e não ser – a tal crise de identidade –, me estruturei graças a você. É essa história que eu revivi ontem na análise e preciso te contar.

Eu ia te visitar regularmente. O pessoal do hospital me conhecia, e achavam que eu era sua amiga. Disseram que, mesmo em coma, você podia escutar, e me incentivaram a conversar com você. Então eu lia seu diário pra você, com a esperança de que ouvir sua própria história pudesse te ajudar; achei que poderia te dar forças pra lutar pela vida, voltar a ver seus amigos, namorar... Agora sei que o lia também pra mim. Você não esboçava nenhum sinal de que estava ouvindo, mas eu não desanimava.

Percebo que ao ler o diário eu estava apostando em sua vontade de viver, talvez movida por minha própria alegria de viver. E você não imagina minha felicidade quando você saiu do coma! Não apenas porque você ia viver, mas porque isso reforçou minha crença em minha capacidade de ajudar as pessoas. Passei a acreditar em mim e em meu valor num momento crucial de minha vida.

Basta dizer que Marie se matou porque, quando foi abandonada pelo Cris, perdeu completamente a crença em si própria e em seu valor. Sua autoestima oscilava muito, e daquela vez foi definitivamente pro fundo do poço. Minha analista me mostrou que, graças a você, eu pude ter a experiência real e concreta de que consigo realizar coisas boas pra mim e para os outros. E eu levei esse ensinamento precioso pra vida toda. Ainda hoje, nos momentos em que eu desanimo ou me sinto mais frágil, me lembro de você e recupero a esperança.

Foi por pouco que, em lugar dessa experiência tão preciosa, eu não levo para a vida a experiência oposta. É que em certo momento você quase morreu de uma infecção respiratória. Cheguei para te visitar e teu leito estava vazio, arrumado como se fosse para outro paciente. Achei que você tinha morrido. Você não imagina como chorei! Eu mesma me surpreendi com isso. É que apesar de nunca termos conversado, você tinha se tornado uma pessoa importante para mim. Não vou dizer "amiga", porque não era bem isso. Mas, quando chorei sua perda, percebi quão ligada eu estava. Não só porque te visitava regularmente, mas porque gostava da pessoa que eu tinha conhecido no diário. Você era uma adolescente bem bacana. Além disso, agora que estou em análise percebo que você foi uma espécie de analista, pois seu diário me ajudava a pôr em palavras minhas próprias experiências. Enfim, se você tivesse morrido, eu teria me sentido abandonada no meio de um processo de autodescoberta. E o pior é que eu teria sentido que meus esforços haviam sido em vão, e que eu perdera minha aposta em você. Provavelmente, isso teria afetado bastante minha autoestima e minha capacidade de apostar na vida.

Nessa altura, você deve estar se perguntando: por que, então, eu não fui te conhecer quando você saiu do coma? Meu primeiro impulso foi ir correndo te ver e me apresentar. Mas de repente percebi que não era você, a sua pessoa, que tinha me feito tanto bem. Poderia acontecer mesmo de você não ir com minha cara, ou eu com a sua. No fundo, apesar do diário, eu não te conhecia. O importante tinha sido a experiência de ler seu diário do seu lado, e de me conhecer por meio dele. O importante tinha sido apostar em você e ter dado certo. O processo de construir a mim mesma por intermédio de você é que tinha sido importante. Era essa experiência que eu tinha que levar comigo pela vida, e não você como amiga ou como pessoa real. Foi por isso que nunca te procurei – e foi por isso que nunca te esqueci. Na última sessão, eu pude elaborar tudo isso que estou te contando. Naquela época, eu li seu diário; agora te mando uma página do meu. Acho justo.

Para finalizar a narrativa daquele período de minha vida, depois do suicídio de Marie eu fui embora de Lille. A Isabelle que estava indo embora era muito diferente da que tinha chegado poucos meses antes. Eu já não era tão ingênua e sonhadora. Achei que já tinha tido experiências suficientes, tanto ótimas quanto péssimas. Era o fim de minha adolescência. Amadureci. Arranjei emprego e me tornei mais uma operária francesa numa linha de montagem. Quem me visse diria que eu havia desistido da vida, perdido minha vivacidade. Não é verdade. Eu estava apenas me enquadrando ao sistema para sobreviver. Dentro de mim ainda há um anjo sonhador.

* * *

... e sua metapsicologia

Recebi em análise há algum tempo uma mulher de cerca de 40 anos. É uma pessoa agradável, cativante, que associa livremente e tem uma excelente capacidade de elaboração e de simbolização. Tudo indica que tem um funcionamento psíquico predominantemente neurótico. Nunca se casou, e tem muitos amigos e uma vida cultural rica e interessante. Falou-me ontem sobre o fim de sua adolescência, marcada por dois episódios singulares. Uma amiga que se suicidou em sua frente, sem que ela pudesse impedir. E a ajuda que prestou para que uma jovem desconhecida saísse do estado de coma em que se encontrava.

Senti necessidade de escrever sobre esse caso porque a trajetória de Isabelle nos mostra as vicissitudes do processo de subjetivação na adolescência. Nessa fase, quando a identidade está em plena reestruturação – está em curso a elaboração do luto pelo que já não é, e uma incerteza quanto ao que será –, o encontro com o objeto é decisivo. Ele pode facilitar ou dificultar o processo de subjetivação. Ao mesmo tempo, sabemos que o encontro com o objeto não é uma experiência completamente nova: ele será vivido, experimentado, "processado" e significado, a partir de uma estrutura psíquica, ou, como prefiro dizer, de uma matriz simbólica *preexistente*. Esta, por sua vez, irá se *reorganizar* a partir desse encontro. O acaso é moldado pelo determinismo psíquico, ao mesmo tempo que pode, até certo ponto, modificá-lo. Do ponto de vida metapsicológico, *destino é essa interação dialética entre acaso e determinismo*; entre o objeto encontrado e a maneira pela qual ele foi significado e incorporado ao psiquismo.

Antes de abordar o encontro com o objeto, e como ele facilitou o processo de subjetivação dessa analisanda, apresento o contexto metapsicológico em que ele se deu. A maneira pela qual Isabelle elaborou esses episódios supõe uma história emocional anterior favorável e um aparelho psíquico bem constituído. De fato, ela tem um objeto primário bastante continente e capaz de efetuar ligações. Um paraexcitação resistente a ajuda a se manter integrada mesmo diante de situações potencialmente traumáticas, como o suicídio da amiga. Foi pouco erotizada pela figura paterna, no entanto, o que parece ter dificultado a elaboração do Édipo, pois fracassou em suas relações amorosas. De fato, é pouco feminina, sem chegar a ser masculina: é um tanto assexuada e, em certos momentos, um pouco infantil.

Elaborou suas angústias de separação, de modo que apresenta uma autonomia total com relação ao objeto primário; tem uma crença sólida em sua capacidade de sobrevivência. Em outras palavras, o objeto bom está firmemente internalizado, o que lhe garante um predomínio das pulsões de vida. Tem um mudo interno rico, que lhe faz companhia em situações de solidão. O episódio em que se viu completamente sozinha em sua chegada em Lille, bem como as soluções que encontrou para lidar com as dificuldades daquele momento, demonstram o bom funcionamento da capacidade simbólica e imaginativa. Da mesma forma, a capacidade de brincar e de trabalhar e seu envolvimento com a arte, especialmente a pintura, mostram que há libido suficiente para atividades sublimatórias genuinamente prazerosas.

Seu envolvimento comigo e com a análise mostra que ela estabelece vínculos significativos com seus objetos. Minha contratransferência me informa que suas relações de objeto se dão num nível predominantemente genital, isto é, ela reconhece a alteridade e tem a capacidade de se preocupar com seu objeto. Tudo isso mostra que em seu desenvolvimento pré-genital ela atravessou a posição depressiva. O fato de não ter de lidar com angústias arcaicas lhe permite funcionar de acordo com o princípio do prazer. De fato, sua história mostra que o balanço narcísico é positivo: tem um *self* bem constituído e as autorrepresentações são positivamente investidas. Daí ser uma pessoa cativante. Suas defesas são maleáveis, não rígidas. Isso lhe permite estar em contato com sua vida psíquica, o que faz dela uma pessoa rica e interessante.

Passo, agora, aos dois episódios marcantes: a recuperação de Sandrine e o suicídio de Marie.

A relação que Isabelle estabeleceu com Sandrine mostra, muito especialmente, sua capacidade de investimento libidinal e de identificação com o objeto. Graças a essa dinâmica, ela foi, realmente, generosa e empática. Ontem, comentou rapidamente que precisava expressar sua gratidão, e que pretendia escrever uma carta a Sandrine, contando o papel que ela tivera em sua vida. Achei a ideia muito boa. Seria uma maneira de rever e se apropriar subjetivamente do momento em que sua economia narcísica se estrutura de modo positivo, a partir de uma experiência de reparação bem--sucedida. Espero que o faça.

Além disso, tenho a impressão de que Sandrine funcionou um pouco como analista em um momento especialmente delicado de sua adolescência. Seu silêncio teve o mérito de forçar Isa a se haver com suas próprias questões a respeito da sexualidade, tema recorrente no diário. Ela ainda se lembrava, vinte anos depois, de uma história curiosa ali registrada. Sandrine havia colocado uma faca sob o colchão de sua mãe, para que o namorado dela ficasse impotente. Ontem, minha escuta estava particularmente aguçada: interpretei o material como fantasias de rivalidade com relação à figura materna, até então preservada de qualquer hostilidade. Falei também de seu ataque à cena primária. Formulei a interpretação de uma forma simples, que não despertou maiores resistências: "Você preferia que sua mãe fosse apenas mãe, que ela não fosse também uma mulher". Eu não disse, mas pensei na hipótese de que a inveja da sexualidade materna tenha dificultado sua identificação com uma figura feminina boa, o que se manifesta por uma vida sexual pouco satisfatória ao longo da vida.

Passo agora ao material referente ao suicídio de Marie. O encontro com Cris mostra, como eu dizia no início deste texto, o efeito do encontro com o objeto no processo de subjetivação na adolescência. Esse objeto falhou gravemente em acolher e transformar suas angústias de aniquilamento. Repete-se o trauma precoce, levando o processo de subjetivação a um impasse e ao suicídio. Isabelle me contou a cena final com todos os detalhes. Descreveu o segundo exato em que viu a amiga pular pela janela, enquanto ela permanecia totalmente paralisada. Emocionou-se enquanto contava, parecia estar revivendo a situação. Falou do pavor e do horror que sentiu ao ver a amiga estatelada no chão. Fomos percebendo que esse episódio a assustou muito, porque a colocou em contato com suas próprias partes psicóticas, e também com aspectos autodestrutivos de sua personalidade. Apesar de Isa ter uma estrutura predominantemente neurótica, o material de ontem nos aproximou de núcleos psicóticos que nunca haviam sido trabalhados.

Pude mostrar à minha analisanda que Marie representava também uma parte dela mesma, e como ter um lado louco a apavorava. A partir dessa interpretação, ela foi entendendo o fato surpreendente de que tenha ido trabalhar em uma linha de montagem logo depois do suicídio: ela buscava um enquadre firme e confiável, que contivesse os aspectos mais disruptivos de sua personalidade. O gesto da amiga a colocou em contato com seu próprio desamparo brutal e com sua dependência absoluta. Essa identificação a levou a se "agarrar" à linha de montagem como o bebê agarra a mãe para não cair no abismo e para conter angústias de fragmentação. Isa entendeu isso perfeitamente, pois acrescentou que esse trabalho, tão necessário naquele momento, foi trocado por outro mais prazeroso assim que suas condições psíquicas lhe permitiram.

Além disso, finalmente elaborou sua culpa com relação ao suicídio da amiga. Percebeu que, na época, em razão de seu próprio momento de vida, estava mais identificada com a cura e a vitalidade de Sandrine do que com o desespero de Marie. A partir da descrição de Isa, tenho a impressão de que Marie era uma moça cujo funcionamento psíquico era predominantemente psicótico – eu diagnosticaria aí um estado-limite. Isso significa que provavelmente ela não tinha a preconcepção de um objeto interno que a ajudasse a fazer o luto pela perda do objeto. Assim, por mais que Isa tentasse – e ela me conta que realmente tentou –, não poderia ocupar um lugar psíquico inexistente no mundo interno da amiga. Acho que consegui ajudar minha analisanda a entender isso. Foi uma sessão produtiva e gratificante.

PARTE II
Não neurose: prospecções

Part II
Não-retrose Prospectoss

6. Barulho. Silêncio. Trabalhando com os ecos da pulsão de morte[1]

Introdução

Este texto tem como objetivo discutir a relação necessária entre os processos de adoecimento psíquico e as estratégias terapêuticas. Dois casos clínicos serão apresentados: um se caracteriza por um psiquismo tomado pelo barulho do embate ininterrupto com seu objeto interno/externo; o outro, pelo silêncio de um mundo interno desertificado. Ambos serão apresentados como ecos da pulsão de morte. Como veremos, a compreensão dos respectivos processos de adoecimento determina as estratégias terapêuticas mais produtivas em cada caso.

Sabemos desde Winnicott (1955/2000) que não faz sentido trabalhar com o sofrimento narcísico, no qual o eu ainda não está suficientemente constituído, da mesma forma que trabalhamos com

---

1 Este texto foi originalmente publicado pela *Revista Brasileira de Psicanálise* e é aqui republicado com sua autorização. "Barulho. Silêncio. Trabalhando com os ecos da pulsão de morte". *Revista Brasileira de Psicanálise*, 50(4), 49-64, 2016.

o sofrimento neurótico. Plenamente de acordo com essa constatação clínica, Roussillon (2001) se preocupou em justificá-la com base em uma compreensão metapsicológica. Para isso, ele mostra como os pressupostos sobre o funcionamento psíquico implícitos no que ele chama de "primeira metapsicologia" – que surgiu com a clínica da neurose e vai até a virada de 1920 – são diferentes dos da "segunda metapsicologia". É nesse contexto que ele diferencia, do ponto de vista das estratégias terapêuticas, a condução do trabalho de simbolização primária, obrigatório nos quadros do que ele denomina de sofrimento narcísico-identitário, daquela que propicia a simbolização secundária, quando o sofrimento é predominantemente neurótico (Roussillon, 1999). Não pretendo entrar nesse tema, que mereceria um trabalho em si, exceto para dizer que a grande diferença é a *forma de presença do analista*.

Em linhas gerais, diante do sofrimento neurótico tendemos a trabalhar de modo mais *reservado* (Figueiredo, 2000), oferecendo com nossa presença discreta a sustentação transferencial para que boa parte do trabalho seja realizado pelo próprio paciente. Essa posição só faz sentido em função da organização psíquica desses pacientes: a estrutura enquadrante interna está bem instalada e é capaz de abrigar as representações (Green, 2010); o duplo limite (entre sujeito e objeto, e entre as instâncias psíquicas) está relativamente bem constituído; a rede de representações também. Por tudo isso, podemos contar com sua capacidade de associação livre e de simbolização. Nessas condições, a reserva do analista não só é possível como é necessária e pode ser usada pelo paciente de forma produtiva. Ou seja, ele tem todas as condições para, com a ajuda discreta e a sustentação do analista, encarregar-se do trabalho de *simbolização secundária*.

Quando estamos diante do sofrimento não neurótico (ou narcísico-identitário), sabemos que a estrutura enquadrante interna apresenta falhas. A função simbolizante é precária. Angústias primitivas invadem e desorganizam o psiquismo. A relação com o objeto é de dependência absoluta. A rede de representações está esburacada. Predomina a lógica da sobrevivência e do desespero, que caracteriza a clínica da pulsão de morte. Em termos de estratégia terapêutica, a prioridade é a progressiva instalação da função simbolizante. Para retomar a distinção feita por Roussillon, o analista trabalha no registro da *simbolização primária*, o que lhe exige um modo de presença *mais implicado* (Figueiredo, 2000). Isso significa que ele precisará intervir no campo transferencial-contratratransferencial *enquanto sujeito*: participa com seu próprio psiquismo, não apenas na construção do sentido das experiências como também no processo de instalação da função simbolizante.

Em decorrência dessas ideias, entende-se que o analista tenha que trabalhar de modo diferente com a transferência neurótica e não neurótica. Com este texto pretendo dar continuidade a essas ideias, mas agora mostrando a relação necessária entre as estratégias terapêuticas e a psicopatologia *no seio da própria clínica da pulsão de morte*. Pretendo discriminar *duas formas claramente distintas de presença implicada do analista* – ambas a serviço do processo de simbolização primária e da instalação da função simbolizante – em seu trabalho com as organizações não neuróticas.

Para introduzir essa ideia, retomo uma intuição poderosa de Freud em *Além do princípio do prazer* (1920/2010). Apesar de ser um texto especulativo, ele tem uma intuição clínica notável na medida em que oscila – eventualmente sem se dar conta – entre duas manifestações distintas da pulsão de morte: a *destrutividade* e a *tendência ao zero de excitação*. Naturalmente, ambas estão relacionadas ao trauma precoce. No entanto, as estratégias defensivas colocadas em movimento pelo protossujeito para lidar com a dor/angústia acabaram por determinar formas clínicas opostas: alguns lutam por sua sobrevivência tornando-se violentos; outros, ao contrário, "lutam" desistindo de lutar, tornando-se quase inexistentes.

Tenho em mente duas pacientes. Marcia, há anos engalfinhada com o marido numa luta de vida ou morte; e Paula, que, de certa forma, já está "psiquicamente morta": desconectou-se de si mesma a ponto de não conseguir afirmar nada de próprio e verdadeiro. Na primeira, predomina o *barulho psíquico ensurdecedor* produzido pela onipresença do ódio em relação ao objeto interno-externo. Na outra, o *silêncio igualmente ensurdecedor* do zero de excitação: a paz do cemitério. Os processos de adoecimento são diferentes em cada caso. Como veremos, as estratégias terapêuticas também.

Barulho

Durante uma primeira longa fase da análise, Marcia trazia mil situações cotidianas em que ficava profundamente irritada com o marido. Qualquer coisa que ele dissesse ou fizesse a irritava. Por exemplo, entrar em casa e deixar sua mala de trabalho na sala, em vez de levá-la ao escritório. Levou tempo para que o caráter defensivo da irritação pudesse aparecer, e que a angústia da criança-nela pudesse ser acessada por trás daquele afeto.

Por que ficava irritada com a mala na sala? Inicialmente, atribuía ao gesto um sentido convencional: "ele não liga para mim". Aos poucos foi ficando claro que, do ponto de vista dela, esse gesto era uma afirmação do poder e da superioridade dele, como se esfregasse na cara dela a assimetria da relação conjugal. Assimetria que, aos olhos dela, se devia ao fato de que ele se sentiria superior por ser um empresário bem-sucedido e por sustentar a casa – embora reconhecesse que ele jamais havia sequer sugerido nada nessa linha. Por fim, a face ameaçadora desse poder, ou dessa assimetria, também acabou aparecendo: o marido era vivido como uma "Entidade" acima do bem e do mal. A mala na sala significava que ele podia tudo e ela nada, a não ser se submeter, já que "dependia dele para tudo" – embora isso não correspondesse, de forma alguma, à realidade, como ela mesma reconhecia.

Obviamente, o marido é um representante do objeto primário com quem a criança-em-Marcia continua misturada e confundida. Esse objeto ainda é vivido como detentor dos poderes de vida e morte sobre ela. Desde que se lembra por gente, um terrível barulho de fundo acompanha sua existência: "Você não é o suficiente para mim, não é quem eu esperava, não é quem eu desejava". Essa é a voz aterrorizante do objeto interno que não silencia nunca, que a desorganiza psiquicamente, e com a qual se debate sem trégua. O espectro ameaçador do desinvestimento/abandono por parte dele torna a angústia de morte onipresente. Fere pele psíquica tão fina como um espinho no pé, como um sapato apertado. Mas há muito tempo não sente mais nem a dor nem o terror ligados a essa ameaça. Temos ecos longínquos disso apenas pela irritação, que também é onipresente.

Esbocei aqui em poucas palavras minha apreensão de seu universo subjetivo. Mas era evidente que ela não fazia contato algum consigo mesma. Essas experiências eram vividas, produziam efeitos concretos em sua vida, mas não estavam simbolizadas. Ao contrário, o que aparecia no cotidiano era o ódio com o qual ela massacrava o marido. Sem escuta analítica seria impossível suspeitar do grau de dependência, fragilidade e dor escondidas por trás de tamanha agressividade. Ele, com certeza, não estava em posição que lhe permitisse isso.

Por suas características pessoais, o marido era a encarnação perfeita de uma mãe incapaz de empatizar com a "ranhetice" da criança, de interpretá-la como expressão de algum tipo de sofrimento, de fazer um gesto de acolhimento, ou de tentar "traduzir" em palavras o que estava tentando se dizer por meio de um comportamento – embora de um jeito tão torto. Essa figura interna/externa (mãe/marido) fazia justamente o oposto: acusava-a de ser exagerada, chata e rancorosa. *Essa resposta não empática e acusatória amplificava a angústia, no lugar de contê-la e transformá-la.* E então o desespero da criança-em-Marcia aumentava, porque confirmava a certeza de "não ser o esperado, não ser o desejado". O que a deixava ainda mais irritada...

O fracasso do objeto em cuidar da angústia põe em movimento um círculo vicioso: quando a agressividade da criança é mal interpretada pelo objeto, este reage necessariamente com graus variáveis de hostilidade, o que pode ser vivido como ameaça à integridade somatopsíquica, amplificando a angústia. Defensivamente, ela se desconecta da experiência traumática, tornando-se violenta para se defender do objeto que coloca sua existência em perigo. Ou seja, a criança-em-Marcia adoece por *ativação excessiva das defesas*, o que acaba prejudicando suas capacidades de trabalho psíquico (Figueiredo, 2016). O sofrimento daí decorrente se manifesta na forma de conflitos mais ou menos barulhentos, agitação, ódio e violência, o que sinaliza a luta ativa do eu por sua sobrevivência.

Este caso ilustra exemplarmente os *adoecimentos por ativação*, em contraste com os *adoecimentos por passivação*, como veremos em detalhes mais adiante (Figueiredo, 2016). Nestes últimos, a capacidade de defesa do psiquismo se esgotou, e a sobrevivência se dá às custas da extinção de áreas do psiquismo. Essa extinção, ou necrose de tecido psíquico, bem como as áreas do psiquismo que não chegaram a nascer (Roussillon, 2010), acabam interrompendo precocemente a capacidade de realizar o necessário trabalho psíquico. Aqui, em vez de angústia, cabe falar em agonia, que é a entrega passiva à morte. Em vez de agitação e barulho, temos silêncio, desobjetalização, tendência ao zero de excitação: o sujeito se faz de morto para sobreviver. Esse é o processo de adoecimento que veremos com o caso de Paula.

Retorno a Marcia para insistir no fato de que a ativação excessiva das angústias e defesas leva o processo ao paroxismo, prejudicando sua capacidade de realizar trabalho psíquico. Muitas das cenas de violência doméstica descritas podem ser entendidas como efeito do curto-circuito da capacidade de pensar. Mas o ódio tinha também a função de "neutralizar" a angústia de morte, contanto que fosse acionado o tempo todo, e cada vez mais. Por isso os dois se engalfinhavam há anos, e a relação estava cristalizada no modo da irritação recíproca.

Retomo o eixo condutor deste texto, a saber, a relação necessária entre as várias modalidades de sofrimento psíquico, os respectivos processos de adoecimento, e as estratégias terapêuticas mais produtivas em cada caso. Ao reconhecer adoecimentos por ativação e por passivação, Figueiredo (2016) estabelece as bases metapsicológicas para delinear duas grandes estratégias terapêuticas. 1. Quando o adoecimento se dá por *ativação* excessiva do binômio angústia-defesa, a estratégia necessária para restabelecer a capacidade de trabalho psíquico é o que ele chamou de *desativação*. É o que veremos agora em detalhe com o caso de Marcia. 2. E quando o adoecimento se dá por *passivação*, quer dizer, pela desistência e pela entrega a uma forma de não existência, de morte em vida, a estratégia necessária é o que ele chamou de *revitalização*. Veremos adiante como isso foi realizado na análise de Paula.

Com Marcia, precisei encontrar caminhos para a *desativação* do binômio angústia-defesa, o que me exigia uma posição mais *implicada* no campo transferencial-contratransferencial. Mas que tipo de implicação favorece essa desativação? Diferenciando-se do objeto primário, o analista precisará "cuidar da angústia"

(Figueiredo, 2016) para que ela não se torne excessiva. Precisamos nos aproximar com cuidado dessa expressão. Naturalmente, a empatia que permite reconhecer os afetos em jogo é fundamental. Ser capaz de conter e transformar a angústia também.

Mas *ser continente* não significa dar razão ao paciente, nem ser afetivo, mas dar *inteligibilidade* à violência (defensiva) da criança-nela, que, para o senso comum, parece desproporcional. Além disso, será necessário *transformar* a angústia, o que depende da possibilidade de *criar sentido* para as experiências. Será necessário imaginar onde, como e por que aquela experiência está sendo vivida como ameaça à integridade somatopsíquica da criança-no-paciente. Esses dois tempos – continência e transformação – produzem o que Roussillon chama de *apaziguamento simbolizante*, expressão que me agrada porque enfatiza a dimensão simbolizante da atividade de cuidar/apaziguar/conter a angústia. Tudo isso faz parte do que Figueiredo chamou de *estratégias de desativação*.

Durante muito tempo o material clínico de Marcia tinha o mesmo jeitão: relatos das brigas com o marido. Como vimos, a violência indica que ela está se debatendo e lutando para salvar sua vida. O material não tem características oníricas, e sim a fixidez e a repetição do sonho de angústia – são verdadeiros pesadelos cotidianos. Essas características indicam que o processo de simbolização primária foi interrompido pelo trauma precoce e precisa ser retomado na transferência.

Cuidar da angústia significa, inicialmente, dizer a ela que eu sou sensível ao fato de que ela convive desde sempre com um espinho no pé, que percebo que o local sangra continuamente, e que em vez de cicatrizar, ou de criar um calo, a ferida só aumenta. Como não se dá conta de nada disso, eu preciso me encarregar de lhe contar que percebe um desconforto, mas não faz a menor ideia nem do que seja, nem de onde ele vem; e que talvez sua irritação tenha a ver com esse desconforto. Em vez de se perceber apenas como "exagerada, chata e rancorosa" ("não sou o esperado"), começa a se perceber também como alguém que sofre, o que já é um esboço de sentido. Quando eu lhe conto o que eu imagino que ela sente, *pode se reconhecer nas minhas palavras, e a conexão entre ela e ela mesma começa a se (re)estabelecer.*

Note-se que não estou apenas favorecendo e aguardando a emergência de associações. Os pesadelos cotidianos indicam a impossibilidade de *representar* (o traumático interrompeu o processo de representação), e, portanto, de associar livremente. Minha postura é mais *ativa* na medida em que compartilho com ela a imagem do espinho no pé, que é uma produção do *meu* psiquismo; e dou *meu* testemunho a respeito de uma dor que se desconhece enquanto dor. Estou diretamente implicada na oferta de "material psíquico" – representações – que ela possa começar a usar.

Cuidar da angústia para a desativação das defesas pode exigir ainda mais do analista implicado. Roussillon fala em ir "em busca do traumatismo perdido" (2006, p. 218). Não basta dar o meu testemunho de que há um espinho no pé. É preciso também tentar "sonhar" por ela *de que espinho se trata.* Em termos freudianos, estamos no terreno das *construções em análise.* A partir do material, o analista sonha/constrói, fazendo uso de sua imaginação clínica, a cena (traumática) do passado que, correspondendo ou não a uma verdade histórica, contém *verdade emocional suficiente* para produzir um efeito de convicção e relançar o processo associativo. Em termos mais atuais, o analista procura oferecer "material psíquico" que ela possa usar para cerzir os buracos de simbolização.

Em algum momento consegui me identificar com a criança--nela e imaginar a cena da mala como uma *cena de abuso de poder.* Para a criança-nela, a mala largada na sala é a "prova" de que o marido/Entidade/objeto primário pode tudo. Do alto de sua importância, ele certamente não se interessa pela criatura insignificante que ela é. Sequer é capaz de enxergar suas necessidades, muito menos o estado de turbulência e desorganização psíquica em que ela é arremessada ao ver a mala na sala. Na cena que eu imagino, em vez de reconhecer sua participação na turbulência criada, e *abusando de seu poder*, o objeto primário decreta que a criança é chata e exagerada, originando a identificação narcísica "não sou o esperado".

É importante esclarecer que não estou afirmando que o marido abusa dela, mas que o termo "abuso" faz sentido do ponto de vista da experiência da criança. Se houvesse ali um terceiro, o suposto abuso poderia ter sido significado por ele como *absoluta falta de empatia*, o que teria relativizado o sentido imposto pelo objeto primário, vivido pela criança como absoluto ("chata e exagerada"). A estratégia de desativação da angústia passa principalmente pela *construção, na transferência, do lugar e da função do terceiro*, que sistematicamente não estava presente na cena. A construção desse lugar supõe que eu intervenha *exercendo a função do terceiro*. Então eu lhe digo: "Talvez você se torne chata quando sente que ele pode tudo, e você, nada".

O trágico nisso tudo é que, com a ativação progressiva do ciclo angústia/defesa, a criança-nela se tornava realmente insuportável. Em seus outros relacionamentos, Marcia é uma pessoa encantadora e engraçada; estuda, trabalha, cuida dos filhos. Naturalmente, gasta uma energia enorme para viver porque faz tudo isso *apesar* do barulho do embate com seu objeto interno, que não cessa nunca.

Em algum momento, Marcia se deu conta de que até torcia para que o marido fizesse "algo errado" que justificasse seu ódio. Ao mesmo tempo, não aguentava mais brigar. E foi isso que nos colocou na pista de que precisava do ódio contra o marido como um viciado precisa de sua dose diária da droga. Para que precisava desse ódio, que tanto mal lhe fazia? Outra associação importante foi que, ao contrário de sua amiga, que chorava praticamente em todas as suas sessões de análise, Marcia não chorava nunca. E foi então que ela se deu conta de que simplesmente não sabia o que era "ficar triste". Podia imaginar o que seria ficar em "estado catatônico" (entenda-se: melancólico), mas a tristeza lhe era inconcebível. Fomos reconhecendo que o ódio lhe dava uma "força" que a protegia de "ficar catatônica".

Depois de três anos de trabalho, um primeiro objeto empático aparece em sua paisagem emocional. Ao comentar com o chefe sobre uma situação difícil pela qual passou quando morava em outro país, ela o escuta dizer: "Eu também morei fora do Brasil, entendo perfeitamente o que você está dizendo". Essa frase foi uma revelação, um divisor de águas. Não se lembrava, ao longo de 40 anos de vida, de jamais ter escutado isso de alguém! Naturalmente, havia três anos que eu lhe dizia coisas nessa linha. Mas só quando ela é capaz de reconhecer esse novo objeto na figura do chefe podemos ter certeza de que a relação, nascida no campo transferencial, foi de fato internalizada. Agora ela pode baixar a guarda, dando continuidade ao processo de desativação das defesas.

Como sabemos, são as áreas de não separação sujeito-objeto que produzem o engalfinhamento com os representantes atuais do objeto, indicando a atividade de um núcleo psicótico. Decorridos cinco anos de análise, parece-me que a estratégia de desativação acabou tornando possível essa separação. Recolhidas todas as projeções, não é exagero dizer que ela está enxergando o próprio marido pela primeira vez. Ela mesma percebe essa diferença.

A mesma mala volta, agora, em um contexto completamente diferente. Ela havia dito que ele precisava trocar sua mala de trabalho, que estava bastante surrada, mas ele não fez nada a respeito.

Antes, isso seria motivo para pular de ódio no pescoço dele, e isso por dois motivos. Em função da não separação sujeito-objeto, a "culpa" pelo fato de o marido andar com aquela mala era vivida como se fosse dela. E o fato de ele não fazer nada a respeito era a prova de que ele não dava importância ao que ela dizia.

Hoje, é muito claro que ela não tem nada a ver com a mala que o marido usa para trabalhar. O estado daquele objeto não diz nada sobre ela, mas diz algo sobre o dono. Por exemplo, que ele é "meio autista", provavelmente nem reparou no estado da mala e por isso não faz nada a respeito. Muito aliviada, diz que a vida ficou muito mais leve agora que não gasta tempo e energia com essas brigas. Ao mesmo tempo, a tristeza de perceber onde e como desperdiçou sua vida veio com tudo. "Antes, eu não chorava nunca. Agora choro o tempo todo." Contudo, fica muito surpresa ao constatar que tudo isso a deixa mais forte, e não "catatônica", como sempre imaginou.

Silêncio

Bela mulher de uns 30 e poucos anos, Paula namora um empresário de quem foi secretária. Na entrevista fico sabendo que foi sozinha passar o Natal na Disney. Estranho a ausência de vínculos, e mais ainda a escolha do lugar. Comenta que adora as sensações da "montanha-russa". Só depois isso fez sentido para mim: sensações fortes lhe proporcionam a experiência fugaz de estar viva. Mais tarde venho a saber que na adolescência era adepta de esportes radicais, ou seja, a busca de sensações fortes já era um modo de vida.

Casou-se com o empresário. Tem uma vida confortável. Mas agora vive atormentada pela ideia de que não trabalha. Não tem o que responder quando, nas festas, lhe perguntam "o que faz".

Gostaria de poder dizer que é empresária, ou arquiteta. Com a rede social e profissional do marido poderia trabalhar no que quisesse. Seria muito fácil abraçar uma das causas sociais que ele apoia. O problema é que ela não consegue se entusiasmar por nada. Não há ninguém-nela capaz de ter uma ideia, formular um desejo, ou investir alguma coisa no mundo. Depois de algum tempo de análise já percebe vagamente que esse é o problema.

Adorava quando era secretária. Pergunto-lhe do que gostava. Ela responde que gostava de ter um lugar para ir, horário para cumprir, uma função e tarefas, que executava de forma eficiente. Entendo que esse trabalho era perfeito para ela em vários níveis. Funcionava como um enquadre que lhe dava uma sustentação firme no tempo e no espaço. Não era necessário ter criatividade, apenas eficiência. Como nunca faltavam tarefas, estava engajada em um modo de vida operatório que a protegia do tédio e do vazio que sente agora.

A incapacidade de investir alguma coisa poderia ser confundida com um estado melancólico, mas esse vazio é o resultado da mais absoluta falta de criatividade psíquica. Não sabe o que fazer consigo mesma, nem com o seu tempo. Certa tarde decidiu arrumar armários. Conseguiu ocupar-se durante cinco horas. Pelo menos durante esse tempo não ficou se atormentando com a ideia de que precisa encontrar um trabalho. Uso a palavra "vazio" para descrever o sofrimento ligado ao silêncio ensurdecedor de seu mundo interno.

É terrível não conseguir se sentir uma pessoa como os outros, mas um simulacro de pessoa. E, para ela, trabalhar é ser como os outros. Tento formular algo nessa linha, mas percebo que é prematuro, pois ela se agarra a uma justificativa convencional: "não quero ser apenas uma dona de casa". (Lembro da explicação igualmente convencional que Marcia dava ao fato de se irritar com o marido: "Ele não liga para mim".) Acaba encontrando um caminho para ser como todo mundo: engravida. É uma atuação, mais uma maneira de tentar se construir de fora para dentro. Preocupa-me perceber que não consegue sonhar o seu bebê. O marido parece mais entusiasmado do que ela.

A escuta analítica e, principalmente, a contratransferência me permitiram ir construindo uma compreensão de seu sofrimento. Como no de Marcia, há um espinho no pé. Só que, aqui, é a *ausência e o vazio que funcionam como uma presença dolorosa*, e não a onipresença do marido-Entidade. Ao contrário de Marcia, que pelo menos se irrita com ele – o que mostra algum eco, ainda que longínquo, da dor do espinho –, Paula encontrou uma solução muito mais radical: amputou a parte de si que poderia sentir dor. Ela não sente nada.

Vimos com Marcia que a ativação excessiva das defesas travava a capacidade de realizar trabalho psíquico. Com Paula é diferente: essa incapacidade tem a ver com a *falta de tecido psíquico*. Ela não se angustia. No lugar desse afeto temos o tédio, o senso de futilidade, a depressão sem tristeza. Essa configuração é típica das patologias do vazio e dos pacientes psicossomáticos. Mesmo o falso *self*, que é uma tentativa de construir uma vida de fora para dentro, serve para encobrir a morte em vida. Por tudo isso, a estratégia terapêutica tem de ser diferente daquela que usei com Marcia. O trabalho é mais difícil: construir – ou revitalizar – o próprio tecido psíquico que poderia vir a sentir alguma coisa.

Não foi difícil reconhecer o padrão transferencial que se instalou nas sessões. Chega pontualmente, deita-se e cumpre rigorosamente o que entende ser sua tarefa: falar. Mas, para ela, falar não é dizer algo significativo, e sim preencher o silêncio. É o que ela faz. Usa palavras que não fazem parte de seu vocabulário e fala sobre temas que não conhece. Não consegue completar as frases.

Enfim, é evidente que ela não está realmente ali, naquilo que está me dizendo. Paula é uma moça inteligente, mas não há ninguém ali dentro que realmente tenha alguma opinião sobre alguma coisa. Por trás da personagem sorridente e elegante, construída de fora para dentro graças às roupas e acessórios, não há nada. Ela sofre porque intui vagamente que nada-nela é de verdade.

Essa modalidade de transferência produz em mim a sensação de estar falando com um autômato. Esse campo transferencial me permitiu reconstruir (para mim mesma) a relação entre a criança e um objeto primário que não tinha acesso ao que chamamos de mundo emocional, de tal forma que áreas inteiras do psiquismo de Paula nunca foram vistas, reconhecidas e "ativadas" na relação intersubjetiva. O funcionamento operatório do objeto impede certas funções psíquicas de nascerem: as preconcepções inatas permanecem em estado potencial, não nascidas. Ou então, as funções psíquicas, ainda incipientes, foram simplesmente desativadas.

Conta que, quando criança, a mãe resolveu que ela e suas três irmãs tinham que aprender a tocar piano. Em sua casa, tudo era por "atacado". Ao fim do segundo ano a professora chamou a mãe para dizer que a garota obviamente não gostava de piano. Mas Paula sequer tinha contato com o fato de que não gostava. Tinha que tocar e tocava. Nem ela se queixava, nem a mãe percebia.

Nessa família em que ninguém conversava com ninguém, foi por meio das letras das músicas que começou a fazer contato com algo além da concretude do cotidiano. Elas forneciam palavras para nomear experiências e sentimentos da adolescente que era. Até que foi obrigada a se desfazer de seus preciosos CDs porque a mãe entendeu que não eram boa influência para ela. Perguntei se ela sofreu. A resposta foi não. A parte de si que poderia sentir alguma coisa de próprio, de real, de verdadeiro, ou nunca veio à luz, ou então foi desativada.

Como foi dito na introdução a este capítulo, o analista que trabalha com o sofrimento não neurótico se posiciona de forma *implicada*, quer dizer, faz um uso mais intenso de seu próprio aparelho psíquico. Vimos no caso de Marcia como foi importante eu tentar imaginar a angústia soterrada por camadas e camadas de irritação, bem como a cena de "abuso de poder" por parte de uma figura parental não empática. Aqui, meu trabalho era bem diferente. Eu tinha que acessar algo de verdadeiro e genuíno soterrado por baixo do falso *self*.

Quando volta de uma viagem, cumpre rigorosamente o que imagina ser sua tarefa: "me entrega" relatórios fidedignos sobre tudo o que viu. Não tenho a menor ideia do que dizer. Nada, absolutamente nada me ocorre. Experimento em mim o terrível vazio produzido por uma fala totalmente operatória. É assustadora a ausência de um comentário mais vivo, mais pessoal. Como já mencionei, imagino que essa tenha sido a experiência da criança que ela foi, diante do psiquismo-autômato da mãe. Mas de vez em quando escapa algo como: "adorei a loja x". Aqui há verdade!

Agarro a oportunidade: se eu conheço a loja, faço algum comentário sobre ela; se eu não conheço, peço que me descreva o que viu, o que comprou, e então comento alguma coisa que faça sentido para mim. É uma maneira de resgatar e legitimar algo de vivo e próprio, antes que submerja novamente no mar da hiperadaptação ao outro. Trabalhar de forma implicada com essa paciente significa "ir ao encontro de alguma vida ainda pulsante soterrada sob grossas camadas de matéria morta" (Figueiredo, 2016).

"Todas as tardes vejo pela janela uma velhinha assistindo TV." A comunicação se parece com uma manchete de jornal. Depende de mim transformá-la em algo mais vivo. Sei que ela entraria em pânico se eu lhe pedisse associações, pois não há ninguém-nela para associar. Provavelmente me daria uma resposta em falso-*self*.

Por isso, cabe a mim fazer o que um autômato não faz: usar minha criatividade psíquica para introduzir alguma espessura emocional ao relato. Então eu lhe digo: "Talvez fique entediada vendo TV. Talvez esteja feliz por fazer o que gosta".

Introduzo alguma *matéria-prima psíquica* que, de alguma forma, lhe diz respeito. Não apenas tédio e solidão, mas também algo que apenas vislumbra: a alegria de poder estar "de verdade" naquilo que se faz. Paula responde que acha terrível alguém gastar sua vida assim, sem fazer nada. A resposta, que contém uma vibração afetiva, mostra que não só ela conseguiu usar a matéria-prima que lhe ofereci como também acrescentou algo próprio ("é terrível gastar a vida..."). Esse é um exemplo da estratégia de revitalização de tecido psíquico por meio de uma variante do jogo do rabisco: ela traz a cena da velhinha, eu proponho duas leituras, ela completa com a dela.

"Vi na esquina uma mulher albina. Nunca tinha visto uma pessoa quase transparente." A comunicação se encerra no puro relato do fato. Entendo que a pobreza de vida interior a obrigue a ficar aderida aos estímulos "de fora", com os olhos grudados na cor da pele de uma pessoa que ela vê na rua. Naturalmente, guardo isso para mim. O que eu posso tentar fazer é conferir alguma espessura ao relato "cavando" um espaço interior.

Com Paula, eu não posso tomar o sugestivo significante "transparente" em seu sentido metafórico. Se eu fizer isso, ela até pode aderir e manejar a metáfora com inteligência, mas será mais uma manifestação em falso *self*. Aqui, o analista precisa abandonar um modo de escuta quase automático (!) e se conformar: transparente é transparente.

Descartado o uso metafórico, que sentido eu poderia dar a uma fala como essa? Que ela tem um olhar singular sobre o mundo? Que esse olhar provém "do interior" de uma pessoa? Ou então, talvez ela esteja em busca da imagem dela no meu "interior": como as coisas que ela diz repercutem em mim? Não sei. Mas sei que é fundamental que eu lhe devolva o que poderia haver de vivo e genuíno no que acaba de dizer. Então eu digo: "Tem coisas que estão aí bem debaixo do nariz de todo mundo, mas poucos enxergam. Se você fosse fotógrafa, provavelmente daria uma foto diferente".

Alguma sedução e um firme trabalho de reanimação – recorrendo, sempre que possível, à minha criatividade psíquica – são *manejos* que fazem parte da estratégia de revitalização. Assim como uso a velhinha da TV para criar tecido psíquico, uso sua observação sobre a pele quase transparente para lhe devolver uma imagem de si mesma, para lhe dizer que reconheço o olhar singular de uma pessoa singular. Graças a esse *espelhamento* pode se perceber e se reconhecer; à medida que percebe que sua singularidade existe para mim, firma-se seu sentimento de existir.

Além do manejo e do espelhamento, é fundamental não deixar que a fala dela caia no vazio e na agonia. Nesses dois exemplos, não posso ficar em silêncio. Luto contra o vazio que quase me paralisa e intervenho para lhe oferecer uma sustentação – não apenas com minhas palavras, mas com minha própria atividade psíquica. Se no caso de Marcia era fundamental conter e transformar a angústia, aqui, na ausência desse afeto, o que se impõe é oferecer um *holding* vigoroso para tirá-la da agonia. *A sustentação de um ambiente psíquico na e pela transferência* é fundamental para que se constitua, "de dentro para fora", a experiência de ser e de existir.

Lentamente, as coisas começam a se mexer. Não por acaso, a primeira coisa que começa a investir genuinamente é o corpo. Começou a frequentar uma academia de ginástica e a fazer pilates, que lhe proporciona o prazer de sentir a flexibilidade do próprio corpo. Depois dos exercícios, gosta de sentir as dores musculares, pois indicam que seu corpo existe. Para além das roupas que estão a serviço de construir uma personagem, começa a haver um esboço genuíno de ego corporal. Ainda é um prazer puramente sensorial, mas muito diferente da adrenalina da montanha-russa.

O rádio do carro está sempre na estação que toca música clássica, conforme o gosto do marido. Hoje, vindo para a análise, ocorreu-lhe que poderia mudar de estação para ouvir as músicas de que gosta. "Claro que depois eu deixo do jeito que estava." Não deixar marcas, tornar-se transparente para sobreviver: eis o processo de adoecimento que produziu essa forma tão particular de sofrimento psíquico. Digo então: "Tem medo que percebam quem você é, do que você gosta; medo que percebam que você é uma pessoa".

Certa vez no banho ficou curtindo a água bem quente em seu corpo. Quando viu, estava chorando. Soluçava. Tive a impressão de que, no lugar da angústia branca, da depressão sem tristeza, havia tristeza e angústia verdadeiras por perceber o vazio dramático de sua existência. O tecido psíquico começa a se revitalizar. Como muitas de minhas pacientes, adorou o filme *Aquarius*. Descreve uma mulher que enfrenta as empreiteiras que querem comprar seu apartamento. Paula fica tocada ao ver como essa mulher luta para preservar a vida – simples, mas plena – que havia construído para si. Esse material indica que está em trânsito entre a estratégia conhecida, de se fingir de morta para sobreviver, e outra, na qual é possível afirmar algo próprio e lutar pelo direito de existir.

Começa a *não querer* coisas. De vez em quando comenta que não foi viajar com o marido para não perder sua rotina, suas sessões, sua ginástica. Conseguiu dizer para uma visita que não mostrava sinais de querer ir embora que sentia muito, mas tinha que sair para um compromisso. Certa noite disse ao marido que não queria mais ver TV, preferia conversar. Para ela, essas afirmações de algo próprio são grandes conquistas.

Certo dia me anuncia que não quer mais vir à análise três vezes por semana. Eu havia me perguntado se esse ritmo não seria excessivo. Em duas ou três ocasiões eu lhe fiz essa pergunta, e a resposta foi "não". Hoje entendo que não havia ninguém-nela para saber se aquilo era, ou não, excessivo – como não houvera ninguém-nela para saber se ela gostava ou não de piano. Como a mãe-autômato, ofereci um enquadre "por atacado", e ela simplesmente aceitou. Confundi a resposta de um sujeito ainda por nascer com a de um sujeito já em contato com seu desejo!

Viu uma exposição de fotos das malas de pessoas que tinham vivido em uma instituição psiquiátrica. Soube que no começo o fotógrafo procurara as fichas médicas para saber quem tinham sido aquelas pessoas. Depois percebeu que as próprias malas contavam muito mais de sua história do que as fichas. Esse material indica a possibilidade de abandonar uma abordagem operatória – as fichas médicas – em favor de um olhar atento à singularidade de cada um – as malas. Em vez de precisarem ser apagadas – como fez com a estação de rádio que toca as músicas que aprecia –, tais marcas são valorizadas, ou não estariam sendo expostas na galeria.

Tem um pequeno apartamento cujo aluguel lhe proporciona uma renda. É principalmente lá, na escolha de móveis e objetos, que se sente livre para deixar as marcas de sua singularidade. Não quis alugar para um casal que queria mudar a decoração. Conseguiu alugar para outro que adorou exatamente como estava, o que a deixou muito feliz. Tanto o fotógrafo quanto o casal que adorou a decoração nos dão notícias do *novo objeto que vai sendo construído na transferência*: aquele que é capaz de reconhecer – no duplo sentido de enxergar e valorizar – quem ela é "de verdade".

Esse processo, contudo, não se dá sem resistências. Ela acompanha o marido em uma intensa vida social, na qual ocupa um lugar discreto. Em certo jantar, inesperadamente alguém lhe faz uma pergunta direta: "Paula, em que maternidade vai dar à luz?". Sente uma flechada no peito, entra em pânico e responde rapidamente. Nem bem se recupera, nova pergunta direta sobre o bebê. Mesma sensação, mesma resposta rápida. Essa cena mostra a que ponto a "não existência" como defesa se cristalizou e se tornou um modo de vida necessário. É na transferência que a experiência suficiente, mas não excessiva, de ser vista, e de existir para o outro, pode revitalizar sua vida psíquica sem despertar resistências excessivas.

Finalizando

Retomo a discussão sobre a relação entre processos de adoecimento e estratégias terapêuticas indicando os elementos teóricos que dão sustentação às formas de trabalhar que apresentei. É importante que um analista consiga justificar metapsicologicamente o que faz, principalmente quando uma análise lhe exige intensa implicação. E isso para evitar dois riscos opostos: o de uma clínica alheia à problemática singular do paciente, e de outra alheia aos fundamentos terapêuticos da psicanálise.

Os dois casos apresentados me vieram à mente quando li o texto "Matrizes e modelos de adoecimento psíquico em psicanálise", de Luis Claudio Figueiredo (2016). A compreensão e a nomeação dos processos de adoecimento apresentadas pelo autor, bem como a compreensão e a nomeação das estratégias terapêuticas correspondentes, me ajudaram a pensar de forma mais organizada sobre o trabalho que vinha fazendo com as duas pacientes.

O autor faz uma leitura crítica da história do pensamento psicanalítico com o objetivo de reconhecer como a psicanálise pensou os processos de adoecimento psíquico, de Freud até os contemporâneos. O objeto de sua leitura não é a psicopatologia em si

– sofrimento neurótico ou não neurótico –, mas como os autores pensaram os processos que resultam em tais formas de sofrimento. Esse autor encontrou na literatura duas grandes matrizes teóricas que permitem entender os processos de adoecimento psíquico.

Nomeou a primeira de *matriz freudo-kleiniana*. Os autores que trabalham nessa matriz partem do pressuposto de que o psiquismo tem capacidades inesgotáveis para se defender de forma *ativa* da angústia produzida pelas ameaças à integridade somatopsíquica. A segunda é a *matriz ferencziana*. Aqui, ao contrário, os autores admitem que as capacidades do psiquismo de se defender do que ameaça sua sobrevivência podem se esgotar. O trauma precoce pode aniquilar as capacidades de defesa de tal forma que as angústias são evitadas por uma extinção de áreas do psiquismo.

Marcia ilustra exemplarmente a matriz freudo-kleiniana, e Paula, a matriz ferencziana. Em Marcia, é o excesso de ativação das defesas que trava a capacidade de realizar trabalho psíquico; em Paula, a falta de tecido psíquico vivo produz o mesmo resultado. A compreensão dos respectivos processos de adoecimento determina, e ao mesmo tempo dá um embasamento teórico, às estratégias terapêuticas utilizadas: desativação do binômio angústia-defesa no primeiro caso, e revitalização no segundo.

Espero ter conseguido não apenas ilustrar, mas também justificar as duas modalidades de implicação do analista que trabalha com os ecos da pulsão de morte.

7. Figuras e destinos do sofrimento não neurótico[1]

Neste capítulo, pretendo mostrar como o destino de dois "pacientes" não neuróticos depende do encontro do objeto. Um deles, Sada, personagem do filme *O império dos sentidos*, encontra o objeto complementar a sua patologia e enlouquece. O outro, Don, do filme *Flores partidas*, encontrará um objeto que não faz o papel complementar e se "cura". A sinopse dos filmes será nosso "material clínico".

---

1 Originalmente publicado na *Revista IDE* e no *International Journal of Psychoanalysis*, com o título "Duas faces de Tânatos" – e ligeiramente alterado para compor o presente capítulo –, este texto foi escrito com a colaboração dos alunos que frequentaram o curso "'A pulsão de morte e suas interpretações", ministrado por Marion Minerbo, na Sociedade Brasileira de Psicanálise de São Paulo, no primeiro semestre de 2006. Seus autores: Marion Minerbo e Carmen Soto de Bakker Silveira, Claudia Cristina Pereira Gomes Antilla, Cleide Lossassi Sarmento, Eloísa Helena Rubello Valler Celeri, Ethel Maria Ferreira Penna, Fabia Badotti Garcia Herrera, Maria Clara Rocha Leite Haudenschild, Maria Regina Viegas de Almeida, Mauricio Simões Abrão, Orlando Lucio Neves De Marco, Patricia de Campos Lindenberg Schoueri, Remo Rotella Junior, Valéria Gimenes Loureiro e Vera Tavares Primo.

240 FIGURAS E DESTINOS DO SOFRIMENTO NÃO NEURÓTICO

* * *

O império dos sentidos *(IS) e* Flores partidas *(FP): sinopses*

O império dos sentidos

Logo na primeira cena, Sada, a nova empregada na casa de Kiti, não consegue dormir. A expressão de seu rosto é ambígua: excitação sexual? Angústia? A amiga lhe diz que "aquilo acontece com todas as que chegam ali". Na cena seguinte, as duas espiam por uma fresta as relações sexuais do casal dono da casa. A mulher goza. "É assim todos os dias antes de ele sair de casa."

Em seguida, um velho bêbado é acordado na sarjeta por uns garotos que atiram bolas de neve sobre seus genitais murchos. Quando avista Sada, o velho recobra a vivacidade e recorda ter sido seu cliente há décadas. "Você é uma mulher fantástica!" Temos a sensação de que há muito tempo ele experimentou algo inesquecível com aquela prostituta. O velho implora por mais um pouco "daquilo". Gostaria de se ver potente uma última vez. Essa cena só fará sentido *a posteriori*, quando entendemos que Sada é uma mulher hipererotizada, ou melhor, adicta a sexo.

Há uma briga na cozinha entre as empregadas da casa. Alguém chamou Sada de prostituta. Enfurecida, ela empunha uma faca. Kiti, o patrão, vem contê-la. Ao olhar para seu rosto, percebe alguma coisa: "Você deveria estar segurando outra coisa, não essa faca". Já enfeitiçado por sua sensualidade, acrescenta: "Você é jovem e cheia de frescor. Já sou velho. Gostaria de ser jovem como você".

Temos, assim, o encontro entre Kiti, que a cada manhã leva sua esposa ao delírio, e Sada, cuja sensualidade marcou um velho que ainda guarda boas lembranças. O sexo entre eles é eletrizante. Em dado momento, depois da primeira experiência sexual com o patrão, Sada pede demissão à patroa. Pressente que não deve continuar ali. Ao que parece, tenta se proteger, e ao futuro amante, do que irá se configurar ao longo do filme como uma verdadeira adição sexual.

E fatal, porque a violência de Sada se anuncia desde o início, na cena da cozinha. Adiante, quando presencia uma relação sexual entre o casal, alucina uma cena em que corta, com uma navalha, o pescoço da esposa de Kiti. Em outro momento, usará a faca para ameaçar Kiti: "Vou cortá-lo, para que nunca entre em outra". Kiti: "Se cortar, você não vai ter também". Sada: "Se vai morrer, então desisto". A faca faz nova aparição na cena final do filme, em que Sada mata Kiti e corta seu pênis, para não perdê-lo. É uma cena em que o vermelho do sangue nos impressiona. Aliás, o vermelho predomina no filme todo, representando a sexualidade e a violência, ou melhor, a violência da sexualidade.

A câmera filma as cenas de perto, quase não há cenas externas e horizontes, o que cria um clima sufocante. Começamos a ficar inquietos quando Sada não permite que Kiti saia da alcova por alguns instantes para urinar, pedindo que urine nela. Aos poucos, ela vai ficando obcecada por seu pênis. Kiti, referindo-se ao membro ereto, diz: "Me deixa em dúvida se é meu ou seu". Ela: "É todo meu". Kiti (num vislumbre de lucidez): "Ouça, vou virar um esqueleto se continuarmos sempre juntos. Não restará mais nada de Kitisan". Sada (enfurecida): "Você quer dizer que não me quer para sempre?". Kiti recua: "Mesmo virando um esqueleto, nunca a deixarei". Sada confirma sua obsessão, que é egossintônica: "Não o largarei, mesmo que vire um esqueleto". E não o larga mesmo: há uma cena em que os dois caminham pela rua, ela com o pênis dele na mão, como se o puxasse por uma coleira. A alcova vai ficando nojenta, o mau cheiro impera, pois eles já não saem de lá nem para a faxina semanal. Deixam de se alimentar. Kiti percebe para onde a obsessão os leva, inexoravelmente. Apesar disso, diz: "Meu prazer é lhe dar prazer e obedecer a seus desejos".

Há duas cenas de infância que permitem reconstruir a história dessa adição sexual.

Em uma delas, a mãe de Sada brinca com duas crianças nuas que correm em torno dela, em um misto de excitação e medo. A mulher pega o pênis do garoto, que grita: "Me solta, me solta!". Como Sada fez com Kiti.

Em outra, ela está deitada, nua, e em torno dela giram um homem seguido por uma menina que pergunta: "Posso ir?", ao que o homem responde: "Ainda não".

Em certo momento, a dor entra em cena. Sada pede que Kiti bata nela, e depois invertem os papéis. Descobrem que o estrangulamento impede o retorno venoso e produz uma ereção mais rígida, que independe do desejo de Kiti. Em dado instante, ela pega uma faca: "Amo você a ponto de matá-lo". Ele responde: "Não use a faca, prefiro que me estrangule". Ele já sabe qual é seu destino. Sada quer o gozo absoluto, mesmo à custa do estado psíquico ou físico do amante. Ele já se conformou e não se queixa: "Meu corpo é seu"; "Sou parte de você, somos um só". Consente com a manobra até perder os sentidos e ser estrangulado. Desesperada, ao perceber que ele está morto, corta seu pênis para possuí-lo para sempre.

No início do filme, com as primeiras cenas de sexo, o espectador experimenta alguma excitação sexual em razão do erotismo e da sensualidade do casal. Aos poucos, essa primeira impressão vai se transformando em inquietação e, logo, em horror, porque percebemos que estamos diante de uma sexualidade aditiva, no terreno da pulsão de morte. As cenas de sexo, já francamente pornográficas, são tediosas. A obsessão, num crescendo, preconiza um final trágico, em especial quando vemos Kiti dobrar-se a todos os pedidos de Sada.

* * *

Flores partidas

Don é um ex-dom-juan, solteirão, cuja vida é vazia e sem sentido. Ganhou dinheiro com a venda de computadores e se aposentou. Seu rosto é inexpressivo e apático. A sala de sua casa é igualmente sem vida. Está sentado em um sofá, olhando para o nada ou para a televisão, em que assiste ao enterro de Don Juan. Uma jovem apanha algumas coisas e vai embora, reclamando de sua falta de implicação na relação: "Você não quer ter uma família". Ele não move um músculo, seja para se defender, seja para retê-la. Ao fundo, há um vaso com flores que vão murchando. As flores, como a cor rosa, são fios condutores do enredo: flores murchas em sua casa; burocráticos buquês de flores cor-de-rosa para as ex-namoradas; flores frescas, simbolizando sua ressurreição psíquica; o próprio título do filme, *Flores partidas*.

Em contraste, a casa do vizinho Winston é cheia de vida. Don gosta do ambiente caloroso, do café, da mulher, dos filhos do vizinho. Don recebe uma carta cor-de-rosa, anônima, que a princípio nem se interessa em abrir. Por fim, entediado, lê que tem um filho de 19 anos, fruto de um amor antigo. O garoto saiu de casa para procurar seu pai; a mãe quer que Don saiba disso, caso o menino o procure. Metido a detetive, depois de longa insistência Winston convence Don a viajar para descobrir se a carta diz ou não a verdade. Temos a impressão de que o vizinho supõe que um filho poderia mobilizar o amigo. Prepara o roteiro de viagem, faz as reservas de hotéis, de carros etc. Como detetive amador, sugere que procure por uma máquina de escrever e outros objetos de cor rosa. Ao longo da viagem, Don mantém a face inexpressiva, o que vai criando um clima angustiante. Torcemos para que encontre algo que o tire do marasmo. Visita cinco mulheres, mas qualquer uma poderia ser a autora da carta, pois em cada casa há objetos cor-de-rosa. Pelo menos, já o vemos procurar por alguma coisa, embora burocraticamente (ele está apenas seguindo as instruções de Winston).

O clima de cada casa é único. Na casa de Laura, predomina um erotismo indiscriminado (a filha, Lolita, é uma lolita).

A casa de Dora parece um cenário. Carmem tornou-se terapeuta de animais domésticos, com os quais se comunica. Penny mora no meio do lixo, com um namorado violento. Quando Don pergunta a ela se tem um filho (viu a máquina de escrever cor-de-rosa jogada no jardim), o namorado o agride, ferindo-o no supercílio. Desmaia e acorda – para a vida? Vai a uma floricultura comprar flores para depositar no túmulo da quinta mulher da lista, Michelle. A florista, de nome Sol, cuida de seu ferimento. No cemitério, ele deposita as flores e chora.

Entre uma visita e outra, há cenas monótonas de *road movie*, o carro correndo na estrada, o rosto irritantemente inexpressivo, a música irritantemente a mesma. Há dois sonhos em que "pedaços" de todas essas mulheres aparecem. A perna de uma, o cabelo da outra, e assim por diante. Todas são loiras. Nenhum enredo liga as imagens nos sonhos. Nos hotéis, de noite, Don mantém contato com Winston, queixando-se da inutilidade de sua busca. Este, no entanto, continua lhe oferecendo a necessária sustentação para sua jornada/elaboração.

Retorna para casa, aparentemente sem ter encontrado o que procurava. Seu rosto não mudou, não sabemos se ele está ou não decepcionado com sua busca, ou se algo mudou dentro dele. Até que ele vê, no aeroporto, um rapaz de mochila (há uma fita rosa), meio perdido, e que parece procurar por alguém. Don olha para ele demoradamente, e, pela primeira vez, percebemos que ele gostaria muito que aquele rapaz fosse seu filho. Imagina que ele pode ter fugido da casa de Penny e do padrasto violento. Aproxima-se, oferece-lhe um lanche.

A conversa se encaminha para o tema pai-filho. Assustado, o rapaz foge. Don corre atrás dele, em vão. Pouco depois aparece outro "candidato a filho". Don olha, procura, espera, deseja que seja seu filho. Com este também não há reciprocidade. E com um terceiro. Percebemos, então, que ele nunca mais vai ter sossego, pois agora deseja ardentemente ter um filho. Algo, afinal, se moveu. Ele está em outra posição subjetiva.

O filme tem, por assim dizer, dois finais. Sherry lhe envia uma carta (cor-de-rosa!) propondo tentarem novamente. E Don está na estrada, em uma encruzilhada, com vários caminhos pela frente.

O espectador é levado a experimentar um tédio contínuo, do início ao fim do filme. Constatamos, com pesar e com horror, a ação de Tânatos: nada é capaz de tocar aquele homem, nem agora, nem quando era jovem: ele nunca se relacionou realmente com aquelas mulheres. Ficamos horrorizados diante de uma existência vazia, em que nada de significativo ocorreu. Nas cenas em que visita as mulheres da lista, o desejo de que algo diferente aconteça fica depositado em nós. Torcemos para que ele encontre seu filho.

* * *

As personagens ilustram duas formas de *narcisismo de morte* (expressão de Green), formas clínicas da pulsão de morte. Sada é uma *borderline*, que tende para esse estado pela via "quente" da

246 FIGURAS E DESTINOS DO SOFRIMENTO NÃO NEURÓTICO

fusão com o objeto; Don é um esquizoide, que faz o mesmo pela via "fria" do desinvestimento objetal. São duas faces de Tânatos. O encontro com o objeto será determinante do prognóstico do caso. Veremos, com Sada, o paroxismo da compulsão à repetição; com Don, sua transformação e a irrupção do desejo.

* * *

Psicopatologia relativizada

Das duas formas de subjetividade não neurótica mencionadas, qual é a mais patológica: Don, encerrado em sua solidão esquizoide, ou Sada, que mata seu amante, transitando na fronteira entre a perversão e a psicose?

Vimos, no Capítulo 2, que essa é uma pergunta que não faz muito sentido em Psicanálise, uma vez que o sujeito doente é o vínculo intersubjetivo. Para respondê-la, é preciso analisar a natureza do vínculo que se estabelece entre Sada e Kiti e entre Don e Winston. A gravidade do caso, bem como seu prognóstico, depende disso. Sada não mata Kiti por ser mais louca, mas porque, com *ele*, ela se torna mais louca – afinal, antes daquele encontro, ela estava relativamente compensada.

Por outro lado, como encontrar um "novo objeto" – um objeto não complementar –, se nas patologias relacionadas à pulsão de morte o mesmo objeto é continuamente recriado por identificação projetiva? O sujeito simplesmente não reconhece um objeto que não tenha as características traumatizantes, como vimos no Capítulo 5, com o caso de Marie.

Sada não teria se interessado por um objeto que se recusasse *totalmente* a "entrar no jogo". Se ele tivesse, contudo, se comportado como um analista e, em lugar de se oferecer para lhe proporcionar o gozo absoluto, tentasse conter *um pouco* sua excitação; se tentasse se afastar *um pouco* (para urinar, para se alimentar) para logo retornar; se tentasse adiar *um pouco* a satisfação sexual, proporcionando-lhe a experiência de sobreviver à própria excitação, talvez ela tivesse conseguido suportar "doses homeopáticas" de "novo objeto", sem abandoná-lo e sem enlouquecer.

Don encontra Winston, que se dispõe a "tratá-lo". Por mais que ele tivesse desinvestido todos os objetos, havia uma preconcepção de algo valioso na casa do vizinho, tanto que ele a frequentava. Parecia buscar algo ali. O esboço desse objeto já existia; Winston vem simplesmente atualizá-lo, dando-lhe a necessária sustentação transferencial. Sem esse encontro, porém, podemos perfeitamente imaginar Don passando o resto da vida sentado no sofá de sua sala, olhando para a TV como um morto-vivo. A patologia é igualmente grave.

Tudo isso concorre para relativizar a ideia de psicopatologia em Psicanálise, como insistimos no Capítulo 1 ("Psicopatologia psicanalítica: notas críticas"). A teoria psicopatológica não se refere a uma realidade empírica, a uma entidade nosológica fechada sobre si mesma, mas a certa configuração intersubjetiva restritiva e repetitiva, em que cada um desempenha funções essenciais à economia narcísica do outro e por isso "não pode se mexer".

A análise pode modificar a relação patológica na medida em que o analista não atende (completamente) a demanda do paciente, nem lhe faz qualquer demanda em benefício de seu próprio narcisismo.

248 FIGURAS E DESTINOS DO SOFRIMENTO NÃO NEURÓTICO

* * *

Destinos da pulsão de morte: o encontro com o objeto

A expressão "pulsão de morte" recebeu várias interpretações ao longo do tempo. Usaremos a de Figueiredo (1999), segundo a qual essa expressão descreve certo *regime de funcionamento pulsional* que mantém estreita relação com o objeto encontrado nas experiências precoces.

Se o objeto encontrado respondeu de maneira suficientemente adequada à demanda pulsional, ele pode ser perdido como objeto primário e ser internalizado. Nesse caso, o psiquismo passará a formar representações, funcionando no regime de Eros. A repetição visará a reencontrar o objeto do desejo, que se multiplica ao longo da vida.

Se o objeto primário não efetuou as necessárias ligações ou se, por uma situação traumática, essas foram precocemente destruídas, instala-se um regime de funcionamento pulsional marcado pela compulsão à repetição. O objetivo não é a busca do prazer, mas a necessidade desesperada de estabelecer ligações que estanquem a dor do traumatismo e a reconstituição do narcisismo de vida.

Um terceiro regime de funcionamento pulsional, também sob a égide de Tânatos, se instala quando o sujeito desespera de encontrar o objeto que faça as ligações que contenham a violência pulsional e, em lugar disso, desiste. O objeto deixa de ser buscado. As eventuais ligações passam a ser atacadas. Há um retorno ao narcisismo, com uma recusa peremptória de abertura para o objeto.

É o "retorno ao inorgânico", entendido como a recusa da própria subjetividade.

Podemos identificar o regime de funcionamento pulsional de "nossos pacientes".

Sada parece estar procurando o objeto que a ajude a conter a intensidade de suas pulsões sexuais e agressivas, tanto que, desistindo de ser prostituta, foi trabalhar como doméstica. Ironicamente, reencontra o mesmo objeto hiperexcitante que aparece em um de seus sonhos de infância (a mãe com as duas crianças nuas).

Don parece ter desistido de encontrar o objeto. É o objeto que vai, ativamente, a seu encontro e sustenta, com sua própria pulsionalidade, os investimentos que Don ainda não é capaz de fazer por si só.

Winston, o vizinho vitalizado, tem um psiquismo que está continuamente "fazendo novas ligações" (o conceito de ligação foi abordado no Capítulo 3): liga-se ao mundo pela internet, tem paixão por histórias de mistério e certa vocação para detetive. Don, ao contrário, nem tem computador. Não abre a carta cor-de-rosa, mas vai dar bom dia ao vizinho com ela na mão. Winston interpreta aquilo como um pedido de análise e se move, no campo transferencial, para que Don empreenda uma viagem investigativa. E se ele tiver mesmo um filho? Don recusa-se a se deixar perturbar por suposições desse tipo, ilustrando a definição freudiana de pulsão de morte: o desejo de não ter qualquer desejo; de manter a excitação no grau mais baixo, se possível no zero.

Winston não se deixa abater quando Don lhe diz: "Me deixe em paz, não quero saber, não me interessa". Sustentado por suas próprias reservas narcísicas, investirá ativamente sua libido em Don, "reclamando" a pulsão (Alvarez, 1992), chamando-o para a vida.

A insistência e o investimento de Winston em Don têm um efeito disruptivo no campo do desinvestimento melancólico da mãe morta. A mãe morta é um conceito criado por Green (1983) para descrever o funcionamento psíquico de uma mãe que, em razão de sua própria melancolia, não pôde fazer os necessários investimentos em seu bebê, deixando a pulsão, por assim dizer, adormecida. As identificações primárias se darão precisamente com essa ausência de um olhar capaz de constituir o narcisismo primário. É importante notar que a identificação primária se dá com o negativo, com um não investimento. A partir dela, será impossível para Don investir libidinalmente em qualquer objeto. A paisagem resultante é que nenhum objeto se torna significativo; não há qualquer relevo emocional em sua vida psíquica. Isso fica evidente no filme – as namoradas não deixaram, nele, qualquer marca. A lista das possíveis mães de seu filho é feita de maneira totalmente burocrática, a pedido de Winston. O afeto que predomina em tal paisagem psíquica é o tédio. Apoiando-nos na ideia da mãe morta, o tédio resulta da melancolia: melancolia da mãe e não de Don. Vimos esse tipo de subjetividade no Capítulo 4, em "Segunda triangulação", e veremos novamente no Capítulo 9.

À primeira vista, Don parece um melancólico. Logo percebemos, porém, que a perda de um objeto significativo não lhe causa tristeza ou dor, nem autorrecriminações ou desesperança – enfim, nenhum dos sintomas que costumam caracterizar essa condição psicopatológica. Na verdade, ele não sente nada. Há outra condição patológica em que o sujeito não sente nada: a esquizoidia. Figueiredo (2003), em "Subjetivação e esquizoidia na contemporaneidade" – texto em que enfoca a subjetividade contemporânea a partir de Fairbairn –, mostra que os afetos mais característicos do retraimento esquizoide são o tédio e o sentimento de futilidade, resultantes de um desinvestimento maciço do mundo.

Na análise desses pacientes, é preciso buscar o analisando ativamente, lá onde ele está. É o que Winston faz: propõe um roteiro de viagem para Don, compra as passagens, reserva hotéis e carros. Aquela será uma viagem ao passado, para um reencontro com suas ex-namoradas. Uma viagem ao interior de si, para ressignificar sua história. Não podemos esquecer que Don vai em busca de uma "mãe", da mulher que supostamente seria mãe de seu filho. Igualmente, podemos escutar isso como uma busca por sua própria mãe, mas uma mãe viva (da qual Winston é a representação), que possa ser internalizada como bom objeto interno. Essa internalização constituirá a estrutura enquadrante interna, condição de possibilidade para que novos vínculos sejam criados, dando prosseguimento aos processos objetalizantes (Green, 1988).

Sada, que até então parecia ter conseguido se adaptar ao mundo, graças a sua escolha profissional (prostituta), deixa essa vida e esse enquadre – sabemos que a gueixa é valorizada pelos códigos sociais japoneses – para trabalhar como empregada doméstica na casa de Kiti e sua esposa. Nessa passagem, em que as pulsões ficam em estado não ligado pela súbita ausência do enquadre externo adequado, é que se dá o encontro com o objeto, com o qual embarcará na *folie à deux* de uma sexualidade aditiva.

Kiti encarna um objeto duplamente determinado. De um lado, é o próprio objeto primário, hiperexcitante e incapaz de exercer integralmente a função materna: desperta a pulsão, mas não a contém. Ao se dar conta da sensualidade de Sada, Kiti mais a excita, dizendo que ela deveria estar segurando seu pênis e não uma faca. Ele percebe a demanda e, em lugar de oferecer continência – palavras que contenham e simbolizem a excitação –, oferece o pênis, objeto concreto com o qual mantém uma relação de objeto do tipo pré-genital oral. Kiti comporta-se como a mãe do futuro psicótico: narcisicamente excitado por ser tomado na transferência como seio idealizado. Maravilhado com sua própria potência, propõe-se a satisfazer Sada de maneira absoluta.

Assim, Kiti é capturado em sua "contratransferência". Suas próprias necessidades narcísicas fixam-no no papel que determinará sua morte. Testemunhamos, ao longo do filme, como ele não quer, não sabe ou não consegue frustrá-la. Tenta, por uma ou duas vezes, oferecer palavras no lugar do pênis: diante da fúria de Sada, desiste. É quando lhe diz que, se continuarem assim, irá se transformar num esqueleto; diante, porém, da reação agressiva de Sada, completa: "Mesmo virando um esqueleto, nunca vou te deixar". Com isso, não a ajuda a abrir espaço para o pensamento e a simbolização, mantendo-a eternamente no registro da necessidade.

Em outro nível, Kiti representa também o pai incestuoso. A assimetria das funções patrão/empregada o coloca no lugar transferencial da figura paterna. Sada percebe o perigo e pede demissão, revelando alguma capacidade de pensamento e autocontinência, mas a tragédia se desenvolverá até o fim.

Recorremos a Laplanche (1988) para compreender a sexualidade de Sada. Para esse autor, com o conceito "pulsão de morte", Freud resgatou o caráter violento, disruptivo e fragmentado da pulsão não ligada, apresentada nos *Três ensaios* (Freud, 1905/1969n). Ao introduzir o conceito de narcisismo no texto de 1914 (1969q), a pulsão se unifica em torno do primeiro objeto, o ego. Nos textos subsequentes, a pulsão foi "pacificada", isto é, ligada a um objeto. Laplanche não vê necessidade de postular a existência de duas pulsões (de vida e de morte), uma vez que a pulsão de morte seria a própria pulsão sexual em seu estado de não ligação, com as características já citadas. A pulsão sexual de morte é aquela que busca a satisfação absoluta e imediata, pela via curta da descarga, em um regime de funcionamento característico do processo primário, sem possibilidades do adiamento. Essa pulsão fragmenta e "coisifica" o objeto, transformando-o em objeto parcial, fazendo dele um uso utilitário e satisfazendo-se dessa forma, como se observa na clínica dos pacientes não neuróticos.

O encontro com o objeto a que estamos nos referindo ao longo do texto supõe, naturalmente, a transferência com esse objeto. O único investimento significativo de Don, no começo do filme, é Winston e sua família. Isso mostra que há um esboço, em seu psiquismo, de um objeto vivo, ao lado da "mãe morta" com a qual está identificado. Por esse motivo, apesar da resistência, não fica indiferente à palavra do vizinho. Sada reencontra o objeto duplamente determinado mencionado acima, o que faz que seja capturada pela/na transferência.

* * *

Objeto do desejo, objeto da necessidade

As cenas iniciais de FP são filmadas por uma câmera tão imóvel quanto Don, por um tempo que nos parece longo e difícil de suportar. Seu olhar vazio se dirige para o nada. Ele não esboça qualquer movimento para reter a namorada que está indo embora. O ex-dom-juan, que imaginamos ter tido muitas mulheres no passado, já não parece desejar nada, exceto não ser perturbado em sua casa – que mais parece uma câmara mortuária. Se alguma vez houve desejo, agora certamente não há traços dele, o que é compatível com um retraimento esquizoide. O tédio é seu afeto mais característico. Cito Figueiredo (2003, p. 54): "O senso de tédio e futilidade é o tom dominante dos estados esquizoides em seus mais sombrios momentos, em que nada, absolutamente nada, pode ser dotado, no presente, no passado ou no futuro, de qualquer valor afetivo, de qualquer apelo positivo ou negativo". Nesse sentido, FP é um filme que retrata perfeitamente a subjetividade contemporânea, em que o psiquismo se constitui em meio a condições traumáticas e as defesas mobilizadas levam ao isolamento e à ausência de desejo. Remeto o leitor ao Capítulo 9, em que analiso as soluções defensivas diante da experiência subjetiva de tédio e de vazio. São os comportamentos compulsivos e aditivos que encontramos na clínica da depleção simbólica.

Por outro lado, Sada é uma ex-prostituta obcecada por sexo. Embora ela experimente um desejo sexual insaciável, do ponto de vista metapsicológico, contudo, não se trata de desejo, mas de necessidade. Essa diferença foi abordada no Capítulo 3. O objeto da necessidade exerce funções importantes na economia narcísica do sujeito, ao passo que o objeto do desejo o faz em sua economia libidinal. Isso fica claro quando percebemos que ela não pode se separar é do pênis de Kiti, e não de Kiti. "Quero você agora! Dentro de mim! Não posso esperar! Não posso esperar!" A partir de certo ponto, o filme não nos excita mais, apesar de exibir, o tempo todo, cenas de sexo explícito – comprovando que não é de desejo que se trata. Ao contrário, experimentamos uma sutil inquietação, que logo se transforma em horror, quando entramos no universo subjetivo dos amantes. É que descobrimos que o sexo, para Sada, é uma questão de vida ou morte. Em termos psicopatológicos, estamos em terreno não neurótico, determinado por uma lógica emocional que se situa além do princípio do prazer.

Na relação dos personagens com o sono, já está presente o "quente" e o "frio" que marcam essas duas formas extremas do narcisismo. Sada não sabe o que é dormir bem, provavelmente por estar entregue às pulsões sexuais não ligadas. Em contraste, Don adormece assistindo a TV, sem nem sequer tirar os sapatos, aparentemente sem que nenhum pensamento, desejo ou fantasia o perturbe. Sada vai tentar "ligar" suas pulsões estabelecendo uma relação fusional com o objeto. Don fará de tudo para que nenhum objeto se torne significativo para ele. Nos dois casos, contudo, o que se busca é a mesma coisa: nenhuma dependência, nenhum desejo, nenhuma dor. Green discrimina um narcisismo de morte, que busca o "zero" de excitação, do narcisismo de vida, que busca assintoticamente o "um", isto é, a integridade do Eu.

* * *

Sedução

Há uma sedução narcísica recíproca entre os dois protagonistas de IS. Sada diz a Kiti que ele é o único capaz de satisfazê-la. E Kiti diz a Sada que ele irá satisfazê-la de maneira absoluta. Sada se alimenta do sêmen de Kiti, que se alimenta de um ovo que "sai" da vagina de Sada. Um bebê que satisfaz totalmente a mãe, que, por sua vez, satisfaz totalmente seu bebê.

Em outro nível, há um pai que seduz a filha, excita-a e não dá conta de conter o ataque pulsional que despertou. A sedução é dupla, pelo objeto materno/paterno. Não é de admirar que Sada e Kiti estabeleçam uma relação fusional, com a intolerância a qualquer mínimo afastamento, a qualquer adiamento, à introdução de um terceiro – até mesmo das necessidades biológicas, como o sono e a alimentação. (Ela não dorme durante a noite, acariciando o pênis de Kiti até que ele acorde.)

A sedução objetal – se cabe usar a expressão – de Winston é uma sedução necessária. Green (1988) diz que é o objeto que desperta a pulsão. Alvarez (1992) fala em "reclamar" a pulsão, oferecendo objetos à libido. Trabalhando crianças autistas e psicóticas, a autora desenvolveu uma postura ativa a que denominou "função de reclamação". Aqueles analisandos pareciam não desejar nada dela, nem mesmo a fusão psicótica que seria de esperar nesses casos. Simplesmente tinham desistido. A situação exigia uma extensão dos modelos teóricos sobre a função analítica com os quais ela estava familiarizada. Trabalhando em uma linha klein-bioniana, percebeu que uma atitude expectante – no sentido de aguardar as projeções para contê-las e transformá-las – não era suficiente para lidar com o grau de retraimento daquelas crianças. A função de reclamação pressupõe uma postura ativa e implicada de despertar a pulsão, que pode ser vista como uma sedução necessária. O analista se oferece como objeto para um primeiro investimento pulsional.

Da mesma forma, Aulagnier (apud Violante, 2001) denomina "violência primária" a sedução necessária à constituição psíquica: "O Eu materno atribui as manifestações corporais do mundo pulsional do bebê a um suposto desejo de um Eu ainda inexistente: desejo de sua presença, de seu seio e de sua voz" (p. 45). A mãe se *antecipa* ao desejo, ela oferece o seio antes que o bebê seja capaz de demandá-lo; ao satisfazer-se, ele se constituirá como demandante do seio, como "aquele que deseja o seio". Essa primeira identificação, constitutiva do narcisismo primário, é constitutiva também do desejo. Ao contrário da mãe morta de Green – que não tem libido disponível para seduzir o bebê, o que resulta em uma inscrição negativa do desejo –, a mãe da violência primária se antecipa ao desejo e, com isso, produz uma inscrição positiva deste. Winston, no lugar do analista, se antecipa ao desejo de Don e lhe "oferece" a viagem, as dicas, o roteiro etc. Nas últimas cenas do filme, quando Don procura por seu filho em todos os rapazes que encontra, vemos que já há um desejo próprio.

* * *

Afetos

Os afetos que colorem a relação com o objeto da necessidade – o objeto que realiza funções vitais para o Eu do sujeito – são "barulhentos". Em sua falta, ou o sujeito se debate, desesperado, como quem fica subitamente sem ar, ou se torna violento, tentando acabar com o que o impede de respirar.

A faca é o instrumento que, ao longo do filme, é usado por Sada para solucionar situações que geram angústia e outros afetos de difícil ligação em nível psíquico. Vimos, no Capítulo 3, o conceito de atuação e sua compreensão metapsicológica. Na cozinha, Sada agride a mulher que a humilhou, chamando-a de prostituta. Mata, em sua alucinação, a mulher de Kiti, o terceiro objeto, intolerável em sua economia psíquica. Ameaça matar Kiti ou cortar seu pênis, quando imagina que ele poderia penetrar outra mulher. A tensão psíquica gerada por afetos que ela não tem como processar encontra, na descarga impulsiva e violenta pela via do ato, o alívio possível. Depois de castrar Kiti, Sada vaga pelas ruas de Tóquio com o pênis dele na mão, objeto do qual não pode se separar.

Green (1988) pensa a pulsão de morte em termos de par pulsão/objeto. A pulsão de morte opera a função desobjetalizante por oposição à pulsão de vida, que tem efeitos objetalizantes. Quando o objeto primário é suficientemente bom, é internalizado como estrutura enquadrante interna, a partir da qual o psiquismo pode produzir objetos substitutos (metafóricos) do objeto primário internalizado. Esses objetos são fonte de prazer e encantam o mundo. Green denomina esse processo "função objetalizante". A falha do objeto primário faz que ele não seja internalizado e passe a ser buscado, concreta e compulsivamente, no mundo externo.

A excitação sexual de Sada parece ter essa determinação inconsciente, e por isso é aditiva, funcionando como uma droga. E tanto pode ser uma droga excitante, que visa a tirá-la do vazio e do tédio, quanto uma droga ansiolítica. Em ambos os casos, Kiti é reduzido a um objeto parcial. Esse tema é discutido no Capítulo 9, dedicado às adições contemporâneas.

O objeto da necessidade, como qualquer droga, funciona como um buraco negro, sugando toda a libido do sujeito, tornando todos os outros objetos do mundo não significativos. É assim que a função desobjetalizante opera, atacando a capacidade do psiquismo de produzir novos objetos do desejo e de se ligar a eles: fixa o sujeito a um único e mesmo objeto. Para esses analisandos, o analista não representa o objeto primário: ele o é; precisa funcionar continuamente como prótese psíquica e não pode se afastar por muito tempo, sob pena de deixar o analisando em um desamparo brutal. É o caso de Sada e Kiti.

A função desobjetalizante também permite compreender o tédio que domina a vida psíquica de Don. Nenhum objeto significativo é criado ou investido por ele, com exceção de Winston e sua família – exceção fundamental para diferenciá-lo de Sada.

Podemos imaginar que, se ele os perdesse, ficaria deprimido. Don não parece ter se ligado a ninguém durante sua juventude. Talvez tivesse atração por cabelos loiros, isto é, por um fetiche, um objeto parcial. Se pensarmos nele como um esquizoide, podemos imaginá-lo cindido de seu lado capaz de fazer contato com os objetos e experimentar a dependência amorosa.

* * *

Dor

A dor é um estímulo sensorial presente nos dois filmes, porém com funções diferentes na economia psíquica de cada personagem.

Em IS, o casal percebe que ela funciona como mais um elemento na escalada em direção ao gozo absoluto. Sada descobre a função erótica da dor na cena em que ela pede ao homem com quem está transando que bata nela. Aqui, a dor ainda está ligada ao jogo erótico; é uma das pulsões parciais apresentadas por Freud em *Os três ensaios sobre a sexualidade* (1905/1969n). Em *O problema econômico do masoquismo* (1924/1969l), no entanto, ele nos apresenta a ideia de um masoquismo primário. Até então, ele só considerava a inscrição primária da experiência de satisfação, a qual dava origem à busca do prazer. Agora, diante da evidência da compulsão à repetição, ele sugere que a inscrição primária da dor leva à busca da repetição da dor – fato desconcertante, que o levou a escrever *Além do princípio do prazer* (1920/1969b). No masoquismo moral, paradigma clínico da atuação da pulsão de morte, a desintrincação pulsional leva a melhor, e a destruição do indivíduo predomina sem que qualquer prazer seja auferido disso.

O que se observa, ao longo do filme IS, é que a dor sofrerá uma mudança qualitativa, passando de um funcionamento segundo o princípio do prazer – incrementando o jogo erótico – para outro modo de funcionar, denominado "além do princípio do prazer". Sada descobre que, ao estrangular o amante, o pênis tem uma ereção mais rígida, independentemente das "forças" e do desejo de Kiti. O pênis torna-se realmente autônomo, um objeto mais parcial do que nunca. Não se pode dizer, contudo, que a destruição do indivíduo seja buscada ativamente, como seria o caso no masoquismo moral. É o gozo absoluto que conduz à destruição. No limite, como bem disse Freud, o princípio do prazer serve à pulsão de morte.

Penso que, nesse filme, a dor tem também outra função.

Como se verá no Capítulo 9, a dor é um estímulo sensorial que pode ter a função de integrar o Eu, de garantir seus contornos, mitigando a angústia de fragmentação.

Falou-se da dor como estímulo sensorial, mas não podemos deixar de lado a dor psíquica. Em IS, é evidente que Kiti não suporta a dor de frustrar sua bem-amada, impondo-lhe limites. É a mãe que não aguenta ver seu bebê chorar. Essa dor pode ser insuportável quando há uma fantasia compartilhada de que o outro não sobreviveria à frustração. Kiti desistiu de enfrentá-la, e desistiu também do trabalho psíquico necessário para sair do lugar psíquico de seio onipotente em que foi colocado – e ao qual aderiu. Sua morte consentida, que pode ser vista como um suicídio, surge como libertação desse lugar.

* * *

Em FP, a dor tem outra função: a de acordar o sujeito para a vida. Quando Don visita Penny, seu truculento namorado lhe dá um soco que abre um ferimento em seu supercílio. Don desmaia e, com o rosto ensanguentado, acorda para a vida. Nessa altura do filme, Don já revisitou boa parte de sua história. A máquina de escrever, que encontra na casa de Penny, representa tanto a possibilidade de construir uma narrativa sobre sua história, ressignificando-a, como a possibilidade de novas inscrições psíquicas, isto é, a inscrição de novos objetos, funções, significados. O ferimento do soco, do impacto que representa a descoberta da alteridade, se inscreve literalmente em seu corpo. A saída do refúgio narcísico para o mundo não se dá sem dor.

É precisamente, todavia, a dor de viver que traz consigo a possibilidade do encontro de um novo objeto, fora da compulsão à repetição: o objeto cuidador, aquele que tem a função de mitigar e conter a dor, transformando-a. Depois do soco, Don entra em uma floricultura para comprar flores para a última mulher da lista, já falecida. A florista, que também representa o analista, cuida de seu ferimento. Se a viagem de Don deve levá-lo a encontrar a mãe (de seu filho), a florista representa o objeto capaz de exercer a função materna. Lava o ferimento, faz um curativo e indica a Don o caminho do cemitério, que talvez simbolize o luto por ter desperdiçado a vida daquela maneira. No túmulo de Michelle, ele chora e deposita flores frescas. A viagem está concluída.

Volta para casa, aparentemente sem ter encontrado o que buscava. Não foi possível descartar totalmente a possibilidade de ter um filho, nem confirmar com segurança que ele é pai de um adolescente. O efeito terapêutico da viagem, no entanto, passa por outros caminhos e não tarda a se mostrar. Ao voltar para sua cidade, vê no aeroporto um rapaz que poderia ser um garoto à procura de um pai. O importante, para nós, espectadores, não é tanto que aquele ou qualquer outro garoto seja realmente seu filho, mas que Don assim o deseje. Percebemos que ele agora olha para todos os garotos com a esperança de encontrar o filho. A libido volta a circular. A pulsão está em busca de um objeto ao qual se ligar, ou melhor, já existe um objeto fortemente investido: a fantasia de ser pai. A função objetalizante está novamente instalada. Há desejo, há objetos significativos, há vida psíquica na forma de fantasia. Quase podemos falar em realização alucinatória do desejo (o modo como a câmera filma Don e cada um dos garotos que passam diante dele nos faz acreditar, durante alguns segundos, que aquele é o filho procurado). Sherry manda outra carta de cor rosa, tentando um novo contato. Quem sabe ainda seja possível constituir uma família?

Há uma encruzilhada com vários caminhos possíveis. O fim do filme é, coerentemente, aberto.

* * *

Finalizando, poderíamos tentar uma nova classificação dos gêneros cinematográficos à luz do conceito de pulsão de morte. Oshida criou o gênero *horror erótico*, pois retrata perfeitamente a crueza, a violência e o caráter demoníaco do "pulsional não ligado", da "pulsão sexual de morte", diria Laplanche. Jim Jarmusch parece ter inventado o *épico entediado* ou, se preferirmos, o road movie *desafetado*. A função desobjetalizante, porém, vai sendo deixada para trás, lutos são feitos e novos objetos de investimento vão sendo criados por um psiquismo aos poucos ressuscitado. O trauma pode não ter representação, mas tem cor. Em IS, o trauma é vermelho, cor predominante no filme – cor do excesso de excitação e de violência não contidos. Em FP, Don procura por elementos que tenham a cor de seu trauma: o rosa, cor da falha precoce do feminino/materno. Já o horror é o afeto contratransferencial por excelência, diante da ação da pulsão de morte.

8. Compulsão a comprar

No capítulo anterior, analisamos a personagem de um filme que apresenta uma adição ao sexo. Para ela, transar tornou-se questão de vida ou morte, indicando as extremamente primitivas angústias subjacentes. Qualquer comportamento, porém, pode ser vivido como questão de vida ou morte. Neste capítulo, veremos que o consumo – mais especificamente, o consumo de grifes – constituiu, para uma analisanda, o elemento graças ao qual ela mantém relativamente compensada sua homeostase narcísica. Por isso mesmo, transformou-se num sintoma.[1] Quando falei do objeto no Capítulo 3, vimos que ele pode ser solicitado a realizar funções importantes para a economia narcísica do sujeito: de um lado, garantindo a integridade do ego; de outro, garantindo autorrepresentações valorizadas do *self*, de modo que o Eu se sinta digno de amor por si mesmo (autoestima) e/ou pelo objeto. A analisanda de que falaremos aqui precisava da grife – é o objeto da necessidade – como elemento garantidor de seu valor narcísico.

---

1   Este capítulo é um resumo de minha tese de doutorado, publicada pela Casa do Psicólogo em 2000, com o título *Estratégias de investigação em psicanálise*.

Assim como Sada tornara-se viciada em sexo, Bia viciou-se em comprar grifes.

Em uma das notas críticas do Capítulo 2, disse que a psicopatologia psicanalítica é consubstancial à cultura na qual/por meio da qual certa subjetividade se compõe. Naturalmente, é preciso entender "cultura" no sentido amplo do termo: desde a cultura de uma dupla (seja a dupla mãe/bebê, seja um casal), de uma família, de um grupo, de uma cultura. Dessa perspectiva, há formas de sofrer consubstanciais à sociedade de consumo. Não apenas isso: veremos, na Parte III ("A não neurose e o contemporâneo"), que a própria não neurose, como forma de subjetividade, parece ser consubstancial a uma cultura (dita pós-moderna) marcada pela insuficiência da função simbolizante (ver Capítulo 3) em todos os níveis – desde o objeto primário até as instituições sociais que poderiam compensar essas falhas.

Este capítulo servirá para demonstrar a insuficiência de uma psicanálise que se diga estritamente clínica – que toma o inconsciente apenas em sua dimensão individual –, ou mesmo uma psicanálise que se articula com a sociologia, para explicar de que maneira um comportamento culturalmente determinado (ou seja, normal) pode se transformar em um sintoma. Precisamos de uma psicanálise que veja a psique como matriz simbólica e, nesse sentido, como parte integrante da ordem simbólica de determinada época e lugar. Sem isso, não se compreende como Bia pode usar a sociedade de consumo como defesa contra o desmoronamento psíquico, nem como a grife tem o poder de salvar sua autoestima (Minerbo, 2000). Sua compulsão a comprar mostra como se dá, em nível individual, o uso patológico da cultura.

Foi dito, na Introdução, que a subjetividade não neurótica tem uma sintomatologia muito variada, embora, do ponto de vista metapsicológico, haja um elemento em comum: a fragilidade narcísica. Bia relaciona-se com a grife da mesma maneira que Marie se relaciona com o namorado (Marie se suicida quando ele a abandona, como vimos no Capítulo 5) e Sada com o pênis de Kiti (Capítulo 7). A patologia de Bia, diferentemente das outras, é camuflada pela cultura, e ela fica relativamente compensada enquanto pode comprar. O mesmo acontece quando o não neurótico faz um uso patológico de qualquer outra instituição. Ele pode escolher uma religião e tornar-se um devoto fervoroso; ou pode aderir a um partido político, a uma ideia, a uma causa, se essas instituições lhe oferecerem representações essenciais a sua identidade; mesmo o trabalho, se usado para resolver questões narcísicas, pode produzir o executivo exemplar, aquele que veste a camisa, atrás do qual se oculta o *workaholic*.

⁎ ⁎ ⁎

A compulsão a comprar: fragmentos da análise de Bia

Casada, com cerca de 40 anos, mãe de duas filhas, a analisanda é dona de casa. Quando tinha 2 anos, o pai abandonou a família para morar com outra mulher. Segundo ela, o pai "esqueceu que tinha uma filha"; ela praticamente não teve contato com ele. A análise evidenciou que o episódio foi vivido por ela como uma recusa paterna em reconhecê-la como filha, o que teve graves consequências em relação a suas referências identificatórias. A mãe, de tradicional família brasileira, viveu aquele abandono como humilhação e como o fim de sua própria vida. Em seu contexto cultural, "uma mulher sem marido não é nada". Mergulhada em uma depressão narcísica, nunca mais teve qualquer vida social, cultural ou profissional. As referências identificatórias que transmitiu a Bia, conforme a análise pôde revelar, foram as da humilhação e da exclusão. Essa dupla ferida narcísica – a dupla exclusão – foi por nós denominada "sarjeta", constituindo-se no núcleo identitário de Bia.

A relação de Bia com as empregadas domésticas, em que lhes recusava qualquer autonomia, mostra sua dependência absoluta do objeto. Esperava delas um amor ilimitado – que não tivessem outro desejo além de servi-la – e não podia dispensá-las nos fins de semana. Após uma idealização inicial, surgia o controle, a frustração e, por fim, o ódio. Seu ego entrava em colapso cada vez que era abandonada.

Do ponto de vista do *self*, afirmei que as autorrepresentações centrais da identidade podiam ser resumidas pelo termo "sarjeta". Isso significa que a matriz simbólica, por meio da qual apreendia a realidade, lhe dava apenas duas opções: ou o objeto estava tentando humilhá-la, empurrando-a para a sarjeta, ou era ela que humilhava o objeto. Nesse contexto, descobre que as grifes podem salvar sua autoestima e resgatá-la do fundo do poço. Vejamos o material relativo ao tema.

1) Bia voltou de viagem e a mala em que estavam todas as suas roupas de grife desapareceu. Ela se desespera e se desestrutura psiquicamente. Vive "como um robô", na esperança de reencontrá-la. Descrevia-me carinhosamente os vestidos, as bermudas e os cintos, que estavam agora tão longe dela. Imaginava em que aeroporto do mundo a mala poderia estar à sua espera. Depois de algum tempo, a companhia aérea se ofereceu para pagar uma indenização. Bia recusou, pois era o mesmo que dar a mala por perdida. Nesse caso, ela teria que ir à Suíça, para comprar outro vestido idêntico da grife A; a Miami, para achar o mesmo cinto da grife B, e assim por diante. Parecia-lhe mais viável esperar por mais algum tempo,

até que a mala fosse localizada. Três meses depois a mala voltou, e a alegria de Bia comparava-se à da volta de um filho sequestrado.

2) Bia foi assaltada em um farol. Um ladrão armado tentou roubar seu relógio Rolex. Ela reagiu, saiu do carro e engalfinhou--se com ele até reaver o relógio. Relata-me o episódio sem qualquer noção do perigo de vida que efetivamente correu. Logo percebemos que era sem o Rolex que corria perigo de vida: sem ele, explica-me Bia, "eu não seria ninguém".

3) Um sonho: está numa casa linda e enorme, do tipo que há no filme *E o vento levou*. Ela está prometida em casamento a um homem que não conhece. Tocam a campainha, é ele. Abre a porta e vê diante de si um homem lindo, vestindo uma capa Hermès, com uma echarpe Hermès, dirigindo um Mercedes. Ele a toma nos braços, diz-se profundamente apaixonado e promete fazê-la feliz para sempre.

* * *

O interessante do caso é que ele nos remete imediatamente, em razão de seu sintoma, ao campo sociocultural. O universo das grifes tomado em sentido amplo (há revistas científicas de prestígio, editoras de prestígio, lugares de prestígio para se passar as férias etc.) exerce um fascínio coletivo. Bia é um caso exemplar – uma caricatura – que pode revelar algo a respeito de nosso mundo e de todos nós.

Veremos agora três caminhos (ou versões) para tentar compreender como Bia pôde transformar um comportamento culturalmente determinado em sintoma. Cada versão se define por determinada concepção de psique, de mundo, e permite determinada leitura do caso Bia. Cada uma tem seu alcance e seus limites, que serão explicitados.

* * *

Primeira versão

Psique, nessa versão, é o inconsciente de Bia, produto de sua história emocional e das identificações com seus objetos primários (Freud, 1923/1969i). Essa estrutura é singular – a história das identificações de Bia é única – e individual – o inconsciente está "dentro" dela, determinando a forma de ser de Bia e a maneira peculiar com que apreende emocionalmente o mundo.

O "recorte de mundo" que configura essa versão é a realidade externa como experimentada pelo sujeito. O objeto externo adquire sentido psíquico para o sujeito a partir de seus objetos internos e dos mecanismos projetivos – mais especificamente, a identificação projetiva (Klein, 1934, 1946).

* * *

O sintoma de Bia

Vimos que a ferida narcísica parece ter sido duplamente traumática para Bia. De um lado, uma mãe subitamente privada de referências identificatórias mergulha em depressão, tornando-se incapaz de um olhar narcisante com relação à filha pequena. O abandono do pai é vivido por ela como nova privação, dessa vez com relação a uma referência narcísica importante para uma criança: o reconhecimento de uma filiação. Essa dupla falta se cristaliza em torno de uma representação: falta-lhe o nome do pai (no sentido literal) que a inclua. Isso a leva a se identificar maciçamente com a exclusão, a "sarjeta" – que desencadeia uma inundação de angústia persecutória e de fragmentação.

A dinâmica psíquica de Bia é circular e binária. Há apenas dois lugares psíquicos possíveis: a inclusão e a exclusão. Esses dois lugares são por ela ocupados alternadamente, com a agravante de que o objeto que ocupa o lugar "incluído" tripudia sadicamente do objeto que ocupa o lugar "excluído". Assim, a exclusão deve ser evitada a todo custo, e a inclusão é idealizada defensivamente.

Se uma empregada não a trata com o "respeito devido a uma senhora de sua posição social", ela se sente imediatamente a um passo da sarjeta. Nessas condições, recorre à cisão e à projeção de seus próprios aspectos denegridos sobre a moça, o que lhe permite se afastar da sarjeta, identificando-se com a inclusão – a "patroa".

Essa manobra surte efeito por pouco tempo. Logo a "sarjeta" volta a assombrá-la. Ao encontrar uma colega de infância, "de boa família", imediatamente se vê ocupando o lugar da excluída, sujeita ao desprezo e ao sadismo desse objeto. Para provar que também "é alguém", o recurso à grife se torna indispensável.

A grife é transformada, pela via da identificação projetiva de seus aspectos narcísicos, em um objeto idealizado. Coberta de grifes da cabeça aos pés, consegue esconjurar a sarjeta e encontrar-se com a colega.

"Ser alguém" é uma representação que se desdobra em várias outras, caracterizando todo um universo de grifes em sentido amplo, que têm o poder de mitigar sua angústia: ser esposa de um alto executivo de boa família, morar em um bairro chique, ter duas filhas bonitas que tocam piano e jogam tênis, viajar para os lugares "certos" e consumir as coisas "certas" nas lojas "certas". Estar excluída desse universo é ser remetida ao nada.

Nessa primeira interpretação, a grife, como objeto que lhe garante distância da sarjeta, é uma solução sintomática particularmente feliz. Bia atribui, projetivamente, determinado sentido emocional a um objeto; esse objeto assim criado "soluciona" a problemática relativa à ausência do nome do pai, mantendo-a relativamente compensada. Por outro lado, o sintoma fica praticamente camuflado pela cultura.

A grife é a representação que articula a patologia de Bia (psique) a um tema fornecido pela cultura (mundo).

* * *

Limites da primeira versão

a) Essa versão não tem como considerar a especificidade cultural do sintoma de Bia. De acordo com seus pressupostos, qualquer objeto poderia ter sido "escolhido" defensivamente como suporte para a projeção de seus aspectos narcísicos. Ela poderia comprar flores, ou lavar as mãos, caso a solução sintomática de seus conflitos passasse por outra via; qualquer objeto poderia, hipoteticamente, preencher a mesma função psíquica que a grife. Percebe-se que essa versão exclui quaisquer considerações de ordem sociocultural, uma vez que remete a compreensão de todo e qualquer sintoma ao campo da patologia individual. Um indivíduo pode criar um delírio ou uma fantasia, mas não uma significação coletiva, que independe da história emocional singular.

b) A dimensão universal desse comportamento, que vai do socialmente esperado ao francamente sintomático, também não tem como ser abarcada com base nos pressupostos teóricos que configuram essa versão. Sintomático ou não, o fenômeno vai além do âmbito das individualidades. A psicopatologia não pode ser compreendida apenas a partir da vertente singular do Édipo.

Como frisei, cada versão tem seu alcance, bem como seus limites, determinado pelo recorte metodológico efetuado. Os limites dessa versão nos obrigam a rever criticamente a concepção de psique e mundo com que trabalhamos na primeira versão. Devemos abrir espaço, em nossa concepção de psique, para a *historicidade*. A "[...] metapsicologia não é uma ontologia do inconsciente, e sim uma teoria para dar conta da vida psicológica de sujeitos históricos" (Freire Costa, 1986, p. 125). Além de ser a história das identificações singulares, a psique se constitui em determinado meio sociocultural, o que tinge o Édipo com as cores daquela época e lugar. Somos, portanto, obrigados a considerar as variações históricas da subjetividade. Essa ruptura epistemológica – a introdução da historicidade no seio do psiquismo – nos encaminha para a segunda versão.

* * *

Segunda versão

Psique, nessa versão, ainda é o inconsciente individual. Ao lado da família edipiana, entretanto, consideramos também a família sociológica. As variações históricas ocorridas com a segunda afetam necessariamente a primeira. Abre-se um espaço para pensarmos a dimensão sociocultural da psique, isto é, as formas de subjetividade historicamente determinadas.

O "recorte de mundo" se amplia: não é apenas o objeto externo, mas também o mundo sociocultural, que comparece como possível fator patogênico em si mesmo. Se condições socioculturais adversas afetam concretamente a qualidade da relação do bebê com seus objetos primários, é inevitável encontrarmos repercussões desse fato sobre a forma de subjetividade resultante. Se a família sociológica está desestruturada, a família edipiana não tem como prover o bebê com uma maternagem suficientemente boa, tampouco com uma adequada resolução dos conflitos edipianos. As consequências são conhecidas: uma fixação à fase pré-edipiana e um funcionamento mental com características predominantemente narcísicas.

Christopher Lasch (1979) é um sociólogo que se utiliza de categorias psicanalíticas para compreender a sociedade norte-americana. O homem narcísico – a nova forma de subjetividade – é o produto do surgimento e da institucionalização de um novo tipo de superego. No lugar do superego edipiano, mencionado por Freud em *Mal-estar na civilização*, (1930/1969k) o autor identifica, tanto no nível individual quanto cultural, um superego pré-genital. Este último, segundo Klein, se caracteriza por sadismo e intolerância extremos, que mergulham o sujeito em angústias de natureza esquizoparanoides e mobilizam defesas primitivas. A primazia do superego pré-genital está na base das desordens do caráter e determina o modo psicótico de funcionamento mental.

Stephen Frosh (1991) faz o caminho inverso. É um psicanalista que se vale da sociologia para compreender a crise de identidade que assola o homem contemporâneo e o mal-estar na civilização. O argumento do autor corre em dois níveis diferentes, aparentemente contraditórios, mas imbricados. Diz Frosh:

Existem dois tipos de articulação, talvez contraditórios entre si, a serem feitos entre experiência pessoal e social. O primeiro é próximo do ponto de vista de alguns teóricos das relações de objeto: cada sujeito tem uma essência que requer relações plenas e íntimas com outras pessoas para se expressar. A falha no mundo contemporâneo em propiciar tais relações resulta numa distorção, num desvio com relação ao potencial natural do self. Uma segunda leitura da articulação entre a pessoa e o social não remete a uma natureza humana fragmentada, mas afirma que cada sociedade constitui subjetividades à sua própria imagem [...] A patologia narcísica apenas expressa as condições disruptivas da modernidade (p. 77).

Na realidade, o autor reconhece sua dificuldade em decidir se o narcisismo é um novo padrão de subjetividade – uma nova gramática emocional – ou uma patologia. O que nos importa aqui é que o narcisismo é visto tanto como uma forma de apreender a realidade quanto como entidade nosológica. Em minha opinião, quando se aplica uma categoria diagnóstica psicanalítica à cultura, é inevitável que gramática emocional e patologia se superponham e confundam. Essa conclusão, longe de inviabilizar o argumento, abre uma via interessante para nossa segunda interpretação do caso Bia, como veremos.

Freire Costa (1986), um psicanalista de orientação freudiana, é o autor que, em nossa opinião, melhor resolve esse impasse. Embora discordando de que uma cultura possa ser patogênica, ele reconhece que pode ser fonte constante de violência emocional. Assim, no lugar de medicalizar o narcisismo contemporâneo, a exemplo de Lasch e Frosh, ele sustenta que o mal-estar na civilização é essencialmente de natureza moral e existencial; dessa perspectiva, busca compreender a especificidade do narcisismo da sociedade de consumo.

> *O mal-estar na cultura atual não se explica por um excesso qualquer de narcisismo, ligado à economia da experiência de satisfação [...] O narcisismo moderno é um narcisismo regenerador. O investimento compulsivo do próprio corpo, que presenciamos, é uma maneira encontrada pelo indivíduo de limitar os efeitos violentos da sociedade de consumo [...] Seu corpo e seu sexo monopolizam a libido objetal porque, como o "órgão lesado" ou "hipocondríaco" de Freud, tornam-se fontes de sofrimento, dor e ameaça de morte para o Eu [...] A insatisfação do homem urbano origina-se nesta nova doença da cultura do consumo, ou seja, na convicção de que seu corpo está sempre aquém do padrão de normalidade decretado pela publicidade (p. 169-181).*

Embora o narcisismo regenerador não deva ser considerado uma patologia, já que se trata de um sofrimento existencial, ainda assim a cultura pode se tornar verdadeiramente patogênica. Isso ocorre nos casos em que ela "[...] exige do indivíduo um desempenho psicológico que excede os meios de que dispõe para atingi-lo" (p. 77).

* * *

O sintoma de Bia

Podemos falar, apoiados em Lasch e Frosh, em uma superposição e em um efeito de potencialização entre uma gramática emocional narcísica, típica de nossa época, e o narcisismo patológico de Bia: ambos problematizam as mesmas questões relativas a "ser alguém na vida".

Como vimos na primeira versão, a representação central à identidade de Bia, a "sarjeta", é conflitante com sua necessidade de "ser alguém". Por outro lado, a cultura contemporânea propõe como ideal algo que essa mesma cultura torna inatingível, ameaçando de exclusão social aqueles que ficam excessivamente distantes do modelo proposto. Dessa forma, a cultura acentua a problemática de Bia, exigindo dela "[...] um desempenho psicológico que excede os meios de que ela dispõe para atingi-lo". Nesse sentido, a cultura pode ser considerada patogênica, e Bia recorre a comportamentos não codificados pela cultura (ameaçar com um revólver o marido que lhe retira o cartão de crédito), isto é, à psicopatologia, para fazer face a tais exigências.

É a noção de narcisismo regenerador, entretanto, que mais nos aproxima do sintoma de Bia. Uma compulsão a comprar roupas de grife representa, sem dúvida, uma forma de investimento compulsivo do próprio corpo, como formulado por Freire Costa. Da mesma forma, a obsessão com beleza, magreza, saúde corporal e preparo físico fazem sentido dessa perspectiva.

O caso Bia tem o mérito de iluminar o fato de que somos todos um pouco como ela: todos apresentamos, em maior ou menor grau, questões narcísicas agudizadas ou intensificadas pela cultura em que vivemos, a que respondemos com comportamentos comparáveis ao dela. Em suma, parece que apresentamos, em algum grau, o mesmo "sintoma", embora de forma subclínica.

COMPULSÃO A COMPRAR

É importante ressaltar que, da primeira para a segunda versão, passamos de um recorte epistemológico que privilegia o particular, a singularidade, para outro mais apto à compreensão de uma forma subjetiva mais geral, da qual Bia é um caso exemplar.

* * *

Limites da segunda versão

a) Embora já possamos abordar a especificidade cultural do sintoma de Bia, como diferenciar, entre si, todas essas formas de investimento compulsivo do corpo? Afinal, comprar grifes não é o mesmo que "malhar". A compreensão de que a psique reage defensivamente à violência da sociedade de consumo não é suficiente para compreender o desenvolvimento de algo tão particular como uma compulsão a comprar roupas de grife. Isso nos leva a supor a existência, na sociedade de consumo, de uma dimensão produtiva bastante específica, que "inocula" ativamente, em nível coletivo, esse modo de ser.

Tal obstáculo nos obriga a nova ruptura epistemológica: a introdução da linguagem, da ordem simbólica, no seio da concepção de psique. Com mais esse movimento de desconstrução, encaminhamo-nos para a terceira versão.

b) Um segundo obstáculo diz respeito à concepção de psicopatologia como *disfunção* do aparelho psíquico. Em termos um tanto crus, na segunda versão, Bia é doente porque exagera. Em termos mais psicanalíticos, há um excesso de identificação projetiva, ou um déficit de simbolização.

O problema é que o patológico, no campo da doença mental, não se reduz a uma disfunção – excesso ou falta de uma função psíquica qualquer. Há também uma alteração qualitativa, algo novo é criado pelo psiquismo quando Bia faz uma equivalência concreta entre a grife e seu próprio nome. Essa criação, esse algo a mais, pode ser formulado como *dissenso simbólico* com relação ao grupo social. A doença mental, segundo Foucault, implica uma nova forma de conceber o mundo e atribuir-lhe sentido: "É somente por um artifício de linguagem que podemos emprestar o mesmo sentido às doenças do corpo e às 'doenças do espírito'" (p. 17).

Esse segundo obstáculo nos obriga a um primeiro movimento de desconstrução do "fato psicopatológico": sem negar a psicopatologia, desmedicalizamos radicalmente o sintoma, remetendo-o ao campo da *linguagem*. Com a introdução da linguagem, cruzamos a fronteira entre uma psicanálise de orientação inglesa e outra francesa. Uma terceira versão se torna necessária para dar conta, não mais do sintoma como defesa ou disfunção, mas da dimensão positiva e específica do sintoma de Bia.

* * *

Terceira versão

A psique é uma continuidade entre "dentro" e "fora", entre indivíduo e instituições. As instituições precedem o sujeito psíquico e fundam suas matrizes simbólicas; e o sujeito psíquico assim constituído é parte, por sua vez, das instituições. Em outras palavras, "[...] o sujeito psíquico é constituído nas, e é constitutivo das, relações institucionais concretas" (Guirado, 1995, p. 128).

Em *Totem e tabu* (1913/1969r), Freud propõe um mito de origem para as instituições e postula um inconsciente filogenético, isto é, significações operantes herdadas e transmitidas intergeracionalmente que precedem o indivíduo. O Édipo individual se apoia, posteriormente, sobre essas significações (Kaes, 1991). A concepção de psique, como coletiva e anterior ao sujeito psíquico, será desenvolvida nessa versão.

Kaes (1991) também se refere a essa continuidade entre "dentro" e "fora". Segundo ele, essa concepção pressupõe um descentramento radical da subjetividade:

> [...] foi-nos necessário admitir que a vida psíquica não está exclusivamente centrada num inconsciente pessoal, que seria uma propriedade privada do sujeito individual. Paradoxalmente, uma parte dele mesmo, que o mantém em sua identidade e que compõe seu inconsciente, não lhe pertence propriamente, mas às instituições sobre as quais se apoia e que se mantêm por este apoio (p. 5).

O autor nomeia esse psiquismo descentrado: são as formações psíquicas intermediárias ou *bifaces* que se situam "entre o espaço psíquico do sujeito singular e o espaço psíquico constituído pelo seu agrupamento na instituição [...], exercem uma função na economia psíquica de ambos" (p. 8-14). Um dos bifaces é o contrato narcísico, sobre o qual falarei.

O "recorte de mundo", nessa versão, é a ordem simbólica que se dá a ver nas práticas e discursos da instituição. "Instituição é uma rede simbólica socialmente sancionada [...] que atribui significações operantes à realidade" (Castoriadis, 1975, p. 162-184). Isso significa que tais significações se tornam operantes para o psiquismo de todos os indivíduos inseridos naquela cultura, encontrando "[...] seus pontos de apoio sobre o inconsciente dos indivíduos" (Castoriadis, 1975, p. 201).

Durante a *psicogênese*, a psique materna funciona como uma instituição, uma vez que transmite ao *infans*, por meio da linguagem, suas próprias significações operantes; nesse sentido, ela funciona para ele como prótese psíquica (Aulagnier, 1975, p. 105-108). Todas as instituições sociais funcionam, potencialmente, como prótese psíquica; à diferença da mãe, que deve poder renunciar à posse do espaço psíquico do *infans*, as instituições "[...] visam ocupar a totalidade do espaço psíquico dos indivíduos, que não podem mais se separar dela e imaginar outros comportamentos possíveis" (Kaes, p. 58). Já a *sociogênese* da psique requer um terceiro elemento que rompa a mônada narcísica que o bebê forma com sua mãe. Essa ruptura se dá pela imposição, à psique, de elementos heterogêneos a ela – são as significações operantes socialmente instituídas, isto é, que fazem parte do patrimônio cultural no qual a criança está inserida.

Compreende-se que a instituição tenha necessidade, para sua sobrevivência, de indivíduos que reproduzam fielmente seu discurso. Essa reprodução é assegurada pelo *contrato narcísico*: a instituição garante ao indivíduo referências identificatórias e narcísicas independentes do veredito parental e, em troca, este garante sua continuidade tornando seu o discurso instituído (Aulagnier, 1975).

* * *

A sociedade de consumo: um sistema simbólico

Seguiremos as ideias de Baudrillard desenvolvidas em *Le système des objets* (1968), *A sociedade de consumo* (1970) e *Para uma crítica da economia política do signo* (1972).

O consumo é um sistema cultural. Assim, não cabe considerá-lo um comportamento individual e autônomo: trata-se de uma atividade coletiva com manifestação individual. Também não se pode compreendê-lo como uma simples relação entre "pessoas" e "coisas", baseada na necessidade, no prazer ou na utilidade. Esse nível existe, evidentemente, mas é consciente e não caracteriza o consumo como sistema cultural.

O campo do consumo implica a articulação entre uma lógica social inconsciente e a lógica do desejo, também inconsciente. A lógica social ordena a produção das diferenças hierárquicas: o sistema tem necessidade da desigualdade social e cria, para garanti-la, mecanismos de diferenciação e hierarquia. Esses mecanismos remetem àquilo que é específico do consumo: a lógica que faz, de todos os objetos, signos de prestígio social. Assim, um relógio não vale como utensílio que marca as horas, nem como símbolo de uma amizade: vale pelo prestígio de sua marca, como o Rolex de Bia. Os signos, cujo sentido é arbitrário, ganham valor distintivo na relação com outros signos, formando, dessa forma, um sistema de comunicação que permite aos indivíduos "lerem" a inserção social de cada um. O sistema de signos institui significações coletivas que funcionam como uma linguagem.

Uma das significações instituídas por esse sistema diz respeito à "[...] dimensão de salvação pelo objeto", expressão de Baudrillard (1970, p. 59). O sistema oferece ao sujeito a possibilidade de se apossar dos signos de *status* social, como se fossem brasões de família, outrora privilégio de poucos. O objeto antigo e o objeto assinado, desde que legítimos, são signos que testemunham a inserção social privilegiada do sujeito. A grife é uma significação instituída pelo sistema simbólico da sociedade de consumo; ela tem o poder, garantido, sancionado e reconhecido por todos, de inserir seu possuidor num lugar social privilegiado hierarquicamente. A grife tem o poder de nos dizer quem somos.

* * *

A publicidade e o imaginário

Vimos que, para realizar suas próprias finalidades, a instituição deve mobilizar aspectos psíquicos individuais. O que possibilita essa dupla mobilização são formações psíquicas intermediárias – bifaces – entre o espaço psíquico singular e o espaço psíquico constituído por seu agrupamento na instituição. A publicidade funciona como um biface, cuja função é ancorar o sistema simbólico da sociedade de consumo sobre o imaginário individual.

Segundo Baudrillard (1968), a publicidade não se torna eficaz por operar uma persuasão subliminar, nem por convencer o consumidor da superioridade de um produto qualquer. Sua eficácia lhe advém da "lógica do Papai Noel" (p. 232). Embora não acreditemos na fábula, ela nos captura em razão dos aspectos profundamente regressivos que mobiliza. Acreditamos na publicidade porque ela se transforma, regressivamente, na mãe idealizada da primeira infância, em cuja capacidade ilimitada de gratificação acreditamos – tanto mais quanto tal fantasia estiver recalcada.

É evidente que essa crença envolve a participação ativa e o interesse recíproco da mãe e da criança (biface), ou, em nosso caso, da sociedade de consumo e do consumidor. A publicidade constrói um discurso explícito sobre a superioridade de um produto, mas o que transpira nas entrelinhas, e nos captura, é seu enorme empenho em nos agradar, em nos persuadir de algo. Ficamos sensibilizados por esse esforço de proteção e gratificação. Como não aderir a essa fábula sobre o fluxo ilimitado de amor que a sociedade de consumo nos dispensa por meio de seus produtos? Como recusar todos os benefícios que ela nos proporciona?

Assim, ao visar, de forma precisa, ao indivíduo em suas fantasias mais regressivas, a publicidade consegue recrutá-lo e contar com seu apoio. Ela promove um conluio afetivo e ideológico entre o indivíduo e a instituição. É evidente que há um aspecto profundamente perverso no contrato narcísico firmado entre ambos. A oferta de amor ilimitado é imaginária, mas aquilo que a instituição exige em troca é algo bem real: o consumo. Ainda segundo Baudrillard, a liberdade, as necessidades e o gozo do indivíduo é que lhes são extorquidos pelas forças produtivas do sistema.

* * *

O sintoma de Bia

A fase das empregadas mostrou o vigor das fantasias regressivas de Bia. Em razão da idealização com que as investia, esperava dedicação e amor absolutos. O discurso publicitário figura, implicitamente, a sociedade de consumo como uma mãe amorosa e solícita. Vimos que esse imaginário captura a todos em algum grau; no caso de Bia, dirige-se de forma direta e precisa a suas fantasias, o que lhe permite trocar as empregadas que a abandonam pela sociedade de consumo, que está sempre lá. A sobrevivência psíquica está garantida. Agora ela deseja saber quem é, que lugar psíquico pode ocupar, onde está incluída. A fase das grifes mostra seu empenho férreo e desesperado em negar a exclusão.

A sociedade de consumo, solícita como sempre, irá ao encontro dos novos anseios de Bia. Sua função é, precisamente, fabricar signos de prestígio que nos incluem na hierarquia social, que nos atribuem um lugar social privilegiado, narcisicamente investido e independente do veredicto parental. A grife tem o poder de nos dizer quem somos, como bem mostra o fragmento clínico relativo ao roubo do Rolex.

Assim, mais uma vez, a sociedade de consumo se apresenta para Bia como a instituição que tem a função, o desejo e o poder de revogar o veredicto parental, a dupla ferida narcísica, a "sarjeta". Bia será redimida de seu passado; o pai e a mãe a excluíram, mas a grife, como uma fada madrinha, tem o poder de incluí-la. Como se não bastasse, tem, ainda, o poder de brindá-la com um lugar social prestigioso, e com o mais importante: novas referências identitárias. Basta comprá-las.

O contrato narcísico entre o sujeito e as instituições prevê que, em troca de referências identitárias, reconhecimento e um lugar a ser ocupado, o sujeito deve pagar com parte de seu espaço psíquico: deve tornar suas as práticas e os discursos da instituição, garantindo sua sobrevivência. O preço a ser pago depende, naturalmente, da magnitude dos benefícios auferidos.

No caso de Bia, é evidente que ela recebeu da instituição absolutamente tudo, no que diz respeito a sua identidade. A sociedade de consumo a salva do colapso psicótico. O preço a ser pago é proporcional: Bia doa a totalidade de seu espaço psíquico à instituição, cumprindo à risca, sem se desviar um milímetro, as exigências contratuais. Sua comida é o *fast-food*, seu lazer é o *shopping center*, seu turismo é Disney e Hollywood; não surpreende que compre roupas de grife de forma compulsiva.

284 COMPULSÃO A COMPRAR

Bia está "viciada" (Elliott, 1994, 1996) em grifes, que funcionam como uma prótese psíquica (expressão de Piera Aulagnier) que não pode mais ser dispensada. Na primeira versão, Bia criava, projetivamente, a grife entendida como objeto externo indispensável; na terceira, é a grife que cria Bia, na exata medida em que se transforma na representação central de sua identidade.

Todos nós estabelecemos contratos narcísicos com a sociedade de consumo, bem como com outras instituições. Bia, entretanto, o faz com exclusividade com uma única instituição – daí o aspecto caricatural do caso. Dizemos, então, que sua psique não lhe pertence mais, que está alienada no discurso da instituição.

Compreende-se, agora, o *continuum* que existe entre o consumo "normal" e aquele que ultrapassa o limiar da normalidade. Quando a totalidade das referências identitárias é fornecida pela sociedade de consumo, a grife se torna uma questão de vida ou morte. Sem elas, Bia se sente desmoronar.

O critério para considerar Bia "doente" é metapsicológico, e não quantitativo (ela é exagerada). Ela mantém compensadas suas angústias psicóticas fazendo um uso muito particular de um elemento da cultura: a grife. Esta é transformada em prótese psíquica: a ordem simbólica resolve as questões narcísicas da analisanda.

PARTE III
A não neurose e o contemporâneo

9. Miséria simbólica e sofrimento não neurótico[1]

Introdução: modernidade e pós-modernidade

Modernidade

Presenciei uma cena significativa num almoço de domingo em um restaurante em Higienópolis. Havia ali várias mesas com famílias, casais e uma com quatro amigas sexagenárias, com suas pérolas e laquê no cabelo. Levou um tempo para que eu visse o casal de homens gays. Não porque estivessem escondidos. Ao contrário, era uma mesa em evidência. Dois rapazes bonitos, musculosos, tatuados. E um carrinho de bebê. Um dos rapazes ficou o tempo todo cuidando do filho. Na hora de ir embora, exibiu com orgulho o bebê para um casal de outra mesa. Já na calçada o casal foi efusivamente cumprimentado por um amigo que chegava. Essas cenas seriam inconcebíveis algum tempo atrás, quando uma instituição,

---

[1] Este texto foi originalmente publicado na *Revista Ide* com o título "Ser e sofrer, hoje", e é aqui republicado com sua autorização. "Ser e sofrer, hoje". *Revista Ide*, 35(55), São Paulo, jan. 2013.

a família patriarcal, determinava com exclusividade como as pessoas podiam e deviam viver. Não vi o casal de gays porque demorei a perceber que naquele espaço conviviam tranquilamente referências modernas e pós-modernas (Minerbo, 2011).

Abordei, em *Neurose e não neurose* (2009), a relação entre sofrimento neurótico e modernidade, e entre sofrimento não neurótico (expressão de André Green; ou sofrimento narcísico-identitário, termo de René Roussillon) e pós-modernidade. A modernidade é um momento da civilização ocidental que se caracteriza pela solidez das grandes instituições – refiro-me à família, educação, política, religião –, as quais têm o poder de determinar, com exclusividade, a maneira possível e desejável de pensar, sentir e agir. Há o certo e o errado, o bom e o mau. O sistema simbólico vigente "solda" um significante a um significado que então parece único e natural. Por exemplo: família = casal heterossexual, de preferência com filhos.

Na modernidade, o laço simbólico que une significante a significado é rígido, e os valores instituídos são considerados absolutos e universais. Por isso, essa cultura produz uma forma de subjetividade que se esforça para caber dentro do que é considerado legítimo. A vantagem de haver instituições fortes é que as referências identitárias a partir das quais nos constituímos estão dadas e são vividas como sólidas e confiáveis. A desvantagem é que há poucas opções de vida consideradas legítimas. Nesse contexto cultural, quem não cabe no modelo único sofre e se culpa por se sentir – e por ser, efetivamente – diferente e desviante da norma.

Do ponto de vista psicopatológico, a modernidade produz uma forma de sofrer típica que chamamos neurose. O sofrimento neurótico é produzido pela obrigatoriedade de se adequar a uns poucos modos de ser. Por exemplo, a vida libidinal da mulher burguesa no século XIX tinha de caber nos papéis de boa filha, esposa dedicada e mãe prestimosa. Nesse plano sociocultural, o sofrimento histérico expressava o *mal-estar* ligado à estreiteza das possibilidades sublimatórias que a modernidade oferecia à mulher (Kehl, 2008).

Pós-modernidade

Convencionou-se chamar de pós-modernidade o momento da história da civilização em que as grandes instituições que serviram de base para a civilização ocidental entram em crise. A falência do modelo único pode ser vivida como libertação, mas também como falta de chão. O laço simbólico, que "soldava" um significante a um significado, tornou-se frágil e corrediço. Com isso, os sentidos se relativizaram, ou seja, já não acreditamos com certeza inabalável que família = casal heterossexual com filhos. A vantagem é que a fragilidade do símbolo pode ser aproveitada de forma criativa para que novos laços simbólicos sejam constituídos: as pessoas *podem se reinventar*. Há espaço para que novas formas de viver se tornem possíveis, contemplando a singularidade do desejo. O casal de gays do restaurante – e tantos outros – reinventou a família.

A desvantagem é que cada um *tem que se reinventar* a partir de si mesmo, já que não conta com o apoio simbolizante das instituições. Ser "diferente" se tornou, se não obrigatório, pelo menos desejável. É uma tarefa solitária, angustiante e exaustiva. A subjetividade tem de se constituir em meio a um estado de *miséria simbólica* – situação em que instituições frágeis não têm lastro, nem credibilidade, para produzir "significações operantes" (o termo é de Castoriadis).

Ora, o psiquismo depende das significações oferecidas pelas instituições para poder atribuir algum sentido à realidade e simbolizar as experiências emocionais. Na ausência de verdades

290 MISÉRIA SIMBÓLICA E SOFRIMENTO NÃO NEURÓTICO

absolutas, tudo é possível; há liberdade, mas também há a obrigação de encontrar seu próprio caminho. Quem não consegue, fica perdido, sem chão, sem rumo, sem projeto de vida. A insuficiência/fragilidade das instituições e do símbolo também produz as várias formas do mal-estar na pós-modernidade. Como vemos, instituições excessivamente fortes produzem um tipo de mal-estar na civilização, e instituições excessivamente frágeis produzem outro tipo de mal-estar.

Figueiredo retoma algumas ideias pioneiras de Elliot Jacques, que estudou as instituições do ponto de vista psicanalítico. Nas palavras de Figueiredo, elas "existem para nos aliviar de angústias e para conter nossa loucura, vale dizer, para conter o que, na mescla de Id e Supereu arcaico, jamais encontrará como destino possível a simbolização e a integração egoica" (Figueiredo, 2009, p. 207). Em outros termos, a parte mais primitiva de nosso psiquismo se deposita na instituição, que se encarrega de "contê-la". E vice-versa, a instituição forma o pano de fundo de nossa vida psíquica. Entende-se o efeito traumático, profundamente desorganizador, das crises institucionais no mundo contemporâneo: na impossibilidade de simbolizar e de integrar as experiências, a pulsionalidade permanece em estado de desligamento. Inundado pelo excesso de energia livre, o psiquismo pode ser levado a estratégias defensivas radicais, configurando, como veremos adiante, o campo da psicopatologia psicanalítica.

O mal-estar na pós-modernidade, ligado à fragilidade do símbolo, é um sofrimento existencial, consubstancial com a forma de subjetividade da época. *É uma forma de ser*. Porém, saindo do plano existencial e passando para o da psicopatologia, em um dos extremos encontramos o sofrimento ligado à experiência de vazio, de falta de sentido e de tédio existencial; no outro, atuações dos mais variados tipos, nas quais a violência pulsional permeia as relações intersubjetivas. *São as formas de sofrer, necessariamente consubstanciais à forma de ser.* Antes de esboçar algumas ideias sobre as formas de ser e de sofrer, hoje, cabe desenvolver a mediação necessária entre a crise das instituições no nível social e o sofrimento psíquico individual. Essa mediação é feita pelo símbolo, ou melhor, por sua insuficiência.

Miséria simbólica e sofrimento psíquico

Para compreender o conceito de miséria simbólica, vale fazermos um paralelo com a ideia de "depleção" – termo médico que significa a redução de alguma substância no meio celular, com prejuízo do seu funcionamento. A depleção do ferro no organismo, por exemplo, produz anemia, acarretando extrema fraqueza e falta de ar. Essa imagem expressa bem o que vem acontecendo com o aparelho psíquico e seu funcionamento no mundo contemporâneo: a insuficiência/fragilidade do símbolo vem produzindo uma espécie de "anemia psíquica". Diante disso, o sujeito luta para encontrar mecanismos compensatórios, o que nos introduzirá, como veremos, no campo da psicopatologia psicanalítica.

No limite, a insuficiência/fragilidade do símbolo gera uma situação de franca miséria simbólica. Explico. A relativização do conceito de "verdade universal" trouxe ganhos incontestáveis. Mas quando a própria noção de verdade passa a ser, ela mesma, entendida como ultrapassada, nociva, autoritária, daí sim emerge o lado patogênico da crise das instituições, e nesse contexto começamos a "passar fome". *A passagem de um relativismo relativo para um relativismo absoluto* deixa os sujeitos sem referências com as quais construir suas identidades.

Esse relativismo absoluto produz o que venho chamando de miséria simbólica: uma impossibilidade de afirmar qualquer valor como válido. *Sem chão, o eu se fragiliza e submerge na angústia* porque não há mais verdades minimamente estabelecidas nas quais pautar o Ideal do Eu. E produz também o conceito bizarro de "pós-verdade". Vimos como as instituições têm a importante função de proteger nossa vida psíquica; quando sua crise é tão profunda que tudo pode ser relativizado, ficamos órfãos das narrativas que elas criam e sustentam. É fundamental acreditar em alguma coisa que possa dar sentido às nossas vidas, para não cair no vazio existencial.

A miséria simbólica pode ser considerada tanto no nível "macro" – o das grandes instituições sociais no seio das quais nos subjetivamos, como se viu na introdução –, como no nível "micro" – envolvendo a relação do bebê com seus objetos significativos. Como sabemos, uma parte essencial da função materna é ler e traduzir o bebê para ele mesmo: "Isto é fome; isto é raiva". Mas ela também lê e traduz o mundo para ele: "Isto é bom/mau; isto é perigoso/seguro; isto tem valor/é desprezível; isto é proibido/obrigatório". Ou seja, a função materna *institui sentidos* para o bebê, e por isso tomo a liberdade de entendê-la como uma microinstituição. Pelo simples fato de oferecer algum sentido – qualquer sentido –, essa microinstituição promove o "apaziguamento simbolizante" (o termo é de Roussillon). Inversamente, a ausência de sentido impede a ligação das pulsões, ou promove seu desligamento, o que é profundamente desorganizador para o psiquismo.

Ora, a crise das instituições no mundo contemporâneo inclui, como não poderia deixar de ser, as duas microinstituições mais diretamente ligadas à constituição do sujeito psíquico: a psique materna e a família edipiana. Se antes a jovem mãe contava com as "certezas" dadas pelas instituições modernas – a família ampliada, a comunidade e os pediatras –, agora ela é obrigada a criar, a partir de si mesma, em meio a um relativismo absoluto de valores, o que é bom e o que é mau, o que é certo e o que é errado. Podemos imaginar a angústia que permeia a relação consigo mesma e, inevitavelmente, com o bebê. Da mesma forma, o pai tinha "certezas" sobre qual era o seu papel. A crise das instituições afeta diretamente sua maneira de perceber tanto sua masculinidade como sua paternidade. Mãe e pai se veem lançados na angústia do "desamparo identitário" (expressão de Muszkat, 2011). O casal gay do restaurante que reinventou a família terá, também, de reinventar, a partir de si mesmo, a forma de parentalidade que lhes convém – e que lhes é possível – para educar seu filho.

Aliás, é digno de nota que muitas mães, percebendo seu isolamento e desamparo, vêm criando comunidades virtuais no Facebook para compartilhar as dúvidas e as angústias sobre como criar os filhos. Uma dessas comunidades tem o nome sugestivo de "Salto alto e mamadeira", e parece que conta, no momento em que escrevo este artigo, com quase 2 mil mães. Talvez o casal homossexual também conte com uma comunidade virtual que funcione como uma rede de continência afetivo-simbolizante.

Não vou retomar aqui temas por demais conhecidos, como a insuficiência da função materna, especialmente em sua vertente simbolizante. Basta dizer que, do ponto de vista psicopatológico, a subjetividade que se constitui em meio à miséria simbólica está sujeita a experiências emocionais que excedem sua capacidade de elaboração. Como sabemos, isso afeta a constituição do eu e o obriga a lançar mão de defesas que poderão ser extremamente custosas para o indivíduo e para a sociedade. Assim como a reposição de ferro melhora a anemia, o fortalecimento não enrijecido das instituições (macro e micro) revigora a "anemia psíquica" ao promover uma espécie de "reposição simbólica". A credibilidade e a confiança nas significações instituídas aliviam consideravelmente o sofrimento existencial e psicopatológico que caracteriza a subjetividade pós-moderna.

Sublinho o fato de que a miséria simbólica não tem relação necessária com a classe social. Famílias das classes A e B podem ser absolutamente miseráveis desse ponto de vista, como constatamos diariamente em nossos consultórios. Por outro lado, a inclusão cultural das classes desfavorecidas tem se mostrado como um fator terapêutico de alcance indiscutível. Noto também que a inclusão cultural é completamente diferente da assim chamada inclusão social, que costuma ser medida pelo aumento do poder de consumo da população.

Excesso pulsional e psicopatologia contemporânea

A crise das grandes instituições, tanto em nível macro como micro, com a consequente miséria simbólica, é potencialmente traumática porque afeta a constituição do eu em suas duas vertentes: o ego e o *self*. Como veremos, a distinção entre ego e *self* é importante para compreender a psicopatologia contemporânea, e segue as duas teorias que Freud propôs ao longo de sua obra sobre a constituição do eu.

Resumidamente, o ego se origina de uma diferenciação do id em contato com a realidade; é uma instância que representa o indivíduo e desenvolve funções para zelar por sua sobrevivência física e psíquica. O modelo é o pão, cuja crosta resistente é feita da mesma massa macia do miolo, porém modificada pela ação do calor do forno (Freud, 1923/2011). Já o *self* é a parte do eu constituída como um precipitado de identificações (Freud, 1923/2011). Essa teoria tem início em *Para introduzir o narcisismo* (1914/2010), quando Freud fala do eu como primeiro objeto de amor unificado. Continua em *Luto e melancolia* (1919/2010), quando ele formula o conceito de identificação, o qual passa a ser entendido como estruturante e constituinte do eu em *O ego e o id* (1923/2011).

Uma das funções do ego é a *gestão da angústia por meio de uma contínua atividade simbolizante*. A miséria simbólica torna a gestão da angústia bastante problemática, e, como sabemos, seu excesso desorganiza o psiquismo – suas funções e suas fronteiras –, sendo vivido como angústia de morte. O *self* é o conjunto de autorrepresentações por meio das quais o eu se relaciona consigo mesmo. Corresponde ao que chamamos de identidade, a qual, embora ilusória, é necessária para o sentimento de ser e de existir como "eu mesmo" ao longo do tempo. A miséria simbólica produz uma identidade claudicante e mal integrada, o que pode ser vivido como ameaça de despersonalização ou ruptura da continuidade do ser. Sintetizando, o sofrimento psíquico nos distúrbios narcísico-identitários envolve tanto a dificuldade na gestão da angústia por parte do ego quanto o sentimento de claudicação da identidade.

Para lidar com o sofrimento ligado à miséria simbólica, o eu lança mão de estratégias defensivas específicas, dentre as quais destaco três.

a) Quando a capacidade de gestão da angústia pelo ego é insuficiente há um transbordamento pulsional. Segundo Green (1988), estudioso dos estados-limite, os afetos ligados a experiências emocionais que o psiquismo não consegue conter/elaborar em seu "espaço" próprio são evacuados *para fora de seus limites*. Ele vê dois tipos de transbordamento: "para fora", no campo social, ou "para dentro", no soma – os dois espaços não psíquicos que fazem fronteira com o campo psíquico.

296 MISÉRIA SIMBÓLICA E SOFRIMENTO NÃO NEURÓTICO

Segundo o autor, a função da "atuação-fora é precipitar o organismo para a ação a fim de evitar a realidade psíquica" (Green, 1988, p. 81). Tal transbordamento para fora se dá na forma de atuações, dentre as quais destaco a violência social, a violência nas relações entre cônjuges e entre pais e filhos.

Com relação a este último aspecto, sugeri (Minerbo, 2007) que alguns crimes familiares contemporâneos são diferentes daqueles descritos nas tragédias gregas. Nestas, um membro da família matava outro em função de conflitos insolúveis ligados aos lugares simbólicos claramente determinados pelas instituições (*polis*, família). A filha podia matar a mãe *enquanto mãe*. O pai sacrificava a filha *enquanto filha*. Hoje, tais crimes parecem ter motivações utilitárias e, sobretudo, não parecem fazer qualquer referência ao sistema simbólico "família": elimina-se um corpo que é um estorvo para outro corpo, sendo que a relação entre eles é de mera procriação biológica, e não de parentesco.

Na mesma linha de pensamento, nas somatizações é o corpo biológico, e não o corpo erógeno (com valor simbólico), que recebe o excesso pulsional que o eu não tem como processar psiquicamente. "Enquanto os sintomas de conversão [na histeria] são construídos de uma forma simbólica e estão relacionados ao corpo libidinal, os sintomas psicossomáticos não são de natureza simbólica. São manifestações somáticas carregadas de uma agressividade refinada, pura" (Green, 1988, p. 83).

b) Quando o laço simbólico necessário para ligar a pulsão é excessivamente corrediço, o sentido – que poderia nutrir um projeto de vida ou o ideal do eu – não se fixa, e não pode ser sustentado pelo aparelho psíquico como desejo. Observa-se um desinvestimento pulsional generalizado, que produz quadros nos quais o paciente relata vivências de vazio, tédio e apatia, o que pode ser confundido com depressão. No entanto, ao contrário desta, em que o sujeito des-espera – perde as esperanças – de realizar o desejo, aqui não há desejo: nenhum objeto se destaca na paisagem, e o sujeito não consegue investir em nada. Em lugar do sentimento de tristeza, ou da dor da perda na depressão, aqui encontramos uma "angústia branca", termo usado por Green (1988) para se referir às formas de sofrimento ligadas ao negativo e ao vazio psíquico e com o uso maciço de defesas ligadas à desobjetalização. São quadros em que se encontra o "desinvestimento maciço, tanto radical como temporário, que deixa traços no inconsciente na forma de buracos psíquicos" (Green, 1988, p. 152).

c) O terceiro recurso defensivo que o sujeito contemporâneo encontra para lidar com o sofrimento narcísico-identitário ligado à miséria simbólica pode ser descrito como *comportamental*. Esse recurso – que assume duas formas metapsicologicamente distintas – tende a ser mais aceito socialmente do que o transbordamento e o desinvestimento pulsional (descritos nos itens a e b), pois o comportamento se confunde com modos de ser culturalmente esperados, e o sintoma fica camuflado. Refiro-me à *adição* a estímulos sensoriais autocalmantes e à *compulsão* que visa produzir próteses identitárias.

c1) Comportamentos aditivos

Podemos falar em adições quando o sujeito recorre a substâncias e comportamentos que visam atenuar a angústia (de fragmentação, persecutória etc.), ou estimular e excitar o ego tomado pelo tédio e pela apatia (angústia branca). A adição diz respeito ao ponto de vista econômico da metapsicologia. As substâncias psicoativas podem ser *artificiais*, produzidas pelo narcotráfico, e/ou

298 MISÉRIA SIMBÓLICA E SOFRIMENTO NÃO NEURÓTICO

pela indústria farmacêutica. Ou podem ser substâncias psicoativas *naturais*, como a adrenalina e a endorfina, produzidas por exercícios físicos em excesso ou por esportes radicais.

Mas pode haver adições não a substâncias psicoativas que, como diz o nome, produzem sensações psíquicas, e sim a comportamentos que produzem *sensações físicas*. Refiro-me a comportamentos a que o sujeito contemporâneo recorre continuamente para produzir certas *sensações corporais/somáticas*. Estamos longe do corpo erógeno, corpo-representação que se insere em uma lógica simbólica, e reconhecido por Freud no tratamento da histeria. Aqui é a sensação física em si mesma que é buscada. É uma forma desesperada de produzir uma experiência, ainda que fugaz, de integração somatopsíquica. A sensorialidade funciona como foco em torno do qual o eu se organiza e se sente vivo e existindo. A sensorialidade autoinduzida "acalma" a angústia e/ou "preenche" o vazio.

São exemplos de comportamentos que estimulam a sensorialidade corporal/somática: o sexo compulsivo, masturbatório ou não, produzindo a sensação corporal de excitação sexual; o jejum prolongado, produzindo a sensação de fome contínua na anorexia; o ato de se cortar como forma de produzir a sensação de dor; o ato de comer demais, seguido do vômito autoinduzido na bulimia, que produz a alternância entre duas sensações, a plenitude gástrica e o esvaziamento; a compulsão a comer, produzindo a sensação contínua do trato digestivo sendo estimulado pela passagem de alimento na obesidade mórbida; a movimentação incessante e frenética do corpo nas pessoas – crianças ou adultos – diagnosticadas como hiperativas.

c2) Comportamentos compulsivos

Neste item descrevo uma última "solução" para o sofrimento ligado ao desamparo identitário: os comportamentos compulsivos culturalmente determinados. Essas compulsões pós-modernas – inseridas na mesma *lógica não simbólica* dos crimes familiares contemporâneos mencionados há pouco – são diferentes das compulsões neuróticas, clássicas, como lavar as mãos ou verificar se o gás está fechado, que apresentam um valor simbólico. E, ao contrário das adições, que estão ligadas à busca de *sensações*, elas estão ligadas à busca de um *sentido*, ou melhor, ao fracasso dessa busca, fracasso este ligado à crise das grandes instituições no mundo contemporâneo.

Nos anos 1980, atendi uma paciente – ela certamente era uma *borderline* grave – que apresentava uma compulsão a comprar roupas de grife. Na época isso ainda não era comum. Eu me perguntava como um comportamento culturalmente determinado podia ultrapassar o limiar daquilo que seria socialmente esperado e se tornar compulsivo. Num estudo que fiz a respeito (Minerbo, 2000), acredito ter entendido que, quando uma *única* instituição está encarregada de "salvar" a identidade, surgem comportamentos compulsivos relacionados às práticas e discursos daquela instituição. As grifes não tinham qualquer valor simbólico interpretável: funcionavam como verdadeiras *próteses identitárias* que não podiam ser dispensadas.

Essa conclusão pode ser estendida a outros tipos de compulsões pós-modernas. Vimos que a miséria simbólica afeta a constituição do eu e se manifesta como desamparo identitário. Para "amparar" a identidade, o sujeito contemporâneo toma emprestados das instituições elementos – signos – disponíveis, que são usados como "tijolos" na construção da identidade. Os signos são concretos, exteriores ao espaço psíquico. Não seguem o caminho das identificações, que resultam de experiências emocionais com objetos significativos e que, uma vez simbolizadas, são integradas e dão uma sustentação "interna" ao eu. Por isso mesmo, o efeito dessa construção é de curta duração. O signo é efêmero como pegadas na areia da praia; esfuma-se como a fumaça que sobe da fogueira enquanto há fogo. Isso obriga o sujeito a recorrer continuamente a comportamentos cuja função é construir e dar sustentação à identidade "de fora para dentro", funcionando como prótese.

A compulsão a malhar, por exemplo, entra em uma categoria dupla: adição e compulsão. Uma nova instituição, a "Academia de Ginástica", pode ser a única a prover o sujeito dos emblemas narcísicos de que precisa para viver: o corpo "sarado". O exercício em si libera endorfinas que funcionam como antidepressivos; mas o corpo trabalhado com esforço, persistência e dedicação – é um verdadeiro "projeto de vida"! – afirma e confirma o *valor do eu*. Aliás, muitas vezes a própria grife da academia pode valer como emblema narcísico. Quando, por alguma razão, não podem frequentar a academia, os signos do amor-próprio se esfumam: racionalizam dizendo que se sentem "feios" e "se deprimem". É como podem expressar o sentimento de claudicação da identidade. Para alguns, o valor antidepressivo pode ser mais importante; para outros, será a dimensão de afirmação de uma identidade valorizada, mas frequentemente adição e compulsão se potencializam mutuamente.

Enquanto boa parte das grandes instituições está em crise, a "Sociedade de Consumo" parece ser a macroinstituição mais sólida do mundo contemporâneo. Sua lógica atravessa e "tinge" boa parte das dimensões da nossa existência. Como qualquer instituição, promove a articulação entre a lógica social inconsciente, que determina a produção de hierarquia social, e a individual, também inconsciente e ligada às necessidades narcísicas, como mostra o exemplo da paciente que apresentava uma compulsão a comprar roupas de grife. Quanto mais se consome, mais a sociedade de consumo ganha força e mais ela tem condições de se encarregar de uma função importantíssima: o alívio (sempre temporário) do desamparo identitário ligado à miséria simbólica. Por essa razão, muitas das críticas ao consumismo de cunho superegoico são inócuas: não reconhecem a "dimensão de salvação pelo objeto" (a bela expressão é de Baudrillard).

Finalizo retomando a distinção entre formas de ser e de sofrer predominantemente neuróticas e não neuróticas, que podem ser referidas, respectivamente, à rigidez e à crise das instituições (micro e macro). A importância dessa distinção reside, do meu ponto de vista, em suas implicações clínicas. No primeiro caso, o analista trabalharia no sentido de relativizar os sentidos já dados, que parecem naturais e inquestionáveis; o fazer clínico segue o assim chamado modelo clássico, o modelo do sonho como foi desenvolvido na primeira tópica. No segundo modelo – que se articula e se dialetiza com o primeiro –, o trabalho analítico visaria *tecer com*, "cotecer", algum sentido onde ainda não há. O modelo do *play*, entendido como brincar simbolizante, permite tomar em consideração as necessidades específicas da clínica do trauma, antecipada por Freud em *Além do princípio do prazer* (1920/2010). Nesse segundo modelo, a retomada do processo de subjetivação – de transformação de traços pré-psíquicos em material psíquico – depende de um analista implicado não apenas como intérprete, mas também como outro-sujeito.

Figuras

Figura 1. Psicogênese → Eixo narcísico: a constituição do eu.

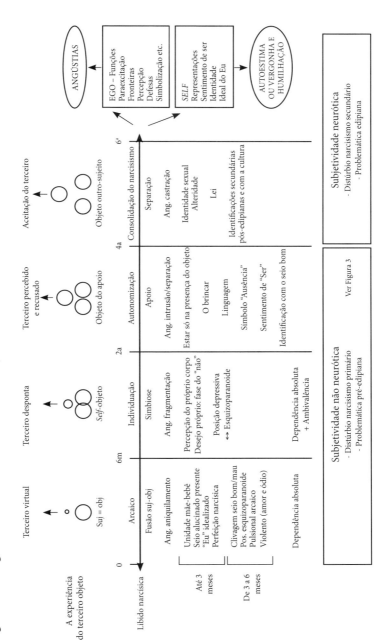

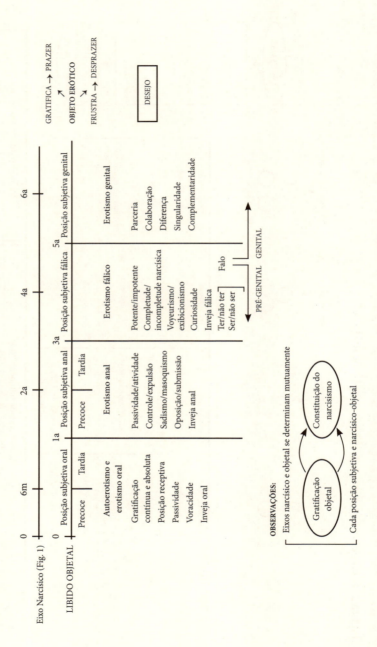

Figura 2. Psicogênese → Eixo objetal: a constituição do objeto do desejo.

Figura 3. Metapsicologia e psicopatologia.

SUBJETIVIDADE PREDOMINANTEMENTE NÃO NEURÓTICA

Eu mal constituído
Falha função egoicas
Self apresenta cisões importantes

Separação sujeito-objeto não se completou

Angústias: aniquilamento, fragmentação, intrusão, separação

Defesas: cisão, negação onipotente, identificação projetiva, idealização

⌈ Objeto da necessidade (vida ou morte) sustenta o narcisismo.
⌊ Objeto único

Pulsionalidade não ligada → atuações

Desintrincação pulsional → violência do amor e do ódio arcaicos → o conflito não é tolerado: é evacuado

Predomínio de pulsões agressivas

Lógica esquizoparanoide: branco ou preto

Terceiro é mal tolerado: relações duais

Ferida narcísica: humilhação e fúria narcísica. Inveja "primária"

Falhas na simbolização: dificuldade para usar espaço transicional (brincar, solidão, sublimação)

Adições, depressões narcísicas, vazio, distúrbios da identidade, atuações, violência, compulsões

SUBJETIVIDADE PREDOMINANTEMENTE NEURÓTICA

Eu bem constituído
Funções egoicas bem constituídas
Self relativamente bem integrado

Separação sujeito-objeto efetuada

Angústia: de castração

Defesa: recalque excessivo

⌈ Objeto erótico → as vicissitudes do prazer possibilitam a realização do desejo
⌊ → pluralidade de objetos significativos
Pulsionalidade ligada: capacidade de elaboração

Intrincação pulsional: amor e ódio matizados. O conflito é tolerado e contido

Predomínio de pulsões libidinais

Lógica depressiva: branco e preto

⌈ Relações triangulares presentes
⌊ Bloqueio edipiano → Obj. incestuosos
Ferida narcísica: inveja e agressividade

Boa capacidade de simbolização, uso do espaço transicional, solidão bem tolerada
Capacidade para brincar, sublimar

Inibições e angústia no campo do prazer e da agressividade
Depressão neurótica. Sintomas fóbicos

Referências

ALMEIDA, M. L. M.; EUGENIO, F. O espaço real e o acúmulo que significa: uma nova gramática para se pensar o uso jovem da internet no Brasil. In: NICOLACI-DA-COSTA, A. M. (Org.). *Cabeças digitais*. Rio de Janeiro/São Paulo: PUC/Loyola, 2006.

ALVAREZ, A. *Live company*. London/New York: Routledge, 1992.

AULAGNIER, P. *La violence de l'interprétation*. Paris: PUF, 1995.

BAUDRILLARD, J. *A sociedade de consumo*. Lisboa: Edições 70, 1991.

_____. *Le système des objets*. Paris: Gallimard, 1968.

_____. *Les stratégies fatales*. Paris: Bernard Grasset, 1983.

_____. *Para uma crítica da economia política dos signos*. Rio de Janeiro: Elfos, 1995.

_____. *Simulacros e simulação*. Lisboa: Relógio d'Água, 1991.

BERGERET, J. L'objet naît-il dans la haine? In: *La haine*. Paris: PUF, 2005.

308 REFERÊNCIAS

_____. *Psychologie pathologique, théorie et clinique*. Paris: ElsevierMasson, 1972.

BETTELHEIM, B. *A psicanálise dos contos de fada*. Rio de Janeiro: Paz e Terra, 1980.

BION, W. R. *Learning from experience*. London: Jason Aronson, 1962.

BLEICHMAR, H. *Avances en psicoterapia psicoanalítica. Hacia una técnica de intervenciones específicas*. Buenos Aires: Paidós, 1997.

CANELLAS, M. *Idealização e atuação na internet*. Dissertação (Mestrado) – Pontifícia Universidade Católica, São Paulo, 2008.

CARDOSO, M. R. *Superego*. São Paulo: Escuta, 2002.

CASTORIADIS, C. *L'institution imaginaire de la société*. 5. ed. Paris: Éditions du Seuil, 1975.

CINTRA, E. M. U.; FIGUEIREDO, L. C. *Melanie Klein*. São Paulo: Escuta, 2004.

CIVILLETI, M. V. P.; PEREIRA, R. Pulsações contemporâneas do desejo: paixão e libido nas salas de bate-papo virtual. *Psicologia, Ciência e Profissão*, v. 22, n. 1, p. 38-49, 2002.

COELHO JR., N. Da intercorporeidade à cocorporeidade: elementos para uma clínica psicanalítica. *Revista Brasileira de Psicanálise*, v. 44, n. 1, p. 51-60, 2010.

COSTA, J. F. Da cor ao corpo: a violência do racismo. In: *Violência e psicanálise*. 2. ed. Rio de Janeiro: Graal, 1986.

_____. Saúde mental, produto da educação? In: *Violência e psicanálise*. 2. ed. Rio de Janeiro: Graal, 1986.

_____. Sobre a geração AI-5: violência e narcisismo. In: *Violência e psicanálise*. 2. ed. Rio de Janeiro: Graal, 1986.

CROS, C.; LEBON, L.; REHBERG, V. *Orlan, carnal art*. Paris: Flammarion, 2004.

DI LUCCIO, F.; NICOLACI-DA-COSTA, A. M. Escritores de blogs: interagindo com os leitores ou apenas ouvindo ecos? *Psicologia: Ciência e Profissão*, v. 27, n. 4, p. 664-679, 2007.

DONNET, J.-L. *La situation analysante*. Paris: PUF, 2005.

ELLIOT, R. Addictive consumption: function and fragmentation in postmodernity. *The Journal of Consumer Policy*, v. 17, n. 2, p. 159-179, 1994.

FERRO, A. *Fatores de doença, fatores de cura*. Trad. M. Petricciani. Rio de Janeiro: Imago, 2005.

FIGUEIREDO, L. C. *Matrizes e modelos de adoecimento psíquico em psicanálise*. Texto inédito. Separata apresentada no curso de pós-graduação da PUC-SP. São Paulo, 2016.

_____. A intersubjetividade e o mundo interno. In: *As diversas faces do cuidar*. São Paulo: Escuta, 2009.

_____. *As diversas faces do cuidar*. São Paulo: Escuta, 2009.

_____. A metapsicologia do cuidado. *Psychê*, n. 21, p. 13-30, São Paulo, 2007.

_____. *Elementos para a clínica contemporânea*. São Paulo: Escuta, 2003.

_____. Presença, implicação e reserva. In: FIGUEIREDO, L. C.; COELHO JR., N. (Org.). *Ética e técnica em psicanálise*. São Paulo: Escuta, 2000.

_____. *Palavras cruzadas entre Freud e Ferenczi*. São Paulo: Escuta, 1999.

FOUCAULT, M. *Doença mental e psicologia*. Rio de Janeiro: Tempo Brasileiro, 1994.

FREUD, S. A interpretação dos sonhos. In: *Edição standard das obras psicológicas completas de Sigmund Freud*. Rio de Janeiro, Imago, 1969a. v. IV e V. (Trabalho original publicado em 1900).

_____. Além do princípio do prazer. In: *Edição standard das obras psicológicas completas de Sigmund Freud*. Rio de Janeiro: Imago, 1969b. v. XVIII. (Trabalho original publicado em 1920).

_____. Além do princípio do prazer. In: _____. *Obras completas*. Tradução de P. C. de Souza. São Paulo: Companhia das Letras, 2010a. v. 14. p. 161-239. (Trabalho original publicado em 1920).

_____. Análise de uma fobia em um menino de cinco anos: o pequeno Hans. In: *Edição standard das obras psicológicas completas de Sigmund Freud*. Rio de Janeiro: Imago, 1969c. v. X. (Trabalho original publicado em 1909).

_____. As neuropsicoses de defesa. In: *Edição standard das obras psicológicas completas de Sigmund Freud*. Rio de Janeiro: Imago, 1969d. v. III, p. 69-70. (Trabalho original publicado em 1894).

_____. Fragmento da análise de um caso de histeria: o caso Dora. In: *Edição standard das obras psicológicas completas de Sigmund Freud*. Rio de Janeiro: Imago, 1969e. v. VII. (Trabalho original publicado em 1905).

_____. Inibições, sintomas e ansiedade. In: *Edição standard das obras psicológicas completas de Sigmund Freud*. Rio de Janeiro: Imago, 1969f. v. XX. (Trabalho original publicado em 1926).

_____. Luto e melancolia. In: *Edição standard das obras psicológicas completas de Sigmund Freud*. Rio de Janeiro: Imago, 1969g. v. XIV. (Trabalho original publicado em 1919).

_____. Luto e melancolia. In: _____. *Obras completas*. Tradução de P. C. de Souza. São Paulo: Companhia das Letras, 2010b. v. 12. p. 170-194. (Trabalho original publicado em 1919).

_____. Notas psicanalíticas de um relato autobiográfico de um caso de paranóia. In: *Edição standard das obras psicológicas completas de Sigmund Freud*. Rio de Janeiro: Imago, 1969h. v. XII. (Trabalho original publicado em 1911).

_____. O ego e o id. In: *Edição standard das obras psicológicas completas de Sigmund Freud*. Rio de Janeiro: Imago, 1969i. v. XIX. (Trabalho original publicado em 1923).

_____. O eu e o id. In: _____. *Obras completas*. Tradução de P. C. de Souza. São Paulo: Companhia das Letras, 2011. v. 16. p. 13-74. (Trabalho original publicado em 1923).

_____. O inconsciente. In: *Edição standard das obras psicológicas completas de Sigmund Freud*. Rio de Janeiro: Imago, 1969j. v. XIV. (Trabalho original publicado em 1915).

_____. O mal-estar na civilização. In: *Edição standard das obras psicológicas completas de Sigmund Freud*. Rio de Janeiro: Imago, 1969k. v. XXI. (Trabalho original publicado em 1930).

_____. O problema econômico do masoquismo. In: *Edição standard das obras psicológicas completas de Sigmund Freud*. Rio de Janeiro: Imago, 1969l. v. XIX. (Trabalho original publicado em 1924).

_____. Os instintos e suas vicissitudes. In: *Edição standard das obras psicológicas completas de Sigmund Freud*. Rio de Janeiro: Imago, 1969m. v. XIV. (Trabalho original publicado em 1915).

_____. Os três ensaios sobre a teoria da sexualidade. In: *Edição standard das obras psicológicas completas de Sigmund Freud*.

Rio de Janeiro: Imago, 1969n. v. VII. (Trabalho original publicado em 1905).

_____. Para introduzir o narcisismo. In: _____. *Obras completas*. Tradução de P. C. de Souza. São Paulo: Companhia das Letras, 2010c. v. 12. p. 13-50. (Trabalho original publicado em 1914).

_____. *Projeto de uma psicologia. Obras isoladas de Freud*. Rio de Janeiro: Imago, 1969o. (Trabalho original publicado em 1895).

_____. Recordar, repetir e elaborar. In: *Edição standard brasileira das obras psicológicas completas de Sigmund Freud*. Rio de Janeiro: Imago, 1969p. v. XIV. (Trabalho original publicado em 1914).

_____. Sobre o narcisismo: uma introdução. In: *Edição standard das obras psicológicas completas de Sigmund Freud*. Rio de Janeiro: Imago, 1969q. v. XIV. (Trabalho original publicado em 1914).

_____. Totem e tabu. In: *Edição standard das obras psicológicas completas de Sigmund Freud*. Rio de Janeiro: Imago, 1969r. v. XIII. (Trabalho original publicado em 1913).

FROSH, S. *Identity crisis: modernity, psychoanalysis and the self*. New York: Routledge, 1991.

GREEN, A. *O trabalho do negativo*. Porto Alegre: Artmed, 2010.

_____. *Idées directrices pour une psychanalyse contemporaine*. Paris: PUF, 2002.

_____. *L'enfant du ça*. Paris: Minuit, 1973.

_____. *Narcisismo de vida, narcisismo de morte*. São Paulo: Escuta, 1988.

_____. Pulsão de morte, narcisismo negativo, função desobjetalizante. In: *A pulsão de morte*. São Paulo: Escuta, 1988.

_____. *Sobre a loucura pessoal*. Rio de Janeiro: Imago, 1988.

GUIRADO, M. *Psicanálise e análise do discurso: matrizes institucionais do sujeito psíquico*. São Paulo: Summus, 1995.

HAGE, T. *Buñuel, Pinto e las fontes del film Él*. Disponível em: <http://www.cervantesvirtual.com/servlet/SirveObras/135604 08101026506300 080/p000000l.htm>. Acesso em: 13 maio 2009.

HAMANN, F. P.; JOBIM E SOUZA, F. Os jovens e o orkut: considerações sobre a criação de jogos de linguagem e de identidade em rede. In: NICOLACI-DA-COSTA, A. M. (Org.). *Cabeças digitais*. Rio de Janeiro: PUC/São Paulo: Loyola, 2006.

Herrmann, F. *Andaimes do real: o método da psicanálise*. Brasiliense: São Paulo, 1991.

_____. *Psicanálise do quotidiano*. Porto Alegre: Artes Médicas, 1997.

HINSHELWOOD, R. D. *Dicionário do pensamento kleiniano*. Porto Alegre: Artes Médicas, 1992.

ISAACS, S. A natureza e a função da fantasia. In: RIVIERE, J. (Org.). *Os progressos da psicanálise*. Rio de Janeiro: Guanabara Koogan, 1982.

JUIGNET, P. *Manuel de psychopathologie psychanalytique*. Grenoble: Presses Universitaires, 2001.

KAES, R. Realidade psíquica e sofrimento nas instituições. In: YAZIGI, L. (Coord.). *A instituição e as instituições: estudos psicanalíticos*. São Paulo: Casa do Psicólogo, 1991.

314 REFERÊNCIAS

KEHL, M. R. *Deslocamentos do feminino*. Rio de Janeiro: Imago, 2008.

_____. *O tempo e o cão: a atualidade das depressões*. São Paulo: Boitempo, 2009.

KERNBERG, O. *Borderline conditions and pathological narcisism*. New Jersey: Jason Aronson, 1975.

KLEIN, M. A psicanálise de crianças. In: *Obras completas de Melanie Klein*. Rio de Janeiro: Imago, 1991. v. II

_____. Notas sobre mecanismos esquizóides. In: *Obras completas de Melanie Klein*. Rio de Janeiro: Imago, 1991. v. III.

_____. O complexo de Édipo à luz das ansiedades arcaicas. In: *Obras completas de Melanie Klein*. Rio de Janeiro: Imago, 1991. v. I.

_____. Sobre a psicogênese dos estados maníacos depressivos. In: *Obras completas de Melanie Klein*. Rio de Janeiro: Imago, 1991. v. I.

_____. Uma contribuição à psicogênese dos estados maníaco-depressivos. In: *Obras completas de Melanie Klein*. Rio de Janeiro: Imago, 1991. v. I.

KOHUT. H. Análise do self. Rio de Janeiro: Imago, 1988.

KUPERMANN, D. *Presença sensível*. Rio de Janeiro: Civilização Brasileira, 2008.

LAPLANCHE, J. A pulsão de morte na teoria da pulsão sexual. In: *A pulsão de morte*. São Paulo: Escuta, 1988.

_____. *Teoria da sedução generalizada*. Porto Alegre: Artes Médicas, 1987.

LAPLANCHE, J.; PONTALIS, J.-B. *Vocabulário da psicanálise*. São Paulo: Martins Fontes, 2001.

LASCH, C. *A cultura do narcisismo: a vida americana numa era de esperanças em declínio.* Rio Janeiro: Imago, 1983.

MANNONI, O. A desidentificação. In: ROITMAN, A. (Org.). *As identificações na clínica e na teoria psicanalítica.* Rio de Janeiro: Relume-Dumará, 1987.

MEZAN, R. A inveja. In: CARDOSO, S. (Org.). *Os sentidos da paixão.* São Paulo: Companhia das Letras: 1987.

MINERBO, M. *Estratégias de investigação em psicanálise.* São Paulo: Casa do Psicólogo, 2000.

_____. "Formar um psicanalista criativo". *Jornal de Psicanálise,* 38(69):179-196, 2005.

_____. Que vantagem Maria leva? – um olhar psicanalítico sobre a corrupção. *Percurso,* n. 24, p. 89-95, 2000a.

_____. A lógica da corrupção: um olhar psicanalítico. *Novos Estudos Cebrap,* n. 79, p. 139-150, 2007b.

_____. Big Brother Brasil: a gladiatura pós-moderna. *Psicologia USP,* v. 18, n. 1, p. 153-158, 2007c.

_____. Crimes contemporâneos: uma interpretação. *Percurso,* n. 38, p. 135-144, 2007d.

_____. Destinos. *IDE,* v. 31, n. 46, p. 62-68, 2008.

_____. Duas faces de Tânatos. *IDE,* v. 29, n. 43, p. 115-122, 2006.

_____. Reality game: violência contemporânea e desnaturação da linguagem. *IDE,* v. 30, n. 44, p. 103-107, 2007a.

_____. *Neurose e não neurose.* São Paulo: Casa do Psicólogo, 2009.

_____. Reinventar a família. *Folha de S.Paulo,* São Paulo, Caderno Equilíbrio, 31 de maio, 2011.

MUSZKAT, S. *Violência e masculinidade*: uma contribuição psicanalítica aos estudos das relações de gênero. Dissertação (Mestrado) – Instituto de Psicologia da Universidade de São Paulo, São Paulo, 2006.

_____. *Violência e masculinidade*. São Paulo: Casa do Psicólogo, 2011.

NICOLACI-DA-COSTA, A. M. Cabeças digitais: o cotidiano na era da informação. In: _____. (Org.). *Cabeças digitais*. Rio de Janeiro/São Paulo: PUC/Loyola, 2006.

QUINN, M. *Incarnate*. London: Booth-Ciibborn, 1988.

ROLNIK, S. Toxicômanos de identidade. Subjetividade em tempo de globalização. In: LINS, D. (Org.) *Cultura e subjetividade. Saberes nômades*. Campinas: Papirus, 1997.

ROMÃO-DIAS, D. *Nossa plural realidade: um estudo sobre a subjetividade na era da internet*. Dissertação (Mestrado) – Pontifícia Universidade Católica, Rio de Janeiro, 2001.

ROUSSILLON, R. *Agonie, clivage et symbolization*. Paris: PUF, 1999.

_____. *Logiques et archéologiques du cadre psychanalytique*. Paris: PUF, 1995.

_____. *Le plaisir et la répétition*. Paris: Dunod, 2001.

_____. O traumatismo perdido. In: *Paradoxos e situações limites da psicanálise*. São Leopoldo: Editora Unisinos, 2006.

_____. La perte du potentiel. Perdre ce que n'a pas eu lieu. In: BRACONNIER, A.; GOLSE, B. (Org.). *Dépression du bébé, dépression de l'adolescent*. Toulouse: Eres, 2010. p. 251-264.

_____. A intersubjetividade e a função mensageira da pulsão. *Revista Brasileira de Psicanálise*, v. 45, n. 3, p. 159-166, 2011.

ROUSSILLON, R. et al. *Manuel de psychologie et de psychopathologie clinique générale.* Lyon: Elsevier-Masson, 2007.

SADE. *A filosofia na alcova.* São Paulo: Iluminuras, 1999.

SCHNEIDER, M. *Marilyn, últimas sessões.* Rio de Janeiro: Objetiva, 2008.

VIOLANTE, M. L. *Piera Aulagnier: uma contribuição contemporânea à obra de Freud.* São Paulo: Via Lettera, 2001.

WINNICOTT, D. W. O medo do colapso. In: _____. *Explorações psicanalíticas.* Porto Alegre: Artes Médicas, 1994.

_____. Formas clínicas da transferência. In: _____. *Da pediatria à psicanálise.* Rio de Janeiro: Imago, 2000. (Trabalho original publicado em 1955).

Série Psicanálise Contemporânea

Adoecimentos psíquicos e estratégias de cura: matrizes e modelos em psicanálise, de Luís Claudio Figueiredo e Nelson Ernesto Coelho Junior

O brincar na clínica psicanalítica de crianças com autismo, de Talita Arruda Tavares

Do pensamento clínico ao paradigma contemporâneo: diálogos, de André Green e Fernando Urribarri

Fernando Pessoa e Freud: diálogos inquietantes, de Nelson da Silva Junior

Heranças invisíveis do abandono afetivo: um estudo psicanalítico sobre as dimensões da experiência traumática, de Daniel Schor

A indisponibilidade sexual da mulher como queixa conjugal: a psicanálise de casal, o sexual e o intersubjetivo, de Sonia Thorstensen

Interculturalidade e vínculos familiares, de Lisette Weissmann

Janelas da psicanálise, de Fernando Rocha

Nem sapo, nem princesa: terror e fascínio pelo feminino, de Cassandra Pereira França

Neurose e não neurose, de Marion Minerbo

Psicanálise e ciência: um debate necessário, de Paulo Beer

Psicossomática e teoria do corpo, de Christophe Dejours

Relações de objeto, de Decio Gurfinkel

O tempo e os medos: a parábola das estátuas pensantes, de Maria Silvia de Mesquita Bolguese

GRÁFICA PAYM
Tel. [11] 4392-3344
paym@graficapaym.com.br